美国战略与阿富汗毒品问题

US Strategy on Drug Problems in Afghanistan

申玉辉◎著

世界知识出版社

摘 要

世界上许多国家都曾面临或正面临着严重的毒品问题，而这些问题的出现大多受到大国利益及其战略的影响，毒品政治作为大国实现自身利益的工具与资源屡次被成功利用。近代以来，英、法、荷等欧洲殖民主义者在对亚洲的征服与统治过程中，都曾卷入当地的毒品问题，除了从毒品贸易中获取巨额经济利益外，更重要的是利用毒品问题作为干涉别国政治、攫取更多利益的重要筹码。英国在印度、中国、缅甸，法国在老挝，荷兰在印度尼西亚的殖民统治均受益于这种毒品政治，甚至依赖毒品政治得以维持。冷战以来，美国成功地在东南亚、拉丁美洲及南亚地区延续了这种毒品政治，后者在帮助美国实现遏制苏联与共产主义、扶植当地右翼亲美政府等利益上起到了隐蔽但不可忽视的重要作用，与此同时也给这些国家和地区带来了至今难以摆脱的毒品问题。

阿富汗毒品问题是冷战期间美国成功利用毒品政治的典型案例。毒品的生产与交易活动在阿富汗由来已久，但在20世纪80年代以前一直处于小规模的零散状态。1979年苏联出兵喀布尔后，美国开始通过巴基斯坦在阿富汗地区展开针对苏联的隐蔽行动（或隐蔽战争），借助阿国内的游击武装与圣战组织等各种反苏力量达到打击苏联在阿统治的目的。这一隐蔽行动除了直接或间接向各反苏力量提供经济与军事援助外，还包括更为重要的支持与帮助他们从事毒品活动并从中获取巨额经济利润，以助其扩大财政来源。毒品财政由此产生，它壮大了阿富汗国内的反苏势力，间接打击了苏联的在阿统治，帮助美国最终赢得了与苏联在阿富汗乃至整个南亚地区的争夺。同时毒品财政也使美国节省了一大批物资支出，美国中央情报局（CIA）的直接参与更是让美国成为阿富汗毒品贸易的受益者。阿富汗毒品问题从此出现并开始成为影响该国政治、经济与社会的重要因素，对美国后来的在阿利益与战略也产生了不可忽视的影响。

经过十余年战乱，阿富汗在1991年成为世界第一鸦片生产国。塔利班崛起并取得喀布尔政权后，国内军阀混战局面暂时中止，同时遵守伊斯兰教义，严惩各种毒品活动，阿富汗毒品问题本应出现难得的解决良机。然而随着塔利班的日益极端化，美国在拉拢无望的情况下转而采取外交敌视与国际孤立的政策。经济制裁与政治封锁导致塔利班采取各种极端的经济政策以维持财政，其中就包括原本被其禁止的罂粟种植与毒品贸易。塔利班为争取国际承认与支持，曾下令全国性禁毒并基本上根除了历届阿富汗政府（包括后来的卡尔扎伊）所未能根除的罂粟种植，然而美国对塔利班的外交敌视政策过于僵化，缺少灵活性，对塔利班的示好举动予以质疑和批评，这加剧了塔利班的反美倾向。美国对塔利班政权的外交敌视是这一时期阿毒品问题得以初步发展的最重要外部因素，其所带来的后果是毒品贸易合法化，毒品财政国家化，毒品形势进一步恶化。

卡尔扎伊时期，由于塔利班与基地组织的恐怖威胁在战后依然存在，布什政府延续了在阿富汗采取优先反恐的战略，这一方面导致卡尔扎伊的禁毒努力被搁置，另一方面导致毒品政治再次被利用，协助美国对塔利班及基地组织进行军事打击的北方联盟等地方军阀所从事的毒品活动得到美国的宽容与默许，阿富汗毒品生产与贸易也因此出现规模空前的泛滥现象。后塔利班时代，基本结束战乱状态的阿富汗进入和平重建阶段，而毒品问题却在这一时期出现巅峰式发展。这一矛盾现象的出现，美国在阿富汗所采取的优先反恐战略负有不可推卸的责任。同时，势力退守阿富汗南部地区的塔利班虽然遭受了来自美阿联军的持续军事打击，但美国所忽视的毒品问题却成为塔利班获取资金支持的重要来源，塔利班势力也因此有所恢复，所频繁发动的恐怖袭击也成为美国优先反恐战略陷入困境的主要体现。简而言之，阿富汗毒品问题在这一时期的巅峰式发展，是美国优先反恐战略的必然结果，也是其陷入困境的根源之一。

毒品问题是导致阿富汗经济结构畸形、政府贪腐低效、反恐局势复杂化、和平重建遇阻的重要原因，对周边国家的安全局势与社会稳定也造成了不小的威胁。对阿富汗问题的解决，需要美国拿出真正的政治意志与愿望，修正其现阶段的优先反恐战略，综合正确地看待毒品问题在整个阿富汗问题中的真正地位，抓住毒品问题的真正症结，加大对阿富汗经济与民生的关注与援助，使其在阿战略更具综合性系统性。然而彻底解决毒品问题很明显并非美国在阿富汗的优先利益，这也将是美国难以较大改变其对阿战略的决定性障碍，也是阿富汗毒品问题近期内难以彻底消除的重要原因。

关键词：美国战略；阿富汗；毒品政治

Abstract

Many countries in the world have been faced with or are facing serious drug problems, which are almost influenced by the interests and strategies of great powers. Drug politics has been used repeatedly as a means or resource by great powers who wanted to realize their interests. The British empire, the French and the Dutch were almost involved in local drug problems in their conquest and dominance of Asia. Besides fat economic profit, these colonial powers also used drug problems as important bargain chips for the intervention in the affairs of others and gaining more benefits. The colonial rule of the British empire in India, Qing China and Burma, France in Laos and Holland in Indonesia all benefited from the drug politics, even relied on it for the maintenance of colonial rule. The U.S. government has been continued this politics successfully in Southeast Asia, Latin-America, and South Asia since the cold war, which has a covert but can not ignored role for America in its containment to the Soviet Union and communism, and the support for right-wing governments. Yet at the same time, drug politics has brought drug problems for countries and regions above which are difficult to get rid of up to now.

Afghanistan drug issue is a typical case of drug politics which was used successfully by the U.S. government in cold war. Though its history is very long, drug production and trade have been small-scale and fragmented before 1980s in Afghanistan. After the Soviet invasion in 1979, the U.S.

government began covert operations (or covert war) in Afghanistan through Pakistan, aiming at countering the rule of the Soviet Union in Afghanistan with the help of guerrilla forces and mujaheddin resistance. Besides direct or indirect economic and military support for the anti-Soviet forces, more importantly the U.S. government also encouraged and helped them to be engaged in the drug activities and creaming off big profits from it. Thenceforth, drug finance occurred as a result of this covert operation, which boosted the power of mujaheddin resistance, collapsed the occupation of the Soviet Union in Afghanistan indirectly, and helped the U.S. finally win in the struggle for Afghanistan even the whole south Asia against the Soviet Union. Drug finance also saved America a lot of material cost, and CIA's direct involvement in drug trade make America the benefactor. From then on, Afghanistan drug issue appeared and has been a significant factor which influenced this country's politics, economy and society importantly.

Afghanistan became the largest opium production country in the world in 1991. Along with the rise and control to Kabul of Taliban, internal war was suspended. Taliban punished drug activities strictly for its abidance by sharia law, Afghan's drug problem should be resolved then. However, along with the extremalization of Taliban, the U.S. government switched to hostile diplomatic policy and international ostracism. Taliban accepted various extreme economic policies to sustain its daily finance because of economic sanctions and blockade from America, and poppy cultivation and drug trade was permitted and accepted. In order to obtain international recognition and support, Taliban once banned drug activities nationwide and eradicated mainly all the poppy cultivation in Afghanistan, which is an achievement successive governments failed to gain. However the rigidity and lack of flexibility of U.S foreign policy of to Taliban hardened Taliban's anti-America position. The hostile diplomatic policy of America to Taliban is the most important external factor of drug problem, which had a initial development in this period. When Taliban regime still existed, drug trade was legalized, drug finance was nationalized, and drug situation worsened in Afghanistan.

In the era of Karzai, because the terrorist threat of Taliban and al-Qaeda continued, Bush administration accepted a strategy of prior to anti-terrorism, which shelved Karzai's anti-drug efforts. Influenced by this strategy, drug politics was used again, various drug activities local warlords such as Northern Alliance involved in were tolerated and even supported by the U.S. who helped America fought against Taliban an al-Qaeda. As a result, drug production and trade flooded on an unprecedented scale in Afghanistan. In post-Taliban period, Afghanistan which ended the war basically started peaceful reconstruction, but its drug problem appeared peak development, and the U.S strategy prior to anti-terrorism was responsible for this contradictory phenomenon inevitably. At the same time, although retreated back to south Afghanistan and suffered ongoing military strikes from the US-Afghan force, Taliban used drug issue which was ignored by America as its significant finance resource, by which Taliban's strength was restored. The strategy of prior to anti-terrorism of America was in dilemma as the terrorist strikes increased more and more. In short, the peak development of Afghanistan drug issue was an inevitable result of America's strategy of prior to anti-terrorism, and one of the root causes of this strategic dilemma.

Drug issue is one of the significant causes for the unbalanced economic structure and the corrupt and inefficient government of Afghan, the anti-terrorism situation is consequently more complex and the peaceful reconstruction is blocked. The security situation and social stability of neighboring countries of Afghanistan is also threatened by this drug issue in Afghan. To solve the drug problem in Afghanistan, true political will and intention from the U.S government will be needed, the present anti-terrorism strategy should be revised, and we must realize the real position of drug issue synthetically and rightly in the whole Afghanistan issue. The U.S. government should seek out the real crux of Afghan drug issue, and supply more economic aid and pay more attention to the people's livelihood in Afghan. However, the solution to drug problem is not the primary interest of America in Afghanistan obviously, which will be a decisive obstacle for America to change its present strategy, and Afghanistan drug issue will not be resolved thoroughly in the near future.

Key words: the U.S. strategy; Afghanistan; Drug Politics

目 录

导 论 1
一、选题及其依据 1
（一）主要研究对象 1
（二）选题依据 3
二、文献综述 6
（一）毒品问题专项调查报告 6
（二）阿富汗毒品问题相关研究成果 8
（三）阿富汗国内政治与地区国际关系相关研究成果 16
三、研究方法 23
四、知识创新 24
五、章节安排 26

第1章 历史中的毒品问题与国家间关系 28
一、鸦片与英帝国在亚洲的扩张 29
（一）鸦片与英帝国在南亚优势地位的确立 29
（二）鸦片走私贸易与中英关系的转变 35
二、传统毒品产区与美国的政策 42
（一）金三角毒品问题与美国的反共战略 42
（二）哥伦比亚毒品问题与美国的政策 47

第2章　美国的隐蔽战争与阿富汗毒品问题的出现...... 54
一、苏联出兵阿富汗与美国在阿战略...... 55
（一）苏阿关系的破裂与苏联出兵阿富汗...... 55
（二）美阿关系变迁与美国在阿对苏战略...... 60
二、美国的隐蔽行动与阿富汗毒品问题的兴起...... 64
（一）美国隐蔽行动与阿富汗毒品财政的产生...... 65
（二）毒品财政对阿富汗局势与美国战略的影响...... 68
三、苏联入侵与内战时期阿富汗毒品形势概况...... 71
（一）罂粟种植与鸦片产量方面...... 72
（二）阿富汗毒品问题出现的其他原因...... 74

第3章　美国的外交敌视与塔利班时期阿富汗毒品问题的初步发展...... 77
一、塔利班的兴衰及其与美国关系的变迁...... 78
（一）塔利班的兴起及美国的态度...... 78
（二）塔利班的极端主义化与美国态度的转变...... 83
二、美国孤立下的塔利班经济与阿富汗毒品问题的初步发展...... 88
（一）美国孤立下的塔利班经济政策及其失败...... 88
（二）塔利班对毒品态度的转变：从禁毒到毒品财政国家化...... 91
（三）塔利班时期毒品问题与美国对阿政策的相互影响...... 94
三、塔利班时期阿富汗毒品形势概况...... 96
（一）罂粟种植方面...... 96
（二）鸦片产量方面...... 99

第4章　美国反恐战略与卡尔扎伊时期阿富汗毒品问题的巅峰式发展...... 101
一、"9·11"事件后的美国反恐战略与阿富汗战后重建...... 102

（一）"9·11"事件与美国的阿富汗反恐战略 102
　　（二）美国反恐战略主导下阿富汗的战后重建 106
二、优先反恐战略与阿富汗毒品问题的巅峰式发展 110
　　（一）优先反恐战略下美国的对阿毒品政策 111
　　（二）毒品问题的巅峰式发展对阿富汗局势与美国战略
　　　　的影响 115
三、后塔利班时代阿富汗毒品形势发展概况 120
　　（一）罂粟种植方面 120
　　（二）鸦片产量方面 123

第5章　阿富汗毒品问题的危害 126

一、毒品问题对阿富汗本国的危害 126
　　（一）经济危害 127
　　（二）政治与社会危害 132
二、阿富汗毒品问题的国际危害 137
　　（一）阿富汗毒品主要走私路线 137
　　（二）阿富汗毒品问题对周边国家的危害 139

第6章　美国战略的转变与阿富汗毒品问题的解决 146

一、阿富汗毒品问题的解决困境 147
　　（一）各方的毒品利益及其态度 147
　　（二）当前有关国际合作机制及其局限 151
二、阿富汗毒品问题的主要症结 153
　　（一）塔利班与阿富汗毒品问题的关系 153
　　（二）毒品经济主要受益者与阿富汗毒品问题的真正症结 157
　　（三）塔利班势力及其涉毒行为的新近变化 161
三、阿富汗毒品问题解决的关键：美国战略的转变 164
　　（一）缺乏重视的非传统安全及其主要特征 165

（二）美国的战略转变与阿富汗毒品问题的解决 167

结　语 174
参考文献 177
后　记 194

图表目录

图1　历年来哥伦比亚可卡因产量与世界总产量比较（吨）..................48
图2　苏联入侵与内战时期阿富汗罂粟种植及其与世界的比较
　　　（万公顷）..73
图3　苏联入侵与内战时期阿富汗鸦片产量及其与世界的比较
　　　（千吨）..74
图4　塔利班时期阿富汗罂粟种植及其与世界的比较（万公顷）........98
图5　塔利班时期阿富汗鸦片产量及其与世界的比较（千吨）...........100
图6　1994—2004年阿富汗新鲜鸦片收购价格（美元/千克）............100
图7　卡尔扎伊时期阿富汗罂粟种植面积及其与世界的比较
　　　（万公顷）..123
图8　卡尔扎伊时期阿富汗鸦片产量及其与世界的比较（千吨）.......124
图9　卡尔扎伊时期毒品出口规模及其与GDP的比较（亿美元）.......130

表1　英国东印度公司从中国进口茶叶及总货值的比较（万两）..........36
表2　1667—1751年英国东印度公司对华输出货物及白银比较
　　　（千两）..38
表3　阿富汗鸦片非法流动方位..138
表4　有关阿富汗毒品问题的国际合作机制..152

导　论

一、选题及其依据

（一）主要研究对象

本书所涉及的主要研究对象是阿富汗国内的毒品问题及其重要影响因素之———美国在阿富汗战略。

除了在领土面积与人口数量方面处于世界前列外，阿富汗在经济、政治、社会发展等各层面来讲，均属于小国、弱国范畴。阿富汗国土面积约为64.7万平方公里，人口约2900万，在世界各国中的排名均在第40名左右。然而，阿富汗地形多以高原与山地为主，交通不便，气候恶劣，平原面积狭小。经济上以落后的农牧业为主，现代工农业发展严重滞后，国家财政多依赖国际援助；交通通信、轻重工业、农牧业等基础设施因长期战乱而遭到严重破坏，阿富汗是世界上最贫困国家之一。[①] 人口数量虽然有一定规模，但农牧业人口占绝大多数，城市人口仅集中在喀布尔、坎大哈等城市；人均寿命不足50岁，人口死亡率偏高，国民平均识字率仅为30%左右；同时，阿富汗拥有世界上人数最多的难民，从苏联入侵至今，长达30多年的战乱，造就了该国大量的难民，并逃亡国内外。[②] 政治上，阿富汗长期受王朝政治与外来势

---

① "阿富汗国家概况"，中华人民共和国外交部官网，2012-12-28，http://www.fmprc.gov.cn/mfa_chn/gjhdq_603914/gj_603916/yz_603918/1206_603920/。

② 王凤：《列国志（阿富汗卷）》，北京：社会科学文献出版社，2007年版，第27—28页。

力影响，现代政治发展落后，国内军阀势力及各种反叛势力强大，部落政治、宗教政治及民族政治对国家影响巨大，再加上官员贪腐现象严重，导致中央政府权威有限，效率低下。

然而另一方面，阿富汗又是时常能够成为国际关系关注与研究焦点的国家。由于地处中南亚，北邻中亚国家，东南邻巴基斯坦，西邻伊朗，阿富汗自古以来就是交通要道的交汇处，也是出入印度洋的门户，因此历来成为兵家必争之地。虽然历史悠久，但阿富汗大部分历史时期为外来势力所统治。从亚历山大大帝东征（公元前336至前323年）开始，阿富汗先后经历了希腊——马其顿、孔雀王朝、大月氏人、阿拉伯人、蒙古人、突厥人的入侵与统治。近代以来，阿富汗又沦为英俄争夺的势力范围。[①] 二战结束后，苏联凭借着不断提供经济军事援助，对阿富汗的政治、经济与外交有着举足轻重的影响。1979年苏联出兵后，美国又开始了与苏联争夺阿富汗的历史。1996年塔利班迅速崛起并夺取了喀布尔，但其政权的日益极端化尤其对恐怖主义的支持最终导致美国出兵阿富汗。后塔利班时代，阿富汗战后重建依然受外部势力的主导，为国际社会与国际关系学界所关注。

关于"毒品"的定义。官方与学术界对"毒品"无统一定义，我国刑法规定，毒品是指鸦片、海洛因、甲基苯丙胺（冰毒）、吗啡、大麻、可卡因以及国家规定管制的其他能够使人形成瘾癖的麻醉药品和精神药品。[②] 国际方面，与"毒品"意义相近的词语有drug和narcotic，《朗文英汉双解活用辞典》将drug定义为一种对人体有兴奋作用容易成瘾的物质；将narcotic定义为少量服用具有催眠和镇静作用，大量服用却有害并形成瘾癖的药物。[③] 当代最常见的毒品种类有罂粟类、可卡因类和大麻类三种。阿富汗境内的毒品种类主要是罂粟类，即从罂粟植物中提炼出的鸦片、吗啡、海洛因等毒品种类，其中鸦片的产量最多、走私规模也最大。

本书主要探索三段历史时期中的美国在阿战略，即苏联入侵与阿

---

① 王凤：《列国志（阿富汗卷）》，北京：社会科学文献出版社，2007年版，第65—100页。
② 最高人民法院对《中华人民共和国刑法》第357条对毒品定义的司法解释。
③ 《朗文英汉双解活用辞典》，上海：上海译文出版社，1996年版，第370页。

富汗内战时期（1979—1994年）、塔利班时期（1995—2001年）、后塔利班时期（2002至今）。"战略"，顾名思义，是有关战争的策略，最早见于军事领域，是一种"在战争中预先规划军队或装备如何调动的技巧"；后来，战略一词被广泛用于各个领域，通指"为了达到一定目的，尤其赢得对手而采取的一系列精心策划的行动"。[①] 国际关系视野中的"战略"概念，亦有着类似的外延变迁历程。[②] 一个国家尤其大国的国家战略，是中央政府在全局观念指引下，为实现国家根本目的而动员与使用国家所有政治、军事、经济、外交等各类资源的根本操作方式。[③] 在本书看来，国家战略有着两个较为明显的特性，即目的性与长期性。战略性高度或层面的国家政策，一般需具备较为固定或坚定的国家目标，不随着政府的更替而轻易改变，且这一目标较为明确与清晰。自苏联入侵阿富汗以来，美国的在阿战略，有着较为长期与明晰的战略目标，即维护并扩展自身在该地区的国家利益，虽然各个时期美国贯彻这一战略目标的具体政策有着不小的差异。同时，这一战略也产生了诸多预期与非预期效应，这些效应对美国在阿利益的实现也产生了或积极或消极的影响。本书意在从阿富汗毒品问题的角度，来分析其与美国在阿战略之间的相互影响作用。

（二）选题依据

首先，近代以来，印度与中国等亚洲国家深受鸦片走私贸易的毒害。尤其中国，两次鸦片战争所开启的近代史给国人留下了深刻的苦涩记忆。英帝国在对印度的征服与统治过程中，鸦片生产与贸易给其带来了巨大的财政支持与资本积累。英帝国还将印度鸦片大量走私至中国，并在短期内迅速扭转了对华贸易逆差，鸦片取代美洲白银成为换取中国商品的主要介质，鸦片走私量的继续扩大则导致清政府国库

[①] 《朗文当代英语辞典》，北京：外语教学与研究出版社，2002年版，第1426页。
[②] 有的学者将战略分为传统战略观与新型战略观两种，区分标准即为随着时代的发展战略的应用范围变迁。参见［法］夏尔-菲利普·戴维：《安全与战略：战争与和平的现时代解决方案》，王忠菊译，北京：社会科学文献出版社，2011年版，第28—29页。
[③] 关于国家大战略的定义及其要素，详参时殷弘：《战略问题30篇——中国对外战略思考》，北京：中国人民大学出版社，2008年版，第3—8页。

内的白银大量倒流至英属印度与英国本土，并从根本上扭转了中英关系中的优势对比。冷战期间，美国在东南亚与拉美地区亦利用毒品问题作为支持当地反苏反共运动的重要手段，参与毒品活动是其一系列隐蔽行动的重要组成部分。毒品政治自其产生之日起就遭遇合法性质疑与越来越多的道义谴责，中国政府也坚决反对西方国家在国家关系中利用毒品走私与贸易等相关恶劣做法。然而毒品政治对国家以及国际关系的影响一直延续至今。本书重点关注自1979年苏联入侵阿富汗以来美国利用毒品政治在该地区实现自身战略利益的过程，分析研究美国在阿富汗毒品问题上所扮演的角色或起到的作用，以及毒品问题对美国在阿利益的实现所起到的反作用，意在揭露与批判美国政府为达到自身利益而默许、支持甚至直接参与阿富汗毒品贸易的做法，丰富对美国在冷战期间所采取的一系列"隐蔽行动"的研究。

其次，阿富汗境内有着非常严重的毒品问题。近年来，阿富汗的罂粟种植面积与鸦片产量在世界毒品生产市场中占有绝对性的主导地位。1979年苏联入侵以前，阿富汗的罂粟种植与毒品生产规模以及在世界毒品生产市场中的地位很小。随着阿富汗陷入战乱，毒品活动日益猖獗，1986年该国罂粟种植面积仅为世界罂粟种植总面积的21%，鸦片产量占世界鸦片总产量的19%，[①]然而这两项数据在2006年时则上升为82%与93%；[②]然后，毒品经济在阿富汗国民经济中的地位也十分重要，鸦片出口占到了该国GDP总值的一半左右，2003年时曾高达60%。[③]卡尔扎伊第二任期的禁毒工作取得了一定的成绩，阿境内毒品问题有所好转，但依然没能得到实质性解决。严重的毒品问题已经对阿富汗政治、经济及国际社会带来了深远的负面影响，对其有着较大的研究价值。

阿富汗毒品问题是怎样产生的？其发展速度为何如此之快？哪些

---

① 1986年，阿富汗罂粟种植面积与鸦片产量分别为29000公顷与350吨，而世界总量则分别为131877公顷与1821吨。参见UNODC, *Afghanistan Opium Survey 2004*, Government of Afghanistan Counter Narcotics Directorate, Vienna, November 2004, pp.3-4.

② UNODC, *Afghanistan Opium Survey 2009*, Government of Afghanistan Ministry of Counter Narcotics, September 2009, pp.1-2.

③ 2004—2009年度UNODC, *Afghanistan Opium Survey, World Drug Report*。

势力参与了毒品活动的种植、生产、走私与非法交易？他们在毒品活动链中分别占据什么样的位置，分别从事什么样的毒品活动？哪些势力从毒品活动中获取了最大份额的经济利益，从而对阿富汗国内政局产生了什么样的影响？尤其是，外国势力对阿富汗局势走向有着至关重要的作用与影响，那么其对阿富汗毒品问题的产生与发展有无影响？影响又是什么？塔利班势力与毒品问题有无关系？其在毒品生产、走私与非法交易等活动中是否获得了实质性的财源支持？如果是，面对北约盟军与阿政府军的围剿，塔利班是如何做到的？如果否，什么势力该为阿毒品问题负责？毒品与恐怖主义究竟有无紧密关系？对这些问题的回答都需要深入系统地研究阿富汗毒品问题。

再次，毒品问题是理解1979年以来阿富汗政治局势以及地区国际关系的容易被忽视的重要视角。毒品问题是整个阿富汗问题中的关键环节之一。阿富汗毒品问题的产生与恶化，有着深刻的国内与国际政治背景；同时，它又对阿富汗政治局势走向产生了重要而隐蔽的影响。毒品问题与阿富汗反苏运动、塔利班势力的兴衰、阿富汗战后重建、美国在阿战略等都有着密切的联系，不仅仅是一个非传统安全领域内的个案，它有着较强的政治色彩与地区国际关系性质。分析与研究毒品问题，对理解苏联入侵时期美国在阿利益与战略部署、阿富汗军阀坐大与割据局面的产生、中央政府权威有限、塔利班在倒台后死而不僵、美国在阿陷入困境等方面能够提供崭新的视角，修正与丰富人们对阿富汗问题的理解与认识，突破故有的"高政治"利益斗争分析模式。

最后，以阿富汗毒品问题研究为题材，有益于对大国利益取向及战略部署进行反思性分析。阿富汗局势深受大国势力尤其美国的影响。美国在阿富汗的利益与战略取向对阿毒品问题的发展有什么样的影响？其对毒品问题的恶化有无促进性作用？对毒品问题的解决造成了什么样的障碍？毒品问题又对美国的在阿战略产生了怎样的负面效应，从而使美国在阿富汗陷入困境？这些都需要对毒品问题进行关注与研究。这也是本书所研究的主要内容所在。

总之，对阿富汗毒品问题进行国际关系视野下的宏观分析，尤其对其与美国在阿利益与战略之间关系的探索，是在现阶段对其研究成果较少且多局限于微观层面研究的情况下，全面认识阿富汗毒品问题的由来及其影响的一种尝试。该项研究能够提供一种新的视角，以丰富人们对阿富汗问题的认识，从而对阿富汗毒品问题研究乃至阿富汗地区国际关系研究有着一定的修正、补充和完善意义。

二、文献综述

随着"9·11"事件以及美国出兵阿富汗，学界对阿富汗问题的关注日益增多，但专门针对阿富汗毒品问题的分析与研究成果不甚丰富。研究成果多集中在对美国在阿战略、塔利班势力的兴衰、阿富汗战后重建、恐怖主义等内容的分析上，然而这些成果对了解阿富汗地区近年来的政治局势与毒品问题的发展态势依然必不可少。

（一）毒品问题专项调查报告

随着毒品活动在阿富汗泛滥成灾，对该问题的专项研究也随之出现，突出表现在联合国禁毒与犯罪预防办公室[①]（United Nations Office for Drug Control and Crime Prevention，简称UNODCCP）自1994年起针对阿富汗鸦片活动的年度调查（Afghanistan Opium Survey）。[②] 这一调查是在微观层面上对阿富汗毒品问题进行的研究，它收集与分析阿富汗罂粟种植的地域与规模、鸦片的年度潜产量以及价格等方面的信息与内容，以及历年来阿富汗毒品经济占其国内经济总值的比重变化、毒品的主要走私路线及方向以及阿农民种植或拒绝种植毒品的原因变化、阿国内的毒品使用及相关的犯罪活动等情况，直观地提供了阿富汗历年毒品活动的各项具体数据，细化分析了阿富汗毒品问题的发展

---

① 现已更名为联合国毒品与犯罪问题办公室（United Nations Office on Drugs and Crime，简称UNODC），是专门关注世界毒品问题（包括阿富汗）的联合国机构。

② 由于年代所限以及所掌握的数据库限制，1994—1999年度联合国关于阿富汗鸦片活动的调查报告目前尚未搜集到。另外，2000与2001年度该报告名称为Afghanistan Annual Opium Poppy Survey，2002年度起，正式命名为Afghanistan Opium Survey。

趋势，对本书的写作起到了重要的数据支持作用，增强了本书论证的科学性与说服性。

联合国毒品与犯罪问题办公室每年六七月份发布的《世界毒品报告》（World Drug Report），[①] 是专门研究全球范围内的毒品活动的调查报告。该报告详细介绍了世界各大毒品产地的毒品生产规模、走私和非法交易情况、吸毒人数及其分布情况、毒品原作物种植人口、毒品贸易和毒品经济占各毒品生产国的GDP份额、有关毒品控制的国际合作及其历史沿革等。其中关于阿富汗毒品问题的章节部分，数据统计分析尤为详尽，将阿毒品问题放在了世界毒品问题中来，为本书比较分析阿富汗罂粟种植面积以及鸦片产量在世界毒品生产市场中的地位变化，从而认识阿富汗毒品问题的严重性，提供了直观的、科学的统计数据。Afghanistan Opium Survey 与 World Drug Report（包括其各自前身）由联合国专门机构权威发布，是有关阿富汗毒品问题与世界毒品问题最权威、最详尽、最前沿的数据统计和调查研究成果，本书中历年来阿富汗罂粟种植与鸦片生产及其在世界毒品生产市场中的比较，大部分数据都来源于以上两类年度报告，这一比较尤为能够使人们直观地认识到阿富汗毒品问题在世界毒品问题中的地位之重，即阿富汗毒品问题的严重性。

另外，UNODC 发布的一些其他报告，对本书写作也起到了很大的帮助：

1. Doris Buddenberg, William A. Byrd, *Afghanistan's Drug Industry: Structure, Functioning, Dynamics and Implications for Counter-Narcotics Policy*。该报告由联合国毒品与犯罪问题办公室驻喀布尔代表 Doris Buddenberg 和世界银行驻南亚地区顾问 William A. Byrd 共同主编，其内容主要分析了阿富汗毒品经济的宏观影响、阿富汗禁毒政策及其成效、部分省份的鸦片交易体系、毒品经济中价格与市场的相互作用、后塔利班时代的毒品交易与有组织犯罪等，是一份分析思考性较强的微观调查报告。

[①] 其前身为1999—2003年度的 Global Illicit Drug Trends，2004年起更名为 World Drug Report。

2. UNODC, *The Opium Economy in Afghanistan: an International Problem*, 2003。该报告着重分析与介绍了阿富汗的鸦片经济的由来、现状与后果。该报告认为，长年战乱导致了毒品经济这一战时经济模式、贫穷与饥荒是农民转而种植鸦片的重要动因、鸦片作为一种信贷商品广受欢迎、军阀从鸦片交易中获取巨额利润等，是鸦片经济在阿富汗存在的主要原因，并对本国及邻国造成了诸多严重后果。总体来讲，该报告基本上也属于对阿富汗毒品问题的微观层面的研究，但其中有关阿毒品问题产生的历史根源以及军阀获益于毒品活动等方面的内容，对本书侧重对阿富汗毒品问题进行国际关系视野中的宏观分析有着一定的参考价值。

3. UNODC, *Illicit Drug Trends in Afghanistan 2008*。该报告以图表的形式介绍了1990年以来阿富汗的罂粟种植在总面积及分布省份上变化情况、分析了阿富汗农民种植罂粟的各种可能的动因、历年来鸦片与海洛因的产量变化、罂粟根除工作及其成效、毒品及其化学前体走私主要路线以及与毒品有关的犯罪活动等。

以上联合国关于阿富汗以及世界毒品问题的调查报告，对于本书的写作而言，其不足之处在于大多只分析了该年阿富汗毒品形势的发展走向及其微观层面的原因，而对这一形势走向的政治经济等方面的宏观背景的分析，尤其对阿富汗毒品问题产生与发展所处的地区国际关系及其所受到的美国战略的影响，着墨较少。当然，这是由其调查报告的本身性质与研究范围所决定的。对阿富汗毒品问题所产生的原因与所导致的后果的宏观层面的分析与研究，尤其美国战略对阿富汗毒品问题的影响，还需要更多的学术成果予以支持。

（二）阿富汗毒品问题相关研究成果

学界对阿富汗毒品问题的专项研究成果，多体现在学术论文上，该方面的专著文献较少，或者只将其列入著作中的某一章节予以研究，难免有分析不够充分与详尽之处。目前，国内外学界对阿富汗毒品问题的研究成果，主要集中在以下几个方面：

1. 阿富汗毒品问题与塔利班及恐怖主义的关系，如：Frank

Shanty, *The Nexus: International Terrorism and Drug Trafficking from Afghanistan*;① Gretchen Peters, *Seeds of Terror: How Heroin is Bankrolling the Taliban and al Qaeda*;② Amir Zada Asad, Robert Harris, *The Politics and Economics of Drug Production on the Pakistan-Afghanistan Border*;③ Jeanne K. Giraldo, Harold A. Trinkunas, *Terrorism Financing and State Responses: a Comparative Perspective*;④ Daniela Corti and Ashok Swain, "War on Drugs and War on Terror: Case of Afghanistan";⑤ Gretchen Peters, "How Opium Profits the Taliban";⑥ LaVerle Berry, Glenn E. Curtis, Rex A. Hudson, Nina A. Kollars, "A Glabal Overview of Narcotics-Funded Terrorist and Other Extremist Groups";⑦ Lowry Taylor, "The Nexus of Terrorism and Drug Trafficking in the Golden Crescent: Afghanistan";⑧ Raphael F. Perl, "Taliban and the Drug Trade"。⑨ 这一方面的研究，学者多集中在对塔利班是否参与了毒品活动、是否从毒品活动中获取经济利益以及获益程度如何、恐怖主义与毒品的关系、巴基斯坦与阿富汗边境地区的塔利班势力与毒品活动的关系等的讨论上。塔利班参与毒品活动并从中获取经济利益是学界的普遍共识，但其在毒品贸易中获取了多大份额的经济利润以及这一经济利润是否决定性地支持了塔利

---

① Frank Shanty, *The Nexus: International Terrorism and Drug Trafficking from Afghanistan*, California: Praeger Security International, c2011.

② Gretchen Peters, *Seeds of Terror: How Heroin is Bankrolling the Taliban and al Qaeda*, St. Martin's Press: Thomas Dunne Books, 2009.

③ Amir Zada Asad, Robert Harris, *The Politics and Economics of Drug Production on the Pakistan-Afghanistan Border*, Burlington, VT: Ashgate, 2003.

④ Jeanne K. Giraldo, Harold A. Trinkunas, *Terrorism Financing and State Responses: a Comparative Perspective*, Stanford, Calif.: Stanford University Press, 2007.

⑤ Daniela Corti and Ashok Swain, "War on Drugs and War on Terror: Case of Afghanistan", *Peace & Conflict Review*, Volume 3, Issue 2, Spring, 2009.

⑥ Gretchen Peters, "How Opium Profits the Taliban", *United States Institute of Peace*, August 2009.

⑦ LaVerle Berry, Glenn E. Curtis, Rex A. Hudson, Nina A. Kollars, "A Glabal Overview of Narcotics-Funded Terrorist and Other Extremist Groups", *Federal Research Division*, Library of Congress, May 2002.

⑧ Lowry Taylor, "The Nexus of Terrorism and Drug Trafficking in the Golden Crescent: Afghanistan", *USAWC strategy research project*, 15 Mar 2006.

⑨ Raphael F. Perl, "Taliban and the Drug Trade", *CRS Report for Congress*, October 5, 2001.

班的日常财政及其一系列的军事行动，学界有着越来越多的争论。在这一研究领域的起初阶段，由于官方公开发布的数据资料有限，以及学者尤其西方学者对塔利班的偏见性认识，学界普遍认为塔利班与毒品活动有着千丝万缕的联系，甚至认为塔利班是阿富汗毒品问题的罪魁祸首，毒品财政是塔利班的主要财政支柱，塔利班是使毒品与恐怖主义发生紧密联系的主要推动者，等等。随着相关研究的日益深入与全面，尤其毒品利润分配等数据的公布，学界对塔利班及其与阿富汗毒品问题之间的关系有了新的认识与反思。越来越多的学者开始反思塔利班与阿富汗毒品问题之间的真正关系，更倾向于认为二者之间的关系并没有传统认识中的那么紧密，塔利班在毒品活动中所获得经济利益只是毒品产业链中较小的一部分，更多的份额则被其他利益群体如阿富汗各级政府官员、地方军阀与警察等所获得，他们在阿毒品问题中所起的作用或扮演的角色更应该得到足够的重视与研究。这些源于对塔利班与阿毒品问题关系的研究及争论典型地体现在上述专著与论文中。

2. 美国与阿富汗毒品问题的关系，如：Peter Dale Scott, *American War Machine: Deep Politics, the CIA's Global Drug Connection, and the Road to Afghanistan*；[1] Peter Dale Scott, *Drugs, oil, and war: the United States in Afghanistan, Colombia, and Indochina, Lanham*；[2] Alfred W. McCoy, *The Politics of Heroin: CIA Complicity in the Global Drug Trade*；[3] Alfred W. McCoy, Alan A. Block, *War on Drugs: Studies in the Failure of U.S. Narcotics Policy*；[4] Cornelius Friesendorf., *US Foreign Policy and the War on Drugs: Displacing the Cocaine and Heroin*

---

[1] Peter Dale Scott, *American War Machine: Deep Politics, the CIA's Global Drug Connection, and the Road to Afghanistan*, Lanham, MD: Rowman & Littlefield Publishers, c2010.

[2] Peter Dale Scott, *Drugs, oil, and war: the United States in Afghanistan, Colombia, and Indochina*, Lanham, Md.: Rowman & Littlefield Publishers, c2003.

[3] Alfred W. McCoy, *The Politics of Heroin: CIA Complicity in the Global Drug Trade*, New York: Lawrence Hill Books, 1991.

[4] Alfred W. McCoy, Alan A. Block, *War on Drugs: Studies in the Failure of U.S. Narcotics Policy*, Boulder: Westview Press, 1992.

Industry;① Christopher M. Blanchard, "Afghanistan: Narcotics and U.S. Policy";② Julien Mercille, "The U.S. 'War on Drugs' in Afghanistan";③ Lieutenant Colonel David J. Liddell, "Drugs in Afghanistan: the Challenges with Implementing U.S. Strategy";④ Peter Dale Scott, "Can the US Triumph in the Drug-Addicted War in Afghanistan?: Opium, the CIA and the Karzai Administration";⑤ Peter Dale Scott, "Obama and Afghanistan: America's Drug-Corrupted War";⑥ Ted Galen Carpenter, "How the Drug War in Afghanistan Undermines America's War on Terror";⑦ 曹伟、杨恕:"美国在阿富汗的禁毒行动及成效分析"。⑧ 美国与阿富汗毒品问题的关系或者说美国在阿毒品问题中所扮演的角色，这一领域的关注与研究曾长期为人们所忽视，主要成果集中在美国中情局在世界范围内尤其在拉美及亚洲"金三角"地区与毒品贸易之间的关系，有的学者（如Alfred W. McCoy）将中情局在毒品贸易中所扮演的角色为"共谋"（complicity），中情局通过为当地毒品活动的直接参与者"出谋划策"的方式，不仅从毒品活动中获取经济利益，还培植自身势力，改变当地政治势力的强弱格局，从而影响当地政治局势走向。随着阿富汗毒品问题的日益凸显，学界对美国这一阿富汗问题最大外部因素的关注越来越多：中情局是否如在世界其他地区一样，卷入了阿富汗毒品问题？这方面的研究已经初现成果，如上列举的专著与文章，即是这方

---

① Cornelius Friesendorf., *US Foreign Policy and the War on Drugs: Displacing the Cocaine and Heroin Industry*, New York: Routledge, 2007.

② Christopher M. Blanchard, "Afghanistan: Narcotics and U.S. Policy", *Congressional Research Service*, August 12, 2009.

③ Julien Mercille, "The U.S. 'War on Drugs' in Afghanistan", *Critical Asian Studies*, 43: 2, 2011.

④ Lieutenant Colonel David J. Liddell, "Drugs in Afghanistan: the Challenges with Implementing U.S. Strategy", *Strategy Research Project*, Mar 15, 2008.

⑤ Peter Dale Scott, "Can the US Triumph in the Drug-Addicted War in Afghanistan?: Opium, the CIA and the Karzai Administration", *Japan Focus*, May 05, 2010.

⑥ Peter Dale Scott, "Obama and Afghanistan: America's Drug-Corrupted War", *Critical Asian Studies*, 43:1, 2011.

⑦ Ted Galen Carpenter, "How the Drug War in Afghanistan Undermines America's War on Terror", *Foreign Policy Briefing*, November 10, 2004.

⑧ 曹伟、杨恕:"美国在阿富汗的禁毒行动及成效分析"，《新疆师范大学学报（哲学社会科学版）》，2011年第32卷第4期。

面的典型尝试。这些成果认为，美国对阿富汗毒品问题的产生与发展有着不可推卸的责任，其通过支持阿国内反苏武装从事毒品活动以从中获取资金支持，从而有效壮大了反苏力量，扶植了亲美势力（如阿前总理希克马蒂亚尔，他即是军阀又是大毒枭，受到中情局的支持），改变了该地区的力量格局，进而导致苏联在阿富汗陷入泥潭，开始确立了自身在阿富汗的优势地位。这些学术成果如实展现了美国与阿富汗当地涉毒势力的真正关系，对本书进一步思考美国在阿富汗毒品问题后来的发展过程中所起的作用有着重要的启发意义。此外，该领域的研究成果，还包括对美国在阿禁毒政策为何失败的反思、毒品对美国在阿战略成效的影响等，有利于分析美国在阿富汗毒品问题上的复杂利益与多面立场，以及阿富汗毒品问题与美国在阿战略之间的相互作用与影响。

3. 毒品问题与阿富汗政治、经济的关系，如：Carey Gladstone, *Afghanistan issues: Security, Narcotics and Political Currents*;[①] David Macdonald, *Drugs in Afghanistan: Opium, Outlaws and Scorpion tales*;[②] Jacob E. Jankowski., *Corruption, Contractors, and Warlords in Afghanistan*;[③] Jeffrey P. Clemens, "Opium in Afghanistan: Prospects for the Success of Source Country Drug Control Policies";[④] Peter Mandaville, "Narco-Jihad: Drug Trafficking and Security in Afghanistan and Pakistan";[⑤] Vishal Chandra, "Warlords, Drugs and the 'War on Terror' in Afghanistan: The Paradoxes";[⑥] 宋海啸："阿富汗毒品经济：历史、作用

[①] Carey Gladstone, *Afghanistan issues: Security, Narcotics and Political Currents*, New York: Nova Science Publishers, c2007.

[②] David Macdonald, *Drugs in Afghanistan: Opium, Outlaws and Scorpion tales*, London: Pluto, 2007.

[③] Jacob E. Jankowski., *Corruption, Contractors, and Warlords in Afghanistan*, New York: Nova Science Publishers, c2010.

[④] Jeffrey P. Clemens, "Opium in Afghanistan: Prospects for the Success of Source Country Drug Control Policies", *The Journal of Law and Economics*, Vol. 51, No. 3, pp. 407-432, 2008.

[⑤] Peter Mandaville, "Narco-Jihad: Drug Trafficking and Security in Afghanistan and Pakistan", *The National Bureau of Asian Research*, December, 2009.

[⑥] Vishal Chandra, "Warlords, Drugs and the 'War on Terror' in Afghanistan: The Paradoxes", *Strategic Analysis*, Vol. 30, No. 1, Jan.-Mar., 2006.

与成因";[①] 朱永彪、后俊:"论阿富汗民族、部落因素对毒品问题的影响";[②] 陶颖、张金山:"巴基斯坦和阿富汗的毒品政治"。[③] 这一领域的研究成果,主要内容为分析毒品问题对阿富汗国内政治与经济所产生的影响,尤其是毒品问题与阿富汗国内严重的官员贪污腐败、军阀坐大割据等现象之间的关系。学界认为,阿富汗各种地方势力涉毒现象严重,毒贩通过向地方官员、警察行贿的方式,获得毒品运输与交易的通行证,导致国内贪污腐败现象横生,有的政府官员与地方警察甚至直接参与毒品活动;毒品与地方军阀的关系也十分密切,军阀在美国"出谋划策"的帮助下,以毒品作为其获得资金支持的重要甚至主要来源,并借此壮大了自身实力,为后来的阿富汗军阀坐大割据局面的产生买下了祸根。与之相对应,从事与保护毒品贸易也就成为地方军阀的利益所在,现有研究成果认为,地方军阀是毒品贸易的重要保护伞,是在中央政府权威有限的情况下禁毒政策成效甚微的重要原因。

此外,这一领域的研究,还关注了毒品经济对阿富汗国民经济与社会的负面影响。学界认为,由于毒品活动猖獗,阿富汗国内形成了系统而成熟的毒品产业链,并创造了规模庞大的毒品经济,使得该国的经济产业结构严重畸形。同时阿富汗农民长期依赖罂粟种植与毒品加工为生,使其放弃毒品活动将造成大量的农民破产,社会后果不堪设想。可以说毒品问题已经深深扎根在阿富汗的政治、经济与社会等各个层面。这些研究成果对本书分析阿富汗国内各种利益群体在毒品问题中所扮演的角色以及探索阿富汗毒品问题的出路,有着较大的参考价值和借鉴意义。

4. 有关阿富汗毒品问题的其他研究,如:Letizia Paoli, Victoria A. Greenfield, Peter Reuter, *The World Heroin Market: Can Supply be Cut?*;[④]

[①] 宋海啸:"阿富汗毒品经济:历史、作用与成因",《南亚研究》,2010年第3期。
[②] 朱永彪、后俊:"论阿富汗民族、部落因素对毒品问题的影响",《兰州大学学报(社会科学版)》,2011年第39卷第3期。
[③] 陶颖、张金山:"巴基斯坦和阿富汗的毒品政治",《南亚研究季刊》,2000年第1期。
[④] Letizia Paoli, Victoria A. Greenfield, Peter Reuter, *The World Heroin Market: Can Supply be Cut?* New York: Oxford University Press, 2009.

Pierre-Arnaud Chouvy, *Opium: Uncovering the Politics of the Poppy*;[①] 陈利:"阿富汗毒品问题研究";[②] 郭杰,梅松林:"'金新月'毒品对新疆走私渗透总体态势";[③] 隆·莫洛、萨米·尤萨夫赞:"阿富汗毒品犯罪形势严峻";[④] 邵育群:"阿富汗毒品问题及相关国际合作";[⑤] 许勤华:"解析毒品与毒品走私对中亚地区安全的影响";[⑥] 杨恕、汪金国:"中亚安全与阿富汗毒品问题";[⑦] 杨恕、辛万翔:"巴阿边境地区的毒品生产与贩运";[⑧] 杨恕、张雪宁:"阿富汗鸦片种植及毒品问题现状";[⑨] 姚大学,赵宇欣:"阿富汗毒品问题的历史考察"。[⑩] 国内学术界对阿富汗毒品问题的研究,多停留在概括性介绍层面,即简要分析阿毒品问题的由来与现状,在阿富汗国内有着严重的毒品问题上有着普遍共识,但对其深层次的原因上的分析尤为不足,成果也多以学术论文的形式展现在读者面前,相关专著尚未出现,且落脚点较多地在于中国关怀上,即为中国尤其边疆地区的禁毒工作提出参考性意见。兰州大学杨恕教授及其研究团队是国内较早关注阿富汗毒品问题的学者,其研究成果为人们进一步关注与研究阿毒品问题奠定了基础,对本书的写作有着启发意义。另外,对阿富汗毒品问题的其他研究,还零散地体现在国际禁毒合作、阿毒品问题与周边国家尤其巴基斯坦和中亚国家的关系上面,对国际社会在阿富汗地区的禁毒合作机制的缺陷、成效及其原因,巴阿边境的毒品问题与双边关系,阿毒品问题对中亚国家安

---

① Pierre-Arnaud Chouvy, *Opium: Uncovering the Politics of the Poppy*, London: I.B. Tauris, 2009.
② 陈利:"阿富汗毒品问题研究",《甘肃政法成人教育学院学报》,2002年第4期。
③ 郭杰、梅松林:"'金新月'毒品对新疆走私渗透总体态势",《新疆警官高等专科学校学报》,2009年第29卷第1期。
④ 隆·莫洛、萨米·尤萨夫赞:"阿富汗毒品犯罪形势严峻",张子译,《国外社会科学文摘》,2006年第6期。
⑤ 邵育群:"阿富汗毒品问题及相关国际合作",《现代国际关系》,2009年第1期。
⑥ 许勤华:"解析毒品与毒品走私对中亚地区安全的影响",《俄罗斯中亚东欧研究》,2007年第2期。
⑦ 杨恕、汪金国:"中亚安全与阿富汗毒品问题",《东欧中亚研究》,2001年第4期。
⑧ 杨恕、辛万翔:"巴阿边境地区的毒品生产与贩运",《南亚研究季刊》,2009年第1期。
⑨ 杨恕、张雪宁:"阿富汗鸦片种植及毒品问题现状",《兰州大学学报(社会科学版)》,2011年第39卷第3期。
⑩ 姚大学、赵宇欣:"阿富汗毒品问题的历史考察",《史学集刊》,2011年第4期。

全的影响等方面进行了研究。这些文章扩展了本书的写作视野与思路，使本书对阿富汗毒品问题的思考与研究更加全面与系统。

5. 历史中的毒品问题及其国家间关系研究。在本书第一章中，将主要讨论历史中所发生过的与毒品问题密切相关的国家间关系，主要包括英帝国在对印度与中国的征服与统治过程中，毒品所起到的作用；英、法、荷及二战后的美国在东南亚尤其金三角地区所从事的毒品政治对当地毒品问题的影响；以及美国是怎样利用毒品干涉哥伦比亚等拉丁美洲国家内部事务的，等等。学术界关于这方面的研究成果较为丰富，比较突出的主要包括：Carl A. Trocki, *Opium, Empire and the Global Political Economy: a Study of the Asian Opium Trade, 1750-1950*；① James H. Mills, Patricia Barton, *Drugs and Empires: Essays in Modern Imperialism and Intoxication, c.1500-c.1930*；② Tanya P. Shohov, Frank Lamazi, *War on Drugs: Issues and Developments*；③ 仲伟民:《茶叶与鸦片：19世纪经济全球化中的中国》；④ ［印］罗梅什·杜特:《英属印度经济史》；⑤ ［美］马士:《中华帝国对外关系史（第一卷）》；⑥ ［英］格林堡:《鸦片战争前中英通商史》；⑦ 龚缨晏:《鸦片的传播与对华鸦片贸易》；⑧ 朱庆葆:《鸦片与近代中国》；⑨ 李晨阳:《金三角毒品问题研

---

① Carl A. Trocki, *Opium, Empire and the Global Political Economy: a Study of the Asian Opium Trade, 1750-1950*, London and New York: Routledge, 1999.

② James H. Mills, Patricia Barton, *Drugs and Empires: Essays in Modern Imperialism and Intoxication, c.1500-c.1930*, New York: Palgrave Macmillan, c2007.

③ Tanya P. Shohov, Frank Lamazi, *War on drugs: issues and developments*, New York: Novinka Books, c2004.

④ 仲伟民:《茶叶与鸦片：19世纪经济全球化中的中国》，北京：生活·读书·新知三联书店，2010年版。

⑤ ［印］罗梅什·杜特:《英属印度经济史》，陈洪进译，北京：生活·读书·新知三联书店出版社，1965年版。

⑥ ［美］马士:《中华帝国对外关系史（第一卷）》，张汇文等译，上海：上海书店出版社，2006年版。

⑦ ［英］格林堡:《鸦片战争前中英通商史》，康成译，北京：商务印书馆，1961年版。

⑧ 龚缨晏:《鸦片的传播与对华鸦片贸易》，北京：东方出版社，1999年版。

⑨ 朱庆葆、蒋秋明、张士杰:《鸦片与近代中国》，南京：江苏教育出版社，1995年版。

究》；① 马树洪：《云南境外毒源研究》；② 张力："鸦片对华贸易与印度近代资本主义的兴起"；③ 庄国土："茶叶、白银和鸦片：1750—1840年中西贸易结构"；④ 胡光利："试论英国鸦片政策及其对中印之影响"；⑤ 徐健竹："鸦片战争前英国对中国的鸦片贸易"⑥。以上研究成果对本书第一章中的写作，有着重要的数据参考价值，有助于进一步了解近代史中的毒品贸易及其所"撬动"的国家间关系的变迁。

（三）阿富汗国内政治与地区国际关系相关研究成果

本书的写作重点在于分析阿富汗毒品问题与美国在阿战略之间的关系，是在国际关系视野下探讨阿富汗毒品问题所产生与发展的政治、历史原因，以及毒品问题对阿国内政治及地区国际关系所产生的影响。因此，对与阿富汗毒品问题变迁相关的1979年以来的阿富汗国内政治与该地区的国际关系的分析必不可少，包括苏联入侵时期苏联与美国的对阿政策及其博弈、塔利班的兴衰及其与美国的关系变迁、美国因素影响下的阿富汗与其邻国尤其是与巴基斯坦的关系、美国的反恐战略与阿富汗战后重建等。目前，学术界关于这一领域的研究多集中在以下几个方面。

1. 美苏对阿政策与1979—1988年苏阿战争，如：Anthony Hyman, *Afghanistan under Soviet Domination, 1964-1991*；⑦ Antonio Giustozzi, *War, Politics and Society in Afghanistan, 1978-1992*；⑧ Arundhati Roy, *The Soviet Intervention in Afghanistan: Causes, Consequences, and India's*

---

① 李晨阳：《金三角毒品问题研究》，昆明：云南大学出版社，2010年版。
② 马树洪：《云南境外毒源研究》，昆明：云南民族出版社，2001年版。
③ 张力："鸦片对华贸易与印度近代资本主义的兴起"，《南亚研究季刊》，1986年第4期。
④ 庄国土："茶叶、白银和鸦片：1750—1840年中西贸易结构"，《中国经济史研究》，1995年第3期。
⑤ 胡光利："试论英国鸦片政策及其对中印之影响"，《辽宁大学学报》，1992年第2期。
⑥ 徐健竹："鸦片战争前英国对中国的鸦片贸易"，《历史教学》，1980年第9期。
⑦ Anthony Hyman, *Afghanistan under Soviet Domination, 1964-1991*, Hampshire: Macmillan Academic and Professional, 1992.
⑧ Antonio Giustozzi, *War, Politics and Society in Afghanistan, 1978-1992*, Washington, DC: Georgetown University Press, 2000.

response;^① Bo Huldt, Erland Jansson, *The Tragedy of Afghanistan: the Social, Cultural, and Political Impact of the Soviet Invasion*;^② Edgar O'Balance, *Afghan Wars, 1839-1992: What Britain Gave up and the Soviet Union Lost*;^③ Mark Galeotti, *Afghanistan: the Soviet Union's Last War*;^④ Milan Hauner, Robert L. Canfield, *Afghanistan and the Soviet Union: Collision and Transformation*;^⑤ Oleg Sarin, Lev Dvoretsky, *The Afghan Syndrome: the Soviet Union's Vietnam*;^⑥ The Russian General Staff, translated and edited by Lester W. Grau and Michael A. Gress, *The Soviet-Afghan War: How a Superpower Fought and Lost*;^⑦ Andrew Hartman, "'The Red Template': US Policy in Soviet-Occupied Afghanistan";^⑧ Minton F. Goldman, "Soviet Military Intervention in Afghanistan: Roots & Causes";^⑨ [美]彼得·施魏策尔:《里根政府是怎样搞垮苏联的》;^⑩ 弘杉、海佳:《无名之师:苏军入侵阿富汗始末》;^⑪ 白建才:"论美国对苏联入侵阿富汗的政策与隐蔽行动"^⑫等。这一领域的研究成果,对阿富汗毒品问题产生阶段的阿国内政治与地区国际关系进行了介绍,对

---

① Arundhati Roy, *The Soviet Intervention in Afghanistan: Causes, Consequences, and India's response*, New Delhi: Associated Pub. House, c1987.

② Bo Huldt, Erland Jansson, *The Tragedy of Afghanistan: the Social, Cultural, and Political Impact of the Soviet Invasion*, New York: Croom Helm, c1988.

③ Edgar O'Balance, *Afghan Wars, 1839-1992: What Britain Gave up and the Soviet Union Lost*, London: Barssey's, 1993.

④ Mark Galeotti, *Afghanistan: the Soviet Union's Last War*, London: Frank Cass, c1995.

⑤ Milan Hauner, Robert L. Canfield, *Afghanistan and the Soviet Union: Collision and Transformation*, Colorado: Westview Press, 1989.

⑥ Oleg Sarin, Lev Dvoretsky, *The Afghan Syndrome: the Soviet Union's Vietnam*, Novato, CA: Presidio, c1993.

⑦ The Russian General Staff, translated and edited by Lester W. Grau and Michael A. Gress, *The Soviet-Afghan War: How a Superpower Fought and Lost*, Lawrence, Kan.: University Press of Kansas, c2002.

⑧ Andrew Hartman, "'The Red Template': US Policy in Soviet-Occupied Afghanistan", *Third World Quarterly*, Vol. 23, No. 3, June, 2002.

⑨ Minton F. Goldman, "Soviet Military Intervention in Afghanistan: Roots & Causes", *Polity*, Vol. 16, No. 3, Spring, 1984.

⑩ [美]彼得·施魏策尔:《里根政府是怎样搞垮苏联的》,殷雄译,北京:新华出版社,2001年版。

⑪ 弘杉、海佳:《无名之师:苏军入侵阿富汗始末》,北京:世界知识出版社,1997年版。

⑫ 白建才:"论美国对苏联入侵阿富汗的政策与隐蔽行动",《陕西师范大学学报(哲学社会科学版)》,2011年第40卷第6期。

苏联入侵阿富汗及其失败的原因、该时期的阿富汗政治与社会安全形势、美国在该地区的对苏政策及双方博弈等内容进行了分析,对本书分析阿富汗毒品问题产生的宏观政治与历史背景,有着重要的史料参考价值。学者普遍认为,苏联之所以在阿富汗陷入泥潭,与美国一系列的隐蔽行动(covert operation)密切相关。美国通过各种渠道对阿富汗国内的反苏游击武装提供军事与经济援助,使得后者在人员数量与装备质量上都有了很大程度的提高,从而沉重打击了苏联军队,甚至拉开了苏联解体的序幕。美国所采取的这些隐蔽行动,有助于本书分析毒品作为一种资金来源在阿富汗广泛扩散的原因。支持当地势力种植罂粟、加工毒品并进行交易,换取资金与武器装备,是美国一系列隐蔽行动的重要一环。正是由于美国的"出谋划策"、支持与纵容,毒品才得以在阿富汗迅速泛滥。

2. 塔利班的兴衰及其与美国的关系,如:Antonio Giustozzi, *Decoding the new Taliban: Insights from the Afghan Field*;[1] James Fergusson, *Taliban: the Unknown Enemy*;[2] Jean-Charles Brisard Guillaume Dasquié, *Forbidden Truth: U.S.-Taliban Secret Oil Diplomacy and the Failed Hunt for Bin Laden*;[3] Larry P. Goodson, *Afghanistan's Endless War: State Failure, Regional Politics, and the Rise of the Taliban*[4];Peter Marsden, *Taliban: War and Religion in Afghanistan*;[5] Peter Marsden, *The Taliban: War, Religion and the New Order in Afghanistan*;[6] Robert D. Crews, Amin Tarzi, *The Taliban and the Crisis of Afghanistan*;[7] 何明:《塔利班政权

---

[1] Antonio Giustozzi, *Decoding the New Taliban: Insights from the Afghan Field*, New York: Columbia University Press, c2009.

[2] James Fergusson, *Taliban: the Unknown Enemy*, Cambridge, MA: Da Capo Press, 2011.

[3] Jean-Charles Brisard Guillaume Dasquié, *Forbidden Truth: U.S.-Taliban Secret Oil Diplomacy and the Failed Hunt for Bin Laden*, New York: Thunder's Mouth Press, c2002.

[4] Larry P. Goodson, *Afghanistan's Endless War: State Failure, Regional Politics, and the Rise of the Taliban*, Seattle: University of Washington Press, c2001.

[5] Peter Marsden, *Taliban: War and Religion in Afghanistan*, London: Zed Books Ltd., 2002.

[6] Peter Marsden, *The Taliban: War, Religion and the New Order in Afghanistan*, Karachi: Oxford University Press; London; New York: Zed Books Ltd., c1998.

[7] Robert D. Crews, Amin Tarzi, *The Taliban and the Crisis of Afghanistan*, Cambridge, Mass.: Harvard University Press, c2008.

的兴亡及其对世界的影响》。①塔利班与毒品问题的关系十分复杂，而美国对塔利班的态度变化，是后者与毒品关系的重要影响因素。美国对塔利班政权的外交敌视、国际孤立与制裁，是塔利班转而支持毒品财政的重要原因之一。因此，有必要分析塔利班的兴衰及其与美国的关系，从而更为全面地分析塔利班政权时期阿富汗毒品问题的发展状况。这一领域的研究成果，典型地体现在上述专著文献中，主要研究内容包括，阿富汗内战与塔利班势力的兴起、塔利班初期美国的态度及其关系互动、塔利班政权时期阿富汗的内政与外交表现、恐怖主义与塔利班的关系及美国对塔利班态度的转变等。学界认为，美国对塔利班的兴起，起初报之以欢迎态度，希望其能取代由美国扶植但已走向反美道路的希克马蒂亚尔，但塔利班的极端主义与反美态度导致双方关系恶化，收留基地恐怖主义组织更是塔利班遭致美国敌视从而自取灭亡的重要原因。塔利班政权时期，是阿富汗毒品问题出现质变性发展的时期。这一领域的学术成果对深入认识塔利班及其与美国的关系，从而分析毒品—塔利班—美国三者的关系，有着较大的参考价值和借鉴意义。然而其不足之处在于，学者的立场倾向较为严重，多站在美国的立场，分析塔利班的内政外交表现，将塔利班与美国的关系刚性地界定为不可缓和的敌对关系，将塔利班视为美国在阿利益的主要障碍，而对美国对塔利班政策的两面性着墨较少。事实证明，美国对恐怖主义与极端主义的双重标准，是其与塔利班政权关系恶化的重要原因。

3. 美国因素影响下的阿巴关系研究。巴基斯坦与阿富汗类似，国内尤其与阿富汗交界地区的毒品问题与恐怖主义问题十分严重。阿富汗毒品问题的产生与巴基斯坦有着千丝万缕的联系。美国在苏阿战争期间，对阿富汗反苏游击队的经济与军事援助，相当一部分是通过巴基斯坦运输到阿境内的，阿巴边境的毒品加工与走私贸易十分猖獗；同时，巴基斯坦与塔利班政权的关系十分微妙（巴曾是极少数承认塔利班政权的国家之一）。因此有必要对与毒品问题有关的阿巴关系进

---

① 何明：《塔利班政权的兴亡及其对世界的影响》，上海：华东师范大学出版社，2005年版。

行研究。目前，学术界这方面的研究成果主要如下：Frédéric Grare, *Pakistan in the face of the Afghan Conflict, 1979-1985*;[①] Hafeez Malik, *US Relations with Afghanistan and Pakistan: the Imperial Dimension*;[②] Hassan Abbas, *Pakistan's Troubled Frontier*;[③] Leo E. Rose, Kamal Matinuddin, *Beyond Afghanistan: the Emerging U.S.-Pakistan Relations*;[④] Mariam Abou Zahab, Olivier Roy, *Islamist networks: the Afghan-Pakistan Connection*;[⑤] Marvin G. Weinbaum, *Pakistan and Afghanistan: Resistance and Reconstruction*;[⑥] Mary Anne Weaver, *Pakistan: in the Shadow of Jihad and Afghanistan*;[⑦] Richard L. Armitage, *U.S. Strategy for Pakistan and Afghanistan*;[⑧] A.Z. Hilali, *US-Pakistan Relationship: Soviet Invasion of Afghanistan*, Burlington;[⑨] Ikramul Haq, "Pak-Afghan Drug Trade in Historical Perspective";[⑩] 傅小强："美国阿巴战略进展与阿富汗问题前景"，[⑪] 陈继东、李景峰："巴基斯坦在美国阿富汗新战略中的独特地位"。[⑫] 其研究内容主要有以下几个方面：苏阿战争时期的美巴关系、

[①] Frédéric Grare, *Pakistan in the Face of the Afghan Conflict, 1979-1985*, New Delhi: India Research Press, 2003.

[②] Hafeez Malik, *US Relations with Afghanistan and Pakistan: the Imperial Dimension*, Karachi: Oxford University Press, c2008.

[③] Hassan Abbas, *Pakistan's Troubled Frontier*, Washington, DC: Jamestown Foundation, 2009.

[④] Leo E. Rose, Kamal Matinuddin, *Beyond Afghanistan: the Emerging U.S.-Pakistan Relations*, Berkeley: Institute of East Asian Studies, University of California, c1989.

[⑤] Mariam Abou Zahab, Olivier Roy, *Islamist Networks: the Afghan-Pakistan Connection*, London: Hurst & Company in association with the Centre d'Etudes et de Recherches Internationales, Paris, 2004.

[⑥] Marvin G. Weinbaum, *Pakistan and Afghanistan: Resistance and Reconstruction*, Boulder: Westview Press; Lahore: Pak Book Corp., 1994.

[⑦] Mary Anne Weaver, *Pakistan: in the Shadow of Jihad and Afghanistan*, New York: Farrar, Straus and Giroux, 2002.

[⑧] Richard L. Armitage, *U.S. Strategy for Pakistan and Afghanistan*, New York: Council on Foreign Relations, c2010.

[⑨] A.Z. Hilali, *US-Pakistan Relationship: Soviet Invasion of Afghanistan*, Burlington, VT: Ashgate, c2005.

[⑩] Ikramul Haq, "Pak-Afghan Drug Trade in Historical Perspective", *Asian Survey*, Vol. 36, No. 10 (Oct., 1996), pp. 945-963.

[⑪] 傅小强："美国阿巴战略进展与阿富汗问题前景"，《现代国际关系》，2010年第12期。

[⑫] 陈继东、李景峰："巴基斯坦在美国阿富汗新战略中的独特地位"，《东南亚南亚研究》，2010年第4期。

塔利班政权时期的巴阿关系、美国反恐战略主导下的美巴阿关系、巴阿边境的民族与宗教关系等。这些研究成果有助于分析与提炼该地区毒品加工与走私等活动所依赖的客观政治与社会条件，以及美国在各个时期是怎样通过巴基斯坦实施其在阿战略的。同时，阿巴边境地区（主要包括巴基斯坦的西北边境省与阿富汗的赫尔曼德省）是塔利班势力的传统盘踞地区，现有研究成果对了解塔利班在该地区的一系列活动（包括军事与毒品活动），有着一定的史料参考价值。

4. 后塔利班时代的阿富汗政治与美阿关系，如Arpita Basu Roy, *Contemporary Afghanistan: Conflict and Peace-building*;① Arpita Basu Roy, *Reconstructing Afghanistan: Prospects and Limitations*;② Jacob E. Jankowski., *Corruption, Contractors, and Warlords in Afghanistan*;③ Neamatollah Nojumi, Dyan Mazurana, Elizabeth Stites, *After the Taliban: Nation-building in Afghanistan*;④ Sonali Kolhatkar, James Ingalls, *Bleeding Afghanistan: Washington, Warlords, and the Propaganda of Silence*;⑤ Sultan Barakat, *Reconstructing War-Torn Societies: Afghanistan*;⑥ Tom Lansford, *A Bitter Harvest: US Foreign Policy and Afghanistan*;⑦ Zubeda Jalalzai, David Jefferess, *Globalizing Afghanistan: Terrorism, War, and the Rhetoric of Nation Building*;⑧ David Wildman, Phyllis Bennis, "The War

---

① Arpita Basu Roy, *Contemporary Afghanistan: Conflict and Peace-building*, New Delhi: Har-Anand Publications, 2010.
② Arpita Basu Roy, *Reconstructing Afghanistan: Prospects and Limitations*, Shipra Publications, 2011.
③ Jacob E. Jankowski., *Corruption, Contractors, and Warlords in Afghanistan*, New York: Nova Science Publishers, c2010.
④ Neamatollah Nojumi, Dyan Mazurana, Elizabeth Stites, *After the Taliban: Nation-Building in Afghanistan*, Lanham, MD: Rowman & Littlefield Publishers, c2009.
⑤ Sonali Kolhatkar, James Ingalls, *Bleeding Afghanistan: Washington, Warlords, and the Propaganda of Silence*, New York: Seven Stories Press, c2006.
⑥ Sultan Barakat, *Reconstructing War-Torn Societies: Afghanistan*, New York: Palgrave Macmillan, c2004.
⑦ Tom Lansford, *A Bitter Harvest: US Foreign Policy and Afghanistan*, Hants: Ashgate, 2003.
⑧ Zubeda Jalalzai, David Jefferess, *Globalizing Afghanistan: Terrorism, War, and the Rhetoric of Nation Building*, North Carolina: Duke University Press, 2011.

in Afghanistan Goes Global";① 孙壮志:《中亚安全与阿富汗问题》;② 朱金平:《"9·11"事件与阿富汗战争》;③ 朱永彪:《"9·11"之后的阿富汗》;④ 陈小茹:"'后拉登时代'驻阿富汗美军战略调整初探";⑤ 贾春阳、杨柳:"阿富汗问题30年（1979—2009）:地缘政治、民族与宗教";⑥ 李青燕:"阿富汗政治和解进程荆棘丛生";⑦ 刘青建:"试析美国在阿富汗的困局";⑧ 文丰:"美国的'阿富汗困境':问题与前景";⑨ 张家栋:"美国阿富汗战略的走势"。⑩

后塔利班时代，是阿富汗毒品问题恶化程度最严重的时期，罂粟种植面积、毒品产量、毒品经济对国民经济的影响都达到了历史最顶峰。这一时期美国是阿富汗局势的最大外部因素，毒品问题的发展与美国在阿战略不无关系。美国过分单一的反恐利益与战略取向缺乏综合性与系统性，重视反恐却忽视了对毒品活动的打击，这一战略牵制了卡尔扎伊政府在打击毒品上的精力，客观上助长了毒品问题的恶性发展；同时，塔利班虽然承受了来自美阿联军的军事打击，但从事毒品活动的自由空间却不减反增，从而获得了源源不断的资金支持，这也是战后塔利班恢复壮大与美国在阿富汗"越反越恐"的重要原因。上述研究成果对在美国反恐战略主导下的阿富汗战后和平重建及其前景进行了分析，对美国在阿富汗的反恐战略进行了较为详尽的评析。学者对阿富汗重建进程普遍持谨慎态度，对美国在阿困境及其原因进行了分析，多认为美国对阿富汗局势的认识与评估有失客观，其在阿战略目标过于单一，没有形成综合与系统的战略体系。这些研究成果

---

① David Wildman, Phyllis Bennis, "The War in Afghanistan Goes Global", *Critical Asian Studies*, 42:3, 2010, pp. 469-480.
② 孙壮志:《中亚安全与阿富汗问题》，北京：世界知识出版社，2003年版。
③ 朱金平:《"9·11"事件与阿富汗战争》，北京：华文出版社，2009年版。
④ 朱永彪:《"9·11"之后的阿富汗》，北京：新华出版社，2009年版。
⑤ 陈小茹:"'后拉登时代'驻阿富汗美军战略调整初探"，《南亚研究》，2011年第3期。
⑥ 贾春阳、杨柳:"阿富汗问题30年（1979—2009）：地缘政治、民族与宗教"，《南亚研究》，2009年第4期。
⑦ 李青燕:"阿富汗政治和解进程荆棘丛生"，《国际问题研究》，2011年第3期。
⑧ 刘青建:"试析美国在阿富汗的困局"，《现代国际关系》，2009年第2期。
⑨ 文丰:"美国的'阿富汗困境'：问题与前景"，《新疆社会科学》，2011年第5期。
⑩ 张家栋:"美国阿富汗战略的走势"，《现代国际关系》，2011年第3期。

对本书分析毒品问题与后塔利班时代阿富汗局势之间的关系有着较大的参考价值与借鉴意义。

总的来说，学术界对阿富汗毒品问题的专项研究成果不甚丰富，将毒品问题置于阿富汗政治与地区国际关系视野下的研究，分析美国战略对阿富汗毒品问题影响的学术成果同样较少，更多的是将二者孤立开来进行研究。学界多关注阿富汗的政治局势与大国博弈，对毒品问题这一非传统安全的关注相对较少，研究成果也多以论文形式出现。然而，毒品与阿富汗局势有着密切的联系，它是美国"撬动"苏联在阿富汗传统优势地位的关键而有效的手段，是阿国内各种群体日常财政的重要来源，造成了阿各派势力在实力上的起伏变化，从而影响着阿富汗政治局势与地区国际关系（包括塔利班势力的重新恢复与美国在阿富汗的困境）。学界对二者关系研究成果的不甚丰富，对本书的写作造成了相当大的困难，同时也提供了大量的研究空间与价值必要；在现有文献资料的基础上，对二者关系的研究，也成为本书的写作难点与重点。

三、研究方法

本书所采取的主要的研究方法有历史分析法、数据分析法、比较分析法等。首先，阿富汗毒品问题的出现以及发展历程，与该地区自身的历史背景尤其阿富汗及周边地区的政治局势变迁关系密切。毒品活动在阿富汗境内泛滥，始于1979年苏联入侵，迄今经历了苏联入侵与内战时期（1979—1994）、塔利班时期（1995—2001）、卡尔扎伊时期（2002至今）大致三个阶段，各个时期的阿富汗政治局势与地区国际关系不尽相同，毒品问题也随之呈现不同的特点与发展态势。将阿富汗毒品问题置于该地区政治、历史的大背景下予以分析，或者说分析阿富汗毒品问题的政治与历史根源，尤其探讨其与美国在阿利益与战略之间的相互关系，是本书所做的主要尝试。本书拟对阿富汗毒品问题发展的各个阶段进行历史背景分析，对该阶段阿富汗国内政治局势走向以及地区国际关系进行相关历史性回顾，以希从中剖析毒品问题发展态势的政治与历史原因。

其次，本书拟采取的第二种分析方法，是数据分析法。阿富汗近年来毒品发展形势，离不开数据上的量化分析。包括罂粟种植面积的规模大小及其变化趋势、鸦片产量的多少及其消长曲线、毒品出口规模及其在阿富汗国民经济中的比重、各派势力在毒品活动中所获得的资金支持数额比例、毒品在阿富汗境内外的走私路线及各自所占比重、阿富汗鸦片在世界毒品生产市场中的地位、美苏对阿富汗的经济军事援助比较等，都需要各方面的数据分析予以支持，以增强文章论证的科学性与说服性。通过各种调查报告的数据分析尤其可以发现，塔利班从毒品活动中所获得的资金份额并非如传统认识中的那么巨大，毒品问题与恐怖主义的关系亦非紧密如一体；而阿富汗各级官员、警察、地方军阀等却在毒品活动中受益颇丰。对阿富汗毒品问题的数据分析，有助于重新认识各种利益群体在阿富汗战后重建中所扮演的角色，从而思考阿富汗战后重建的出路所在。

此外，本书还将采取比较分析法。这在对阿富汗毒品发展形势的各项数据分析中将得到充分利用。阿富汗毒品问题的严重性，需要在其与世界其他地区的毒品规模的对比中得到清晰认识，毒品经济对本国经济结构的畸形化形塑作用，需要其与阿国内生产总值进行量化对比，这些都离不开比较分析方法。

四、知识创新

本书拟在如下几个方面，尝试做到在相关知识上的理论创新，或丰富相关的学术研究。

首先，近年来，非传统安全在国家安全中的地位越来越重要，相关的国际合作也越来越多。打击毒品贸易与走私，是国际关系学界非传统安全领域研究的重要内容之一。阿富汗是世界毒品种植与走私的主要来源地之一，其毒品问题的解决面临着诸多困境，在国际非传统安全合作研究中具有较大的代表性。本书对这一课题的研究，有利于学界增加对阿富汗毒品问题的全面了解和关注，进而丰富了对相关非传统安全合作的研究。另外，人们对阿富汗毒品问题的关注，大多局限于媒体的新闻报道、学术高度、系统而专门的分析与解读严重缺乏；本书对美国战略影响下的阿富汗毒品问题的研究，是弥补相关理论空缺的一种尝试。

其次，本书所尝试做到的第二个主要创新之处在于，着重从非传统安全的角度，来重新认识与分析传统安全领域中的国际关系；或者反过来讲，是将阿富汗毒品问题这一非传统安全课题进行传统安全式的分析，分析其产生与发展过程中的传统安全因素，发掘二者之间长期为人们所忽视的内在联系。阿富汗毒品问题的产生，有着深刻的难以摆脱的国际背景，甚至可以说某些国际因素对阿富汗毒品问题的产生有着决定性的作用与影响；其发展过程的背后是一部阿富汗各类利益群体的政治斗争史，其中包括大国之间的战略博弈；毒品问题是阿富汗战后重建的根本性障碍之一，其在后塔利班时代的巅峰式恶性发展，是美国反恐战略所产生的主要的非预期性效应之一，也是美国在阿富汗陷入困境的重要原因与表现之一。本书抓住了阿富汗毒品问题产生与发展的美国因素进行研究，是对大国战略取向与部署的一种反思。对阿富汗毒品问题原因、发展与后果的分析，是从非传统安全的视角出发，重新认识阿富汗问题以及地区国际关系，有助于丰富人们对阿富汗问题的整体认识，突破固有的"高政治"利益斗争分析模式。

再次，本书所尝试做到的第三个主要创新之处在于，丰富了国际关系中的毒品政治研究。毒品政治研究在国际关系学界长期未受到重视，更谈不上是一门"显学"，然而毒品政治在"撬动"国家间关系方面时常能够起到以小博大或"四两拨千斤"的效果，这种事半功倍的做法长期为西方大国所青睐。英帝国在对中国的征服过程中，为争取与维护对华毒品贸易安全而借机向满清政府索取更多政治与经济利益，是其惯用的伎俩之一，毒品政治在此期间得到了很好的实践。美国在苏联入侵阿富汗期间，毒品政治即为其发动对苏一系列"隐蔽行动"的重要组成部分，极大节省了美国在与苏联进行冷战较量中的经济成本，同时沉重打击了苏联在阿富汗的统治。然而，人们对毒品问题在国家间关系中的作用关注较少，本书则是对这一研究领域在某种程度的补充与丰富。当然，这里并非否定制度性优劣在决定国家间关系中的根本性作用（如工业文明的英国对农业文明的中国），也不刻意夸大毒品问题在国际关系中的地位与作用，只是将被学界所忽视的毒品政治视角提将出来，进行专门性研究，唤起人们对毒品政治研究的重视与关注。

最后，从现实意义角度来讲，本书还尝试着向人们提供了一种理解阿富汗国内政治的崭新视角，即以毒品问题为视角或出发点，来分析与其相关的阿富汗国内各参与主体在国家政治生活中所扮演的角色，以及其对阿富汗政治的影响。这不仅可以丰富人们对阿富汗国别政治的更加深入的了解，也有助于综合全面地辨知毒品问题同该地区的恐怖主义活动与阿国内严重的官员贪污腐败等现象之间的关系，从而对正确判断毒品问题在整个阿富汗问题中的地位，推动完成阿富汗战后和平重建有着政策借鉴意义。另外，阿富汗毒品问题是困扰国际社会及合作的一个重大难题，其解决过程中所遇到的困境，在非传统安全国际合作中颇具代表性；这些困境是对阿富汗政府及国际社会禁毒态度与行动的考验，也关系着阿富汗的战后重建能否顺利进行。

五、章节安排

本书的写作重点，在于宏观地分析阿富汗毒品问题产生与发展的政治、历史原因，即其所处的政治局势与地区国际关系，其中重点研究美国各个时期的在阿战略对阿富汗毒品问题的影响。本书不再局限于对阿富汗毒品问题进行微观研究，即将其原因归结于毒品的自身特点与优势，如高利润、是农民还债的重要信贷工具或手段等。基于此写作思路，本书框架的逻辑结构关系大体如下。

第一章：简要回顾历史中的毒品贸易及其对国家间关系的影响。这里主要介绍：一、英帝国在对印度与中国的征服过程中，是如何利用毒品走私贸易这一小问题来"撬动"与对方国家的双边关系的，进而改变这一关系的优劣对比。二、英、法、荷等西方殖民主义者在东南亚所进行的毒品贸易，进而维持其在该地区的统治并积累大量资本；

冷战期间美国在东南亚与哥伦比亚利用毒品政治扶持亲美势力进行反苏反共行动,即"扶毒反共"。为后文专门分析美国战略对阿富汗毒品问题的影响做背景铺垫。

第二章至第四章:分三个历史阶段,对阿富汗毒品问题进行分析,即苏联入侵与内战阶段、塔利班政权阶段、卡尔扎伊政权阶段。这三章的写作思路主要如下:第一节介绍该历史阶段的阿富汗局势与美国对阿战略;第二节重点分析美国对阿战略是如何对该时期的毒品问题产生作用的,以及反过来分析毒品问题对这一时期阿富汗局势与美国对阿战略所产生的影响;第三节介绍该时期阿富汗毒品形势的具体发展情况,如罂粟种植、毒品产量与走私情况等。

第五章:在分析各个历史时期美国对阿战略与阿富汗毒品问题之间的相互作用与影响关系之后,尝试总结阿富汗毒品问题的危害,包括国内危害与国际危害等。

第六章:主要探讨受美国战略影响的阿富汗毒品问题的根本解决之道。美国在阿战略对阿富汗毒品问题有着不可推卸的责任,同时,反过来毒品问题对美国在阿战略的实现也产生了诸多或积极或消极的影响。现阶段阿富汗毒品问题的解决,关键在于找到该问题的真正症结所在,在于美国改变其在阿富汗的优先反恐战略,战略目标与部署应综合化、系统化,加大对阿富汗经济、民生与政治和解的关注,而非一味刚性地打击塔利班势力与恐怖主义。

第1章

历史中的毒品问题与国家间关系

西方国家在其全球性扩张的进程中，曾采取诸多在当今看来违反国际法与国际道义的手段，其中输出毒品是继贩卖非洲黑奴之后受到争议与指责最多的劣行之一。毒品的使用历史非常久远，[①] 但将其作为一种可攫取巨额利润的商品以进行国家间贸易则几乎是近代所独有的现象。这种贸易不仅可以改变国家间贸易关系结构，扭转双方外交关系，还有助于确立与加强对殖民地与半殖民地国家的统治。英国东印度公司在印度的经济政策及两次中英鸦片战争是这一方面典型的例证诠释。英帝国在18世纪乘莫卧儿帝国陷入内斗与分裂时入侵印度后，鸦片对于其在印殖民统治的巩固有着不可忽视的作用，它源源不断地为东印度公司及英帝国带来巨大经济利益。在从美洲运来的黄金白银因贸易逆差而不断流向中国进而导致国库亏空、财政吃紧的情况下，鸦片作为替代商品不仅成功扭转了中英贸易关系结构，还成为英国向中国渗透殖民势力的重要工具。进入20世纪尤其二战结束后，备受谴责的国家间层面的毒品贸易逐渐消失，但毒品问题的猖獗现象依然存

---

① 罂粟很可能起源于5000多年前的欧洲，后传播到地中海地区。最晚在约公元前1200年的迈锡尼时代，当地人就已懂得从罂粟中可提炼鸦片，并将其用在宗教活动中，欧洲是人类史上最早使用鸦片的地区。参见龚缨晏：《鸦片的传播与对华鸦片贸易》，北京：东方出版社，1999年版，第13—19页。

在，毒品作为一种政治工具的历史并未结束，只是对这一工具的使用方式变得更为隐蔽。参与到当地的毒品活动并从中获益、利用毒品干涉当地事务，是大国在二战后依然不放弃毒品政治的重要原因。美国在东南亚"金三角"地区和中南美洲等世界传统毒品产区所采取的政策，对当地毒品形势和政治局势的影响隐秘却不容忽视。正如有的学者所言："文艺复兴以来，所有的帝国都受寻找国外资源的驱使，也几乎全都利用过毒品作为支付其海外扩张的廉价工具。"[①]

一、鸦片与英帝国在亚洲的扩张

英帝国对亚洲的殖民扩张，在利用军事手段进行战争征服的同时，更注重经济手段的效用，通过对当地经济与双方贸易上的渗透，将当地纳入其殖民经济体系，以达到尽可能减少成本而增大收益的效果。在这些经济手段中，鸦片经济与鸦片贸易对于英帝国在亚洲的扩张与地位巩固，起到了巨大作用。

（一）鸦片与英帝国在南亚优势地位的确立

16世纪上半叶，蒙古——突厥族的一支后裔出兵印度，建立了长达300多年的帝国统治，史称莫卧儿帝国。在经历了巴布尔（1526—1530年在位）、阿克巴（1556—1605年在位）等开明君主的统治后，帝国在奥朗则布（1658—1707年在位）统治期间达到了疆域最广、国力最强的历史鼎盛时期。但这一时期奥朗则布在国内采取极端的宗教政策，实行伊斯兰教专制，迫害印度教徒，这与其曾祖父（阿克巴）的宗教宽容政策背道而驰；经济上赋税提高，农民受到的剥削越来越重；军事上奥朗则布好大喜功，连年征战，给工农业生产带来严重破坏。这种错误的宗教政策、经济政策及过度的连年征战，使帝国走上了盛极而衰的道路。奥朗则布去世后，继任者的平庸让帝国不可避免

---

① Peter Dale Scott, *Drugs, Oil, and War: the United States in Afghanistan, Colombia, and Indochina*, Lanham, Md.: Rowman & Littlefield Publishers, c2003, p.27.

地走向了衰落直至瓦解。①

恰在此时，英帝国的殖民势力扩张到了南亚，印度在遭遇内患的同时又面临着西方最大的外部干涉的危险，事实证明这一外部干涉最终决定性地改变了印度乃至整个南亚的历史。英帝国在印度的扩张，主要是通过东印度公司这一亦商亦政的组织。该公司成立于1600年，拥有掠地铸币、筑城养兵、缔结盟约、宣战媾和、审理刑事民事案件等特权，历来受到英国议会和内阁的保护，是英国大资产阶级（银行家和殖民商人）垄断东方贸易和掠夺印度领土的强权组织。②该公司成立不久，就开始了与葡萄牙、荷兰等老牌殖民国家在南亚、东南亚地区贸易权的争夺，但其对印度的渗透，在奥朗则布之前一直处于零散状态。由于莫卧儿王室限制与外通商，东印度公司只获得了在个别地方建立商馆进行贸易的特权。

庞大的莫卧儿帝国在奥朗则布去世后逐渐丧失了对地方的控制力，各省总督纷纷拥兵自重，割地为王，印度由中央高度集权的专制帝国分裂成众多独立或半独立的封建王国，帝国只剩下毫无实权的空壳而已，这种局面给了英国加快渗透与侵略的绝佳良机。东印度公司通过不断向莫卧儿皇帝施压，获得了越来越多的在印经济特权和贸易特权，而英国通过"七年战争"（1756—1763年）从法国手中获得了本地治理等殖民据点的拥有权，并在18世纪下半期开始发动了数次针对印度各地封建主的战争，分别占领了孟加拉、迈索尔、旁遮普等重要地区，1857年莫卧儿帝国灭亡，英国也完成了对印度的征服。

英国在对印度发动战争进行军事征服的同时，更注重经济手段的作用，军事手段是在经济渗透遭遇强烈抵制的情况下，为在经济上将印度殖民地化扫清障碍的选择。英帝国包括东印度公司征服印度的最主要目的就是源源不断地从该地榨取资本原始积累，从中收益巨额经济财富，一方面维持并巩固其在印度的统治，另一方面充实帝国财政。英帝国在完成对印度的领土征服后，在经济上按照自己的利益意

---

① 王绳祖：《国际关系史（第一卷）》，北京：世界知识出版社，1995年版，第368—370页。
② 同上书，第371页。

志彻底"改造"着这个国家,这显著地体现在印度手工业与农业上。18世纪及以前,印度是一个巨大的手工业国家和农业国家,其纺织品供应过亚洲与欧洲的消费市场;而东印度公司在印度奉行"自私自利"的商业政策,只允许当地人生产英帝国纺织业和制造业所需要的原料,印度传统手工业遭到严重破坏;对印度丝绸和棉布等商品征收禁止性关税,不许其进入英国市场,但却让英国的丝织品免税或缴纳有名无实的关税进入印度,"利用非正义的政治手段来压制、最后来扼杀在平等条件下他竞争不过的对手"。[①] 这种不平等的贸易方式,在给东印度公司带来巨大经济利益的同时,也使印度手工业者的财源变得十分狭窄,丧失了大笔财富。另外,印度4/5的人口依靠农业为生,而英国政府对农民征收巨额田赋,且赋额经常变动,从而导致农业停顿,农民长期贫穷,负债累累。东印度公司将印度"当成一所大庄园或种植场",将在这个庄园或种植场所取得的利润除了部分留给亲英官员以作酬薪之外,大多流出印度,为英国王室的国库所吸收,"印度的雨露滋润着别国的土壤"。[②]

在英国对印度所采取的众多经济政策中,鸦片种植与贸易有着重要而特殊的作用。1840年以前,世界鸦片主产区主要有两个,印度与小亚细亚,而印度的鸦片主要分布在东北部的恒河流域和西北部的内陆地区。[③] 鸦片在印度的使用历史由来已久,中世纪的印度封建王朝就把鸦片贸易作为政府的一项重要财政来源。莫卧儿帝国时期,实行鸦片贸易专卖政策,特许一些商人进行鸦片贸易专营,但必须缴纳相关赋税;农民允许种植鸦片,但必须将鸦片卖给政府授权的专卖商,不得私自买卖。在地理大发现之前,印度的鸦片规模就已经很大,且出口西亚、东南亚和东亚,但印度本地居民以商业目的从事鸦片输出活动直到17世纪末才零星式出现。[④] 长期以来,印度的鸦片贸易一直被

[①] [印]罗梅什·杜特:《英属印度经济史(上册)》,陈洪进译,北京:生活·读书·新知三联书店出版社,1965年版,原序第7页。

[②] 同上书,原序第7—11页。

[③] 龚缨晏:《鸦片的传播与对华鸦片贸易》,北京:东方出版社,1999年版,第121页。

[④] 张力:"鸦片对华贸易与印度近代资本主义的兴起",《南亚研究季刊》,1986年第4期,第60页。

政府所有效控制，鸦片自由贸易属于非法，毒品并未实质性地在全国范围内泛滥开来，或者说毒品并未危害到该国的经济与社会生活。然而莫卧儿帝国在丧失对全国各地的实际控制后，原属朝廷垄断的鸦片专卖制度也名存实亡，富产鸦片的孟加拉地区的当地总督实际掌握了鸦片贸易的控制权。西方国家入侵以来，印度的毒品形势发生了质的变化。英国在对印度的征服与统治期间，非常重视鸦片贸易的作用。英国人刚到印度，就对富产鸦片的孟加拉地区表现出了浓厚的兴趣和强烈的征服野心。1690年，英国人在孟加拉建立加尔各答城，在1717年获得了在孟加拉自由贸易的特权，这极大便利了英国人卷入进而主导当地的罂粟生产和鸦片贸易。普拉西战役①结束后，孟加拉完全被东印度公司所控制，而荷兰、法国等国及当地的商人也被东印度公司通过各种平等与不平等的竞争手段排斥在鸦片贸易之外，该地的鸦片专卖制度也随之从本土总督的手中转移到东印度公司手中，建立起自己的鸦片垄断制度。

1765—1797年，英国东印度公司对孟加拉鸦片实行直接垄断生产和外销的政策，但这项政策逐渐转化为少数人牟取私利的工具，东印度公司在印度商馆的职员将一部分鸦片挂在公司账上售出外，其余的则私自卖给私商，从而赚取了原本属于公司的鸦片贸易收入。这不但使公司蒙受巨大经济损失，还遭到了不隶属于东印度公司的英国商人的不满。②1797年，英驻印总督康华里建立代理店制度，以贷款的方法鼓励农民种植鸦片，公司按统一规定价格予以收购并制成熟鸦片，在加尔各答拍卖并组织私商运销中国；对于管辖范围之外的马尔瓦鸦片采取征收过境贸易税的政策。③通过这两项政策，英国东印度公司立刻扭亏为盈，可见鸦片贸易对英国在印度统治的重要性。东印度公司在东方贸易的垄断权在1813年被取消，私人贸易得到许可，这更加刺

---

① 1756年英国东印度公司在征服孟加拉过程中与当地抵抗势力所爆发的一次战役，以英国胜利而告终，这场战役也标志着英国完成了对印度的征服。
② 龚缨晏：《鸦片的传播与对华鸦片贸易》，北京：东方出版社，1999年版，第127页。
③ 英国政府在鸦片通过英属领地时征收每箱（约重123磅）40英镑的捐税，孟买的鸦片税收主要就是鸦片的过境税。参见［印］罗梅什·杜特：《英属印度经济史（下册）》，陈洪进译，北京：生活·读书·新知三联书店出版社，1965年版，第128页。

激了英国及印度本土商人卷入了鸦片贸易，大量的鸦片被种植和生产，并大部分被走私至中国，这使得印度和中国的毒品形势更趋恶化，直到19世纪70年代开始，英国才被迫逐渐停止了鸦片贸易政策。

鸦片贸易为东印度公司和英国王室带来了巨大的经济利润，它源源不断地给英国殖民势力带来了财力上的补充和保障，维持并巩固了其在印度的统治。虽然没有确切的完整的数字统计，但英国在印度的百余年间，从鸦片中的获益情况及鸦片贸易对英国及英属印度的重要性，还是可以从以下个别数据中得到印证。19世纪30年代，东印度公司收购的鸦片，每箱成本是300—350卢比，而拍卖的价格则在最高可达3000卢比，利润率居然可达近10倍。这些收入大部分都以"国内开支"①的名义汇回英国。19世纪上半叶，鸦片在印度出口商品中占据了首要地位。以1858年为例，鸦片出口额高达910万磅，是印度全部出口商品价值的近三分之一，而排在出口第二位的原棉，但其总额只为430万磅，不足鸦片出口的一半。② 1858—1947年，仅从鸦片生产和鸦片出口中所收取的税额就占到了在印英国殖民当局总收入的七分之一。③ 到了19世纪20年代，鸦片已经成为英属印度的第二大政府收入来源。④ 从克莱武在1757年赢得普拉西战役，直到莫罕达斯·甘地发起反抗运动为止，在近一个半世纪的时间里，鸦片被界定为英国殖民主义的"伙伴"，在英国征服与统治印度的过程中起到了不可或缺的作用。⑤ 鸦片对欧洲和亚洲资本主义的发展非常重要。对于在亚洲的欧洲商人来说，鸦片贸易是他们的首要资本积累来源。英国著名的大商贾、

---

① 国内开支是英国财政上的行话，是指英国国内管理印度的机关的开支。主要开支项目有公债利息、军费、行政费等。19世纪二三十年代这一开支数额约为每年250万英镑，后来呈逐年递增趋势，1910年已高达1850万英镑。参见［印］罗梅什·杜特：《英属印度经济史（上册）》，陈洪进译，北京：生活·读书·新知三联书店出版社，1965年版，第238—239页；杜特：《英属印度经济史（下册）》，第95页。

② ［印］罗梅什·杜特：《英属印度经济史（下册）》，陈洪进译，北京：生活·读书·新知三联书店出版社，1965年版，第136页。

③ Letizia Paoli, Victoria A. Greenfield, Peter Reuter, *The World Heroin Market: Can Supply be Cut?* New York: Oxford University Press, 2009, p.16.

④ Carl A. Trocki, *Opium, Empire and the Global Political Economy: A Study of the Asian Opium Trade, 1750-1950*, London and New York: Routledge, 1999, p.73.

⑤ Ibid., p.6.

银行和保险公司来到亚洲经商后，都争先卷入当地的鸦片贸易。毒品是商业化进程中的重要元素，它是亚洲贸易中最先完全商业化的产品之一，而且还创造了其他商品：土地、劳动力、财政关系乃至国家本身，都因鸦片而商业化。[①]

鸦片除了给英帝国带来了巨额经济财富外，还对印度经济和民生产生了重大的影响，这一影响是长远性的和决定性的。首先，鸦片贸易的兴起与繁荣，排挤了印度传统经济形式，使其走向破产与衰落，印度也从富庶走向贫穷。英国在瞄准鸦片贸易的高利润之前，印度盛产原棉与棉纺织品并以首要贸易商品向英国等欧洲市场出口。与鸦片战争前的中英贸易关系类似，印度在与英国的贸易关系中处于有利地位。但这一形势因鸦片贸易而彻底改变，印度不仅沦为英国的原材料产地和商品出口市场，原本的农业、手工业和商业也沦为鸦片产业的附庸。据统计，英国在印度种植罂粟面积高达90万亩以上，占用劳动力多达二三百万人，粮食作物种植面积及收成却逐年减少。[②] 传统农业和手工业的衰败，是导致英国统治时期印度饥荒频发、农民高度负债的重要原因。[③] 财富的大量外流，把"世界上最繁荣的国家弄得贫困不堪""把印度变成了最饥荒的国土"，印度从莫卧儿帝国的富饶繁荣时代，沦落为世界上最贫困的国家之一。其次，印度国内对鸦片产生严重的依赖。鸦片与盐一起，原来是东印度公司的专卖品，东印度公司的专卖垄断权被取消后，二者成为印度政府税收的重要来源，以至于"对两种商品的任何变更不能不在税收上造成巨大的损失"，鸦片被以远高于其生产成本的价格售出，由此形成了"其他任何税收所不能企及的赋税"。[④] 民生方面，鸦片种植与生产吸附了大量的农民，使其不

[①] Carl A. Trocki, *Opium, Empire and the Global Political Economy: A Study of the Asian Opium Trade, 1750-1950*, London and New York: Routledge, 1999, p.9.

[②] 胡光利："试论英国鸦片政策及其对中印之影响"，《辽宁大学学报》，1992年第2期，第22页。

[③] 仅1771—1772年的大饥荒，原本是印度最富饶的孟加拉地区，就有1000万人死亡，占到该地全部人口的三分之一。参见［印］罗梅什·杜特：《英属印度经济史（上册）》，陈洪进译，北京：生活·读书·新知三联书店出版社，1965年版，第46页。

[④] ［印］罗梅什·杜特：《英属印度经济史（上册）》，陈洪进译，北京：生活·读书·新知三联书店出版社，1965年版，第235—236页。

能从事正常的农业生产，日常生计也只能依靠鸦片来维持。英国输华鸦片由于各种原因遭到打击时，殖民主义者将印度鸦片贸易由外销转为内销，在印度国内设立鸦片零售点和鸦片馆，大量印度民众因此染上毒瘾而难以摆脱，每年消费的鸦片数量就高达10万公斤以上。[①] 这严重损害了印度的国民体质与正常生产生活。

总的来讲，鸦片在英国征服印度的过程中有着特殊而重要的地位，其所具有的高经济利益是英国征服印度的主要动力之一，为英国及在印殖民当局带来了充足的资本积累，巩固了其在印度的统治；鸦片是英国在经济上奴役印度、将其殖民地化的重要手段，最终也起到了其所预期的效果，鸦片及鸦片贸易蔓延在孟加拉、西北内陆、加尔各答、孟买、信德等各重要地区和城市，上至王公贵族、下至普通民众，都被鸦片产业所吸附，或生产或消费，从而难以摆脱这一经济形式。

（二）鸦片走私贸易与中英关系的转变

在19世纪，英属印度的鸦片，向外输出的主要对象就是晚清时期的中国，或走私，或合法入关。与印度相比，鸦片贸易在扭转中英关系优劣地位方面的作用更为明显。在英帝国未向中国走私鸦片之前，中英贸易关系中的优势一方在中国，而鸦片贸易兴起以来，中国丧失了这一优势地位，最终沦为英帝国亚洲经济殖民体系的附庸。

明清时代的中国，奉行闭关锁国的政策，严格限制与外国通商。英国人早在1637年就开始寻求与中国发生直接贸易关系，但直到1685年，康熙皇帝下旨开放中国各口岸准予通商之后，英国人才通过东印度公司获得在广州开设商馆的权利。[②] 但直到18世纪下半叶，工业革命的兴起，才最终刺激了英国与中国大规模通商的需求。而此时期的中国，经过康熙到乾隆几代皇帝的励精图治，正处在清朝自给自足的小农经济最为鼎盛的时期，到了嘉庆年间的1820年，中国的GDP在世

---

① 胡光利："试论英国鸦片政策及其对中印之影响"，《辽宁大学学报》，1992年第2期，第22页。
② ［美］马士：《中华帝国对外关系史（第一卷）》，张汇文等译，上海：上海书店出版社，2006年版，第54—55页。

界经济总量中的比重依然高达1/3左右。① 皇帝也自诩天朝物产丰富，无所不有，对外贸易的需求与意愿都很小。总的来讲，鸦片走私到中国之前的中英贸易结构，主要是以英国从中国进口大量的茶叶、生丝、瓷器等欧洲人所需求的商品为主，中国从英国进口少量的呢绒、棉布、金属制品等中国人需求很小的商品，且这些商品在中国的销售多数亏损。在这一阶段，中国在与英国的贸易关系中，占据了绝对的优势，处于出超或顺差的有利位置，英国从美洲运到欧洲国内的白银，却源源不断地大量地流入中国。② 尤其对中国茶叶的进口，加大了英国对中国的贸易逆差，这一逆差最终使英国人无法容忍，进而采取了鸦片走私贸易这一非法手段来进行弥补，以防止白银进一步流失到中国。

表1 英国东印度公司从中国进口茶叶及总货值的比较（万两）

年份	东印度公司从中国进口总货值	东印度公司从中国进口茶叶货值	茶叶所占比例
1722	21.2	12	57%
1723	27.1	18.3	68%
1730	47	37.4	80%
1733	29.4	14.2	48%
1736	12.1	8.7	72%
1740	18.6	13.3	72%
1750	50.7	36.6	72%
1761	70.7	65.3	92%
1766	158.7	137	86%
1770	141.4	132.4	94%
1775	104.5	49.9	48%
1780	202.6	112.6	56%
1785	294.2	256.5	87%
1790	467	410.4	88%

① Angus Maddison, *Chinese Economic Performance in the Long Run*, Paris: OECD, 1998.
② 据统计，在整个18世纪，英国因购买中国商品而输入中国的白银高达3.1亿元（西班牙元）。参见徐健竹："鸦片战争前英国对中国的鸦片贸易"，《历史教学》，1980年第9期，第16页。

续表

年份	东印度公司从中国进口总货值	东印度公司从中国进口茶叶货值	茶叶所占比例
1795	352.1	312.6	89%
1799	409.2	254.6	62%
1817	441.1	411.1	93%
1819	578.6	531.7	92%
1822	615.5	584.6	95%
1825	591.3	591.3	100%
1833	552.1	552.1	100%

资料来源：庄国土："茶叶、白银和鸦片：1750—1840年中西贸易结构"，《中国经济史研究》，1995年第3期。

茶叶在中英贸易关系中有着重要的地位。16—17世纪初，荷兰人最早将中国的茶叶通过海陆向英、法、德等国出口，且直到拿破仑战争爆发，荷兰政局发生动荡，这一贸易才逐渐消失。茶叶是荷兰人从中国进口的最主要商品，英国人知晓并喜爱茶叶，也离不开荷兰商人的传播。[1] 中国的茶叶传播至英国的时间较晚，但普及却很快，迅速成为全国性的流行饮料。1664年输入英国的茶叶仅为两磅两盎司，[2] 但1716年开始，茶叶就已经是英国从中国进口的最主要商品了，[3] 英国也成为18世纪欧洲最大的茶叶消费国，这一情况一直延续到了19世纪上半叶。（见表1）中国茶叶的大量进口，给英国带来了巨大的经济利益的同时，[4] 也造成了中英贸易结构的极大不平衡，英国从中国进口的货

---

[1] 茶叶在荷兰进口中国货物总值中所占的比例，几乎一直都在60%以上，有的年份曾高达85%以上。参见仲伟民：《茶叶与鸦片：十九世纪经济全球化中的中国》，北京：生活·读书·新知三联书店，2010年版，第43页。

[2] ［英］格林堡：《鸦片战争前中英通商史》，康成译，北京：商务印书馆，1961年版，第2页。

[3] 该年英国货船从广州港运出3000担茶叶，价值约3.5万英镑，占到总货值的80%。参见庄国土："茶叶、白银和鸦片：1750—1840年中西贸易结构"，《中国经济史研究》，1995年第3期，第64页。

[4] 在东印度公司垄断东方贸易的最后几年，茶叶带给英国国库的税收平均每年约330万镑，提供了英国国库总收入的十分之一左右和东印度公司的几乎全部利润。参见格林堡：《鸦片战争前中英通商史》，第3页。

物价值远高于向中国出口的货物价值，而在鸦片贸易兴起之前，英国人支付中国茶叶的主要手段是现金白银，这些白银千辛万苦从美洲运至欧洲，茶叶贸易却让这些白银又流失到中国。这种一边倒的贸易失衡以及其他商品交换媒介的缺乏，导致东印度公司资金周转困难，财库亏空，这是贪婪的英国商人和政府所难以容忍的。据统计，从17世纪中叶到18世纪末长达150年的时间里，白银一直是英国东印度公司对华输出的最主要商品，其中18世纪的前50年中，白银在对华输出货物中所占的价值比重几乎都在90%以上，[1] 而这些白银很大程度上就是为了支付从中国进口的茶叶。（见表2）总的来讲，直到鸦片战争前夕，茶叶一直是中国与英国乃至整个西方国家贸易的最主要商品，它也是中国对外贸易顺差和白银内流的最重要来源。但茶叶也是后来英国对华鸦片走私贸易兴起的最主要诱因。为了减少对华白银流失，扭转贸易逆差，打开并拓宽印度鸦片的出口销路，非法且为道义所谴责的鸦片贸易，在巨额利润的吸引下，最终被英国商人搬上了中英贸易关系的舞台。

表2　1667—1751年英国东印度公司对华输出货物及白银比较（千两）

年份	东印度公司对华输出货物量	东印度公司对华输出白银量	白银所占比例
1677	2.1	4.8	70%
1681	31.4	37.5	54%
1682	43.8	84	66%
1698	75	60	44%
1699	16.4	79.9	83%
1704	14.9	139.5	90%
1707	8.3	63	88%
1709	7.9	93	92%
1717	9.6	99	91%
1719	8.1	96	92%

[1] 庄国土："鸦片战争前100年的广州中西贸易（上）"，《南洋问题研究》，1995年第2期，第62页。

续表

年份	东印度公司对华输出货物量	东印度公司对华输出白银量	白银所占比例
1721	5.4	132	96%
1723	8.7	102	92%
1729	13	480	97%
1731	12.7	657	98%
1733	30	105	78%
1735	2.6	144	98%
1738	3.4	120	97%
1747	7.4	105	93%
1749	1.8	90	98%
1751	70.5	412.8	85%

资料来源：庄国土："鸦片战争前100年的广州中西贸易（上）"，《南洋问题研究》，1995年第2期。

鸦片在古代的中国就已经存在，但对华鸦片走私贸易却是由葡萄牙人入据澳门之后才开始的，且由于中国政府的长期禁毒严令而维持在规模极小的零星状态。英国人更是经过多次努力，直到18世纪末期才打开与中国进行鸦片走私贸易的大门。[1] 然而正是鸦片走私的迅速猖獗，最终改变了中英贸易关系结构，也扭转了中英国家间关系走向。在1767以前，输入中国的鸦片每年不超过200箱，其来源主要是葡萄牙人从土耳其贩运而来；但自1773年开始，英国东印度公司利用对孟加拉地区的鸦片垄断，开始了对华鸦片走私，并迅速成为中外鸦片贸易的主要供应商。到了1790年，输入中国的鸦片数量就攀升至最低4054箱，销售价格也从原来的200英镑/箱上升到370英镑/箱。[2] 进入19世纪，英国对华鸦片走私贸易愈演愈烈，最终成为中英贸易最重要的部分。1800—1820年，输入中国的鸦片数量年均约4300箱，而

---

[1] 18世纪下半叶，由于美国独立战争，英国对华贸易所需的白银无法正常从美洲运出，导致财政危机，印度总督哈丁斯曾在1782年亲自冒险将鸦片走私至中国，但以失败告终。参见龚缨晏：《鸦片的传播与对华鸦片贸易》，北京：东方出版社，1999年版，第185—188页。

[2] 龚缨晏：《鸦片的传播与对华鸦片贸易》，北京：东方出版社，1999年版，第195页。

1820—1825年，这一数字就达到了6774箱，1825—1830年则攀升至12108箱，1830—1835年，输入中国的鸦片年均量已高达20546箱。① 1834年，在鸦片贸易史中是划时代的一年，东印度公司被取消了东方贸易的垄断权，对华贸易包括鸦片贸易被转移到私人企业手中，这极大刺激了对华鸦片走私规模，1837年，英国对华鸦片输出量就攀升到39000箱，仅用了三年时间，这一数字就几乎翻了一番。② 后来由于中国政府的禁烟运动，英国对华鸦片走私量锐减，③ 但很大程度上借此而爆发的鸦片战争之后，鸦片贸易由走私变为实质性合法，也开始了其更为猖獗的发展阶段。

鸦片贸易的兴起，给中国所带来的最直接的后果是白银大量外流。它首先改变了中英传统贸易中中国大量出超的极不对称的局面，英国商人可以用出口鸦片来抵消进口中国茶叶所需要的白银，或者说他们用鸦片来取代白银作为支付中国茶叶的手段，这导致了流入中国的白银不断减少，随着鸦片走私规模的不断扩大，白银从1804年起转而流入英国一方，这无疑对英国极为有利。④ 据统计，1790—1838年，输入中国的鸦片总价值约为2.4亿两白银，⑤ 这几乎抵消了整个18世纪英国从中国购买所有商品所需要的白银总量的80%。⑥ 也就是说，通过鸦片贸易，英国用了短短的40余年时间，就将与中国发生贸易以来所产生的所有贸易赤字几乎全部还清。而对中国来说，则意味着白银在出口商品中的比重越来越大，在与英贸易关系中处于越来越不利的地位。以鸦片战争前鸦片走私极为猖獗的1818—1833年为例，这一时间

---

① 龚缨晏：《鸦片的传播与对华鸦片贸易》，北京：东方出版社，1999年版，第284—285页。
② 《马克思恩格斯选集》（第二卷），北京：人民出版社，1972年版，第25—27页。
③ 据估计，1839—1840年度，输入中国的孟加拉鸦片骤减为4780箱。参见龚缨晏：《鸦片的传播与对华鸦片贸易》，北京：东方出版社，1999年版，第283页。
④ "1804年以后，(东印度)公司从欧洲运往中国的现银数量就很少，甚至全不需要。相反，印度向广州输出鸦片的迅速增加很快就使金银倒流。"参见龚缨晏：《鸦片的传播与对华鸦片贸易》，北京：东方出版社，1999年版，第9页。
⑤ 庄国土："茶叶、白银和鸦片：1750—1840年中西贸易结构"，《中国经济史研究》，1995年第3期，第75页。
⑥ 前文已述，据统计，在整个18世纪，英国因购买中国商品而输入中国的白银高达3.1亿元(西班牙元)。参见徐健竹："鸦片战争前英国对中国的鸦片贸易"，《历史教学》，1980年第9期，第16页。

段的现金银出口量占到了中国全部总出口的五分之一,[①] 茶叶几乎是中国唯一出口商品的历史彻底成为过去。

其次,鸦片贸易的兴起,除了替代白银作为购买茶叶等中国货物的支付手段外,随着其规模的不断扩大,还彻底改变了中英贸易关系结构。中国在与英国的贸易中完全丧失了主动和优势,从极为不对称和极为有利的出超状态转变为入超状态,这加剧了中国的白银外流。英国不再忧虑中国商品的大量进口所带来的贸易失衡,相反,中国茶进口越多,从客观上刺激了对华鸦片走私贸易的越来越大。鸦片成为了英国向中国输出的主要货物,而随着19世纪六七十年代印度茶和锡兰茶的崛起,英国从中国进口的茶叶却越来越少,这直接造成了中国商品出口的疲软。[②] 对以茶叶出口为主的中国来说,在鸦片进口依然不减的情况下,除了加剧白银输出外,别无其他弥补贸易逆差的手段。

再次,鸦片贸易的兴起,彻底改变了中英国家间关系,给中国社会带来了深远的影响。虽然在西方资本主义崛起、工业革命现代化进程及其全球化成为历史发展新方向和新趋势的大背景下,自满于小农经济和封建帝制的中国在与英国的商业较量中落败是难以避免的结果,但鸦片贸易在其中所扮演的作用和角色,无疑是至关重要和不容否认的。在合法寻求与华发生贸易关系多次遭拒的情况下,输出鸦片是英国撬开中华帝国大门的主要手段,鸦片贸易将闭关锁国的中国撕开了一个口子,成为后来英国及其他西方列强向中国渗透的重要武器,也成为西方列强发动对华战争、干涉中国事务的屡试不爽的工具或借口。中国在与英国的外交关系中越来越处于被动的地位,最终沦为丧失主权与独立的半殖民地半封建国家。不仅如此,鸦片对中国社会的影响也极为深远。它是近代中国众多地方军阀势力坐大的经济基础,地方势力依靠胁迫或鼓励农民种植鸦片以从中获利获取巨额资金支持,

---

[①] 龚缨晏:《鸦片的传播与对华鸦片贸易》,北京:东方出版社,1999年版,第9页。
[②] 仲伟民:《茶叶与鸦片:19世纪经济全球化中的中国》,北京:生活·读书·新知三联书店,2010年版,第75—76页。

刺激了军阀割据与混战局面的出现。①鸦片的大量进口还导致了大量的吸毒人口，②严重损害了中国人的国民体质。军队吸毒现象也很严重，甚至出现"民有双灯、兵有双枪"的现象，直接影响了士兵的战斗力，从而导致后来的连战连败。鸦片加剧了清政府的腐败和政治软弱，使其丧失了抵抗外来侵略的意愿和资本。

对华鸦片走私贸易是"近代以来持续时间最长也最系统的国际犯罪"，③连同发动鸦片战争一样，英国遭到了后来的普遍的道义谴责。但在赤裸裸的经济利益和现实的国际关系面前，鸦片贸易的发生有其必然性的一面。鸦片不是近代中国沉沦与落后的根本原因，但在这一沉沦与落后的过程中，鸦片无疑发挥了重要的作用。英国利用鸦片非常巧力地撬动了与中国的贸易关系进而政治关系，起到了事半功倍的效果，是国际关系史中毒品政治的典型案例。

二、传统毒品产区与美国的政策

近代以来，除了印度与中国受毒品政治影响较大外，东南亚与拉丁美洲也是受毒品问题困扰的重要地区，二者在后来形成了世界上两大毒品源产地，它们的兴衰历程也是大国间毒品政治的很好诠释。

（一）金三角毒品问题与美国的反共战略

金三角是人们对位于东南亚泰国、缅甸、老挝三国交界处的毒品产区的俗称，因其略呈三角形而得名，在世界三大毒品源产地之一。④东南亚地区历史上并不种植罂粟和生产鸦片，该地区的毒品问题是欧

---

① 朱庆葆、蒋秋明、张士杰：《鸦片与近代中国》，南京：江苏教育出版社，1995年版，第107—150页。
② 据估计，1890年时，中国吸毒人数已多达1500万人，占到了全国成年男子总人口的10%。参见朱庆葆、蒋秋明、张士杰：《鸦片与近代中国》，南京：江苏教育出版社，1995年版，第197页。
③ James H. Mills, Patricia Barton, *Drugs and Empires: Essays in Modern Imperialism and Intoxication, c.1500-c.1930*, New York: Palgrave Macmillan, c2007, p.19.
④ 另外两个是指位于拉美地区哥伦比亚等国的"银三角"和位于中南亚地区阿富汗等国的"金新月"。

洲殖民主义的结果。虽然早在15世纪中国和印度之间在东南亚所进行的贸易交往中，鸦片就已经作为商品被交易，但基本上是用于医药，且规模很小。欧洲人来到该地区后，鸦片贸易才真正兴起。17世纪初荷兰人占领雅加达之后，从印度进口鸦片在爪哇进行毒品贸易，并因此确立了自己在印尼群岛的统治地位。英国人大规模地将印度的鸦片贸易引入印尼后，英荷在该地区的权势对比立刻发生了颠覆性的变化，英国也因此瓦解了荷兰在印尼群岛的统治。[①] 18世纪与19世纪英国和法国等欧洲殖民主义入侵缅甸、泰国、老挝、越南等国后，开始在这些地区推广种植罂粟并进行鸦片贸易，并最终形成了当代"金三角"地区的雏形。

英帝国在未完成对印度次大陆的征服时，就将东南亚视为下一步的殖民目标。18世纪中期开始，英国和法国卷入了缅甸内部事务并开始了对缅甸的争夺。拿破仑战争后，英国在这一争夺中占据上风并通过发动三次侵缅战争（1824—1826年、1852年、1885年）最终完成了对缅甸的征服。[②] 英国在缅甸推广罂粟种植最早可追溯到19世纪20年代初，1852年开始英国从印度进口鸦片并通过政府控制的鸦片垄断商在缅甸当地销售。[③] 第三次侵缅战争结束后，罂粟种植和鸦片生产开始被大面积推广，使当地人民开始依赖鸦片而生存，缅甸也因此成为英国"在亚洲推行鸦片贸易的原料产地之一"。[④]

老挝毒品种植的历史由来与缅甸相似。老挝原本为泰国（当时称暹罗，Siam）的附属国，法国在印度的殖民势力被英国排挤出后，转而入侵东南亚，并于1893年迫使泰国割让老挝作为法国的保护国，使其成为法属印度支那联邦的一个省。法国人承袭英国人在缅甸的鸦片经济政策，在老挝北部地区推广种植罂粟，并将该地所产的鸦片贩运到其他法属印度支那地区。通过对鸦片经济征收各种高额税目（以鸦

---

① Carl A. Trocki, *Opium, Empire and the Global Political Economy: A Study of the Asian Opium Trade, 1750-1950*, London and New York: Routledge, 1999, p.170.
② 王绳祖：《国际关系史（第二卷）》，北京：世界知识出版社，1995年版，第221—223页。
③ Alfred W. McCoy, *The Politics of Heroin: CIA Complicity in the Global Drug Trade*, New York: Lawrence Hill Books, 1991, p.106.
④ 李晨阳：《金三角毒品问题研究》，昆明：云南大学出版社，2010年版，第15页。

片烟税与人头税为主）①，法国从老挝搜刮了大量经济财富。据统计，自1914年至1945年两次世界大战期间，法国从受其统治的印度支那地区所掠夺的全部经济财富中，有一半之多都来自鸦片贸易，而这一鸦片贸易则主要来自老挝。②

泰国历史上的毒品泛滥也是由于欧洲殖民势力的入侵。英国将先进的罂粟种植与鸦片提炼技术带到泰国后，该地原本处于零散状态的毒品问题开始恶化。为了取得鸦片贸易的合法经营权并从中获取更多的经济利益，英国殖民当局多次迫使暹罗（即泰国）政府做出让步，签订不平等的通商条约，并最终在1855年两国签订的《鲍林条约》中规定，允许英国商人免税输入鸦片与金银块，从此英国人获得了在暹罗合法进行鸦片贸易的特权。③从此东南亚自南而北不断蔓延的毒品问题开始波及至泰国，泰国皇室甚至以鸦片作为其皇室财政的支柱（mainstay），鸦片成为该国经济的重要组成部分。④严重的毒品问题延续到了二战以后，泰国也最终发展成为当代金三角地区的重要组成部分。

二战以后尤其冷战以来，英法等老牌殖民主义势力纷纷撤出东南亚，美国则取代了它们在东南亚地区的优势地位，该地区的毒品形势也伴随着政治局势尤其大国势力的变更而发生了不小的变化。美国为了实现在该地区的各种利益，卷入了当地的毒品问题，其在缅甸、老挝、泰国等国家的政策对当地的毒品形势产生了不可忽视的刺激作用，是当代"金三角"这一世界第一大毒品源产地形成的最大外部制造者。早在二战期间，美国就谋求在英法撤出东南亚之后，废止原来的对鸦片贸易的官方垄断制度，以便各种非官方势力也能进行毒品贸易活动。在这一政策影响下，各种非法毒品交易开始泛滥，美国军事与情报机构也从中获益，支持当地的亲美武装组织参与毒品活动，以作为

---

① 这两种税收是法国殖民当局在老挝的主要财政收入来源，占到了烟农罂粟收获量的五分之一。参见李晨阳：《金三角毒品问题研究》，昆明：云南大学出版社，2010年版，第148页、第15页。
② 马树洪：《云南境外毒源研究》，昆明：云南民族出版社，2001年版，第133页。
③ 中山大学东南亚史研究所编：《泰国史》，广州：广东人民出版社，1987年版，第169页。
④ Alfred W. McCoy, *The Politics of Heroin: CIA Complicity in the Global Drug Trade*, New York: Lawrence Hill Books, 1991, p.100.

其各种行动的经费。这种毒品政治成为东南亚地区尤其金三角地区毒品产量飙升、非法毒品贸易横行最重要的原因，也是该地区毒品问题存在的重要形式。①

二战结束尤其冷战爆发以来，美国在东南亚有着越来越重要的战略利益，其中首要利益是阻止该地区倒向共产主义，进而打击该地区的共产主义势力与倾向是美国政府及其情报机构（主要是CIA）优先完成的任务与目标。为了实现这些利益与目标，美国深度卷入了东南亚的毒品问题。缅甸、老挝、越南等国的政治局势尤为引起美国政府的注意，后者对这些国家毒品活动的参与也最为典型。首先，缅甸方面。美国CIA从20世纪50年代开始的在缅甸所进行的隐蔽行动，导致掸邦（原前缅甸联邦成员国，位于缅甸东部）从一个相对较小的罂粟种植区变成了世界上最大的鸦片产区。中国国民党政府的迅速垮台，让美国总统杜鲁门意识到共产主义必将向东南亚扩散。美国国防部一方面给法属印度支那提供军事援助，一方面重新集结逃散至缅甸掸邦地区的国民党残余部队，以图军事入侵中国华南地区，颠覆新成立的共产党政权。尽管这一军事行动最终以失败告终，但国民党军队继承了掸邦鸦片贸易的垄断权并扩大了这一贸易，并成为东南亚毒品交易增长的关键因素。在CIA的支持下，国民党在缅甸的势力一直维持到了1961年，最终被缅甸军队赶到了老挝和泰国，但国民党依然使掸邦的鸦片产量从二战后的80吨增长到了1962年的300—400吨，越南战争期间甚至一度达到了1200吨。② 在得到CIA支持其在金三角地区的统治长达20年后，也即1973年时，国民党已经控制了全世界三分之一的鸦片供应。美国支持逃散至缅甸的国民党部队，除了幻想其能反攻云南甚至颠覆中共政权外，还指望其能充当打击缅甸的共产主义倾向的先锋。国民党部队多次与缅共及其人民军交战，虽然双方都付出了惨重

---

① 美国卷入东南亚毒品问题后，该地区的鸦片产量在20世纪50年代末就达到了700吨，是当时全世界总产量的50%。参见 Alfred W. McCoy, *The Politics of Heroin: CIA Complicity in the Global Drug Trade*, New York: Lawrence Hill Books, 1991, p.128。

② Peter Dale Scott, *Drugs, Oil, and War: the United States in Afghanistan, Colombia, and Indochina*, Lanham, Md.: Rowman & Littlefield Publishers, c2003, p.40.

代价，但也在一定程度上帮助美国实现了其在缅甸阻遏共产主义蔓延的目的。

二战结束以后，法国殖民者曾一度重返老挝，但很快在1954年再次撤出，取而代之的还是美国。面对东南亚地区日益高涨的民族解放浪潮，也忌惮中国革命向该地区蔓延，艾森豪威尔抛出了所谓的"多米诺骨牌理论"，为自己插手东南亚事务提供借口。① 在法国撤出老挝后，美国政府当年就宣布将老挝置于东南亚防务条约组织的"保护"之下，并扶持老挝内部的亲美势力，多次共谋策动推翻老挝现政权的军事政变。美国对老挝国内反共亲美势力的支持，毒品作为一种重要的手段被深度利用，甚至直接卷入了老挝的毒品活动。在美国"扶毒剿共"政策的影响下，老挝的毒品形势延续了战前的恶化态势。亲美的文翁政府一方面受到国内革命势力的不断威胁与人民的不满，另一方面又面临着严重的财政拮据问题，美国将原本运至本国作为医疗制药用途的东南亚鸦片又转销至东南亚，同时将毒品的经营权部分交给老挝当局，帮助其解决资金紧缺难题。老挝右派政府头目万提拉同甚至控制了老挝至西贡（即胡志明市，当时越南重要的毒品营销地）的毒品走私与交易。美国还利用毒品的高利润做诱饵，许诺转让部分鸦片经营权，拉拢并壮大老挝地区的苗人反共武装，利用这一力量同老挝国内的人民军作战。美国甚至出动国内的航空公司，利用飞机为老挝国内的贩毒势力运输毒品，大大节省了毒品交易的时间成本，毒品利润因此也大大提高。此外，美国部分驻老、驻越人员（主要是军人）还直接参与了当地的毒品走私交易，自己也染上毒瘾，并将毒瘾带至国内，加重了美国国内的社会不稳定。在美国的毒品政治作用下，老挝国内的毒品形势出现了加速恶化的态势。据统计，在美国干涉期间，老挝1968年时的鸦片产量达到了100—150吨，是1953年的近3倍，1938年的近5倍。② 1970年时，毒品收入已经成为老挝皇室的主要财政

---

① 关于多米诺骨牌理论的主要内容，参见方连庆等：《战后国际关系史（1945—1995）》上册，北京：北京大学出版社，1999年版，第205页。

② Alfred W. McCoy, *The Politics of Heroin: CIA Complicity in the Global Drug Trade*, New York: Lawrence Hill Books, 1991, p.122.

来源，也是许多山区人民的主要经济来源。然而，美国的"扶毒剿共"政策在造成当地毒品泛滥的同时，并未阻遏共产主义在老挝的蔓延，人民革命党最终夺取政权，成立了社会主义政府。

缅甸东部靠近老挝与泰国的掸邦与佤邦是金三角毒品问题最严重的地区，或者是东南亚毒品问题的核心区域。这两个邦形成了许多大大小小的贩毒集团，且这些集团大多带有军事性质。逃散至缅甸的国民党部队中的李文焕部和段希文部所控制的鸦片区域，后来扩张至泰国境内，这加剧了泰国的毒品形势。同样发迹于缅甸的坤沙集团在20世纪70年代也将自己所从事的毒品活动扩散至了泰国北部地区，这最终形成了缅甸、泰国和老挝三国交界地区的金三角世界第一毒品源产地。英、法、荷等国是东南亚出现毒品问题的最早造就者，美国延续了以往殖民主义势力在该地区的"毒品政治"，即借用毒品这一工具来实现自身在该地区的政治、军事与经济利益。近年来，随着冷战的结束，大国间在东南亚地区的政治敌视与意识形态之争有所减弱，毒品政治也因此逐渐退出历史舞台，金三角地区的毒品问题在当事国相互合作及国际社会帮助下，也得到了实质性的解决。原本世界上最大的罂粟类毒品源产地逐渐萎缩并被后来的金新月地区所取代。由此可见大国政治与毒品政治对毒品问题的重要影响。

（二）哥伦比亚毒品问题与美国的政策

哥伦比亚国内及其周边也有着严重的毒品问题，但与金三角相比，这一地区的毒品问题是在20世纪60年代才开始出现的，毒品种类也以大麻和可卡因为主，而非鸦片与海洛因等罂粟类毒品。哥伦比亚起初并不生产毒品，墨西哥、牙买加等大麻主产国的禁毒行动取得实质性进展后，大麻的种植与生产被转移到了哥伦比亚并大量泛滥。1978年哥伦比亚在美国帮助下开始铲除本国内的大麻作物，1984年又大规模高空喷洒对土壤有毒的除草剂，使本国大麻种植基本被根除。然而好景不长，古柯类毒品又接踵而至，其主要提炼物可卡因的产量在哥伦比亚连年飙升，并很快使哥伦比亚取代秘鲁成为拉美地区最大的可卡因产地。① 该国可卡因产量1991年时仅为88吨，1996年时增长为300吨，2000年时攀升至历史最高点的695吨，此后呈现出逐年减少的趋势。②（见表1）

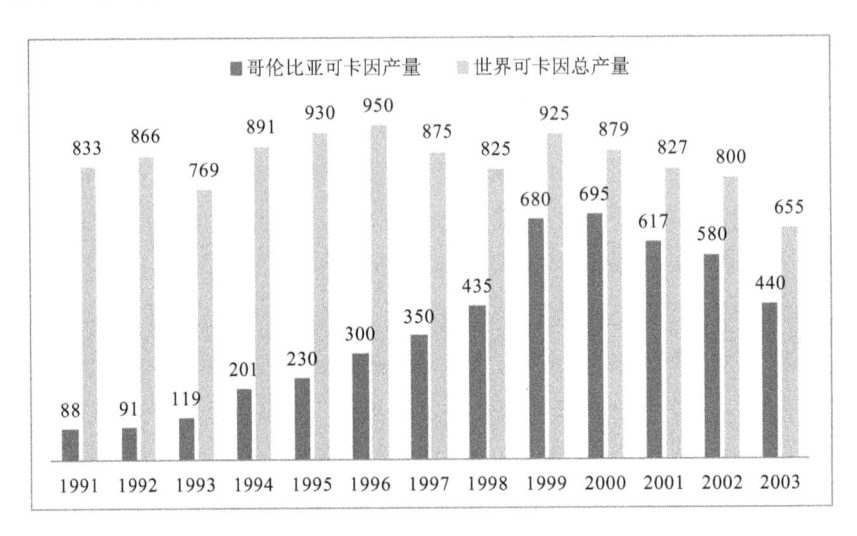

图1　历年来哥伦比亚可卡因产量与世界总产量比较（吨）

资料来源：UNODC, *World Drug Report 2004, vol.2*, United Nations Office on Drugs and Crime, 20004, p.229。

毒品问题在哥伦比亚及其周边地区的泛滥，与该国的政治动荡有着密切的关系。哥伦比亚地处南美洲西北部，是出入拉丁美洲的门户，③ 其邻国秘鲁、尼加拉瓜、委内瑞拉、厄瓜多尔等国都是毒品生产大国。哥伦比亚由于其重要的地理位置，一直受到美国的关注与重视。美国与哥伦比亚之间的外交关系，除了早期拉美独立运动以及巴拿马问题外，④ 总体来说保持着友好亲密的状态。哥伦比亚也大体被右

---

　①　1990年时，哥伦比亚与秘鲁所产的古柯叶数量占全世界总产量的比重分别为14%和62%，1999年时这一比重变为了68%和24%。参见UNODCCP, *World Drug Report 2000*, Oxford University Press, 2000, p.28。
　②　UNODC, *World Drug Report 2004, vol.2*, United Nations Office on Drugs and Crime, 20004, p.229.
　③　徐宝华：《列国志（哥伦比亚卷）》，北京：社会科学文献出版社，2004年版，第2页。
　④　巴拿马原为哥伦比亚领土，后因巴拿马运河的凿通，美国策动了巴拿马独立，导致与哥伦比亚外交关系恶化。

翼亲美政府所主导，但左翼的哥伦比亚革命武装力量的兴起却引起了美国的忧虑。这支武装力量原本是哥伦比亚共产党的一个分支，后独立成对哥政府与平民乃至外国人员造成重大安全威胁的军事组织。哥国内的亲美右翼势力，大多受到该武装力量的威胁，彼此经常发生规模不一的军事冲突。战乱的国内环境造就了武装力量的纷纷壮大，对军费开支源源不断的需求诱使他们从毒品贸易中获取高额利润。而美国在哥伦比亚的利益与政策，则对该国的毒品形势产生了巨大的刺激与引导作用。

美国对哥伦比亚的毒品问题有着相互矛盾的利益与态度。一方面美国深受来自哥伦比亚毒品的困扰。据统计，每年走私至美国的可卡因中，90%都来自哥伦比亚。[①]这使美国国内相当一批人员感染上毒瘾。1999年时，美国15岁以上总人口中，吸食可卡因的人口数量占到了3%，而同时期的加拿大只有0.7%，墨西哥只有0.5%。[②]就国内利益而言，美国希望哥伦比亚及其周边地区采取禁毒立场并取得实质性成效。然而，美国对国际利益的考量却让其倾向于支持哥伦比亚毒品问题的存在。冷战以来，哥伦比亚国内的政治局势动荡不安，哥伦比亚共产党对亲美政权的威胁让美国担忧共产主义在拉美地区的蔓延。而哥伦比亚政府及国内的亲政府地方军事力量，在很大程度上都依赖毒品经济而生存。在哥伦比亚彻底打击毒品，无疑会得罪哥伦比亚国内的亲美势力，并损害美国在这一地区的利益。但与此同时，哥伦比亚革命武装力量在很大程度上也从事着毒品活动并从中获取资金支持，在这一点上，美国又倾向打击哥伦比亚的毒品经济。总之，美国在哥伦比亚毒品问题上，有着彼此矛盾的利益考量，这导致其在这一问题上的态度出现诸多反复，协助哥政府所采取的禁毒计划，也因此出现时而立竿见影、时而流于形式的状况。

冷战以来，拉丁美洲这一长期被美国视为自家后院的广大地区，受古巴革命及苏联意识形态输出的影响，出现此起彼伏的反美声浪及

---

① Tanya P. Shohov, Frank Lamazi, *War on Drugs: Issues and Developments*, New York: Novinka Books, c2004, p.27.

② UNODCCP, *Global Illicit Drug Trends 2001*, ODCCP Studies on Drugs and Crime, 2001, p.241.

共产主义倾向。这引起了美国的高度警觉。打击该地区的反美势力，阻遏共产主义运动的蔓延，避免苏联取代自身在该地区的优势地位，是美国主要的战略利益考虑。为了实现这一战略利益，美国卷入了该地区的毒品问题。哥伦比亚的政治局势尤为引起美国的关注，该国的毒品形势与政治局势又有着千丝万缕的密切联系，美国的政策与行动则对在客观上刺激了哥伦比亚的毒品泛滥。首先，美国支持哥伦比亚的亲美右翼势力，包括支持其从毒品贸易中获取军费支持。起初，由于古巴爆发卡斯特罗革命，哥伦比亚出现了敌对古巴领导人的右翼恐怖主义组织，哥伦比亚国家安全组织与美国中情局都对这一右翼组织有着重要影响，甚至在其中扮演了组织者的角色。而事实上哥伦比亚的毒品问题几乎自其出现之日起，就与这一右翼势力有着密切关系，或者说缘起于敌对古巴的右翼恐怖主义组织对哥国内毒品问题的出现，有着重要的难以推卸的责任。

在对古巴的敌对行动屡遭挫败后，美国又将注意力转移到了哥伦比亚国内日益高涨的共产主义运动。哥伦比亚共产党及其重要的分支哥伦比亚革命武装力量对亲美的右翼政府产生了巨大威胁。政府军与共产党武装多次发生军事冲突，导致国家陷入战乱状态，双方都对毒品财政产生了深度依赖。美国则采取了支持亲美一方参与毒品活动却指责并打击另一方的毒品活动的态度。据统计，哥伦比亚革命武装力量每年3亿至5亿美元的收入中，有大约一半是来自可卡因。① 凭借来自于毒品活动的充足的资金支持，哥伦比亚革命武装力量等左翼势力对哥政府及美国产生了越来越大的威胁。许多亲政府准军事集团在这种压力下被成立，且不断得到大毒枭们的支持。20世纪80年代至90年代，为了对抗左翼游击武装因卷入毒品活动而日益壮大的权势，哥伦比亚MAS与当地亲政府贩毒集团结成针对哥伦比亚革命武装力量的同盟，美国中情局则支持这一同盟的结成。② 到1997年，大多数准军事集

---

① Letizia Paoli, Victoria A. Greenfield, Peter Reuter, *The World Heroin Market: Can Supply be Cut?*, New York: Oxford University Press, 2009, p.163.

② MAS，全称为Muerte a Secuestradores，是20世纪80年代出现的一支哥伦比亚准军事集团，受到贩毒集团、美国、哥伦比亚政府和大地主的支持。

团被合并到哥伦比亚联合自卫队，这一自卫队通过敲诈毒品生产者与走私者，以及直接参与毒品贸易，以从中获取高额利润。这一自卫队虽然在2005—2006年几乎被全部遣散，但相当一部分成员仍然继续从事着毒品活动。

由于哥伦比亚左右两翼势力都大肆参与了毒品活动并从中获取军费支持，导致该国可卡因的产量连年攀升。哥国内的政治局势与毒品形势对周边国家产生了诸多负面影响，美国则越来越受哥毒品问题的侵蚀，国内的毒品滥用现象愈加普遍。哥国内不断恶化的毒品问题不但引起国际社会越来越多的忧虑，也让美国面临着越来越多的国际与国内压力。在这种背景下，美国与哥伦比亚政府达成打击毒品活动的协议，帮助哥伦比亚政府实施禁毒计划。然而美哥政府更看重哥国内左翼势力给自身所带来的政治威胁，但又为了减轻自身所面临的舆论压力，美国转而对哥伦比亚不同的贩毒势力采取了双重标准与两面政策，也即更加侧重打击哥伦比亚革命武装力量等左翼势力所参与的毒品活动，对其控制区域内的古柯作物及可卡因采取了坚决的打击态度，对亲政府与亲美的贩毒集团及武装力量所从事的毒品活动则几乎不加追究。美国甚至在1984年展开了宣传战，指责尼加拉瓜桑蒂诺的支持者、哥伦比亚游击武装及麦德林的毒贩所从事的毒品活动对当事国及国际社会产生了越来越大的危害。正如有的美国学者所言，逮捕毒贩的行动如"哥伦比亚计划"，其真实目的并不是根除该地区的毒品，只是改变毒品市场份额而已：打击与美国为敌的贩毒势力，保证该地区的毒品交易保留在美国与哥伦比亚国家安全组织的同盟者手中。这更加证明了参议院调查员杰克·布鲁姆曾经的论断，美国并不是去与哥伦比亚的毒品阴谋作斗争，而是已经成为这一阴谋的一部分。[1] 美国对哥伦比亚毒品问题的卷入，除了通过支持或反对不同群体所从事的毒品活动外，还直接参与该国的毒品活动。与其在东南亚所进行的隐蔽行动一样，中情局被指控其所属或签约的航空公司直接卷入了哥伦比

---

[1] Peter Dale Scott, *Drugs, Oil, and War: the United States in Afghanistan, Colombia, and Indochina*, Lanham, Md.: Rowman & Littlefield Publishers, c2003, p.89.

亚的毒品运输。其实，早在20世纪60年代，美国南方航空运输公司就已经在哥伦比亚与委内瑞拉之间运输可卡因。[①] 美国直接卷入哥毒品问题，更加刺激了该国毒品形势的发展，也助长了可卡因向美国本土的走私活动。

冷战结束以来，哥伦比亚国内的左翼势力有所萎缩，革命武装力量在美哥政府的联合打击下逐渐沦落为靠发动针对政府与平民的恐怖袭击和绑架劫持等来宣称自己依然存在的恐怖组织。在基本消除哥伦比亚左翼势力的威胁后，美国对哥伦比亚的禁毒态度开始变得逐渐明朗起来，也加大了对哥政府的相关援助力度。1999年美国出台所谓的"哥伦比亚计划"，计划在6年时间内将哥国内的毒品种植、加工与走私量下降50%。按照这一计划，美国向哥政府提供总价值75亿美元的经济援助以用作解决哥伦比亚国内的毒品问题。2000年时又向哥伦比亚和其他安第斯国家追加13亿美元用于禁毒与加强法律监管。2002年与2003年时又追加了总计11.2亿美元的援助。[②] 大力度的禁毒援助加上美国"军事化"的禁毒行动，[③] 导致哥伦比亚的古柯种植面积和可卡因产量迅速出现下降趋势。哥伦比亚的毒品问题得到了极大改善，美国国内的吸毒现象也得到了一定程度的遏制。由此可见美国的利益与政策对哥伦比亚毒品问题的影响之大，毒品政治在东南亚金三角地区之后再次被美国成功利用。

最后，除了哥伦比亚以外，拉美其他国家也几乎同时面临着程度不同的政局动荡与毒品泛滥问题。哥伦比亚毒品问题也影响到了周边国家。来自哥伦比亚的可卡因，几乎成为所有受到美国中情局支持的尼加拉瓜反抗军的财政来源。美国政府对几乎所有参与毒品活动的尼加拉瓜反抗军都不予法律追究，其对尼加拉瓜反抗军的保护也影响了美国毒品政策，尤其是对哥伦比亚毒品政策的影响。除此之外，中央

---

① Peter Dale Scott, *Drugs, Oil, and War: the United States in Afghanistan, Colombia, and Indochina*, Lanham, Md.: Rowman & Littlefield Publishers, c2003, p.89.

② Tanya P. Shohov, Frank Lamazi, *War on Drugs: Issues and Developments*, New York: Novinka Books, c2004, pp.75-76.

③ 即向哥伦比亚派遣特种部队、边界巡逻队和警察，以及军用飞机等，对毒品进行军事化清除行动。

情报局局长凯西甚至涉嫌鼓励将哥伦比亚的可卡因通过阿富汗希克马蒂亚尔的圣战组织贩运到苏联，企图将毒品泛滥问题"传染"给苏联。

从近代史上欧美等殖民主义的扩张历程中可以看出，毒品作为一种政治手段被屡次成功利用，殖民主义者不仅将其当作攫取巨额经济利益的工具，更是将毒品作为实现自身政治利益的重要棋子。毒品政治的存在，在帮助大国实现自身利益的同时，也造成了当事国难以摆脱的毒品问题，而毒品问题的兴衰，也大多离不开其所存在的政治环境，尤其大国的态度与政策。英国在印度与中国，英、法、荷在东南亚，美国在东南亚与拉美地区的毒品态度与行动，都是毒品政治的典型案例。阿富汗自20世纪80年代出现的毒品问题，也存在着大量的长期的毒品政治，而其主角或主导者同样是美国。

第2章

美国的隐蔽战争与阿富汗毒品问题的出现

随着中南美洲与"金三角"等毒品传统重要产区的衰落,阿富汗所处的"金新月"地区逐渐取而代之,成为世界毒品的主要来源地。毒品(主要是罂粟类毒品)在阿富汗境内的种植与使用已有数千年的历史。关于其来源,学界有两种较为流行的观点,一是亚历山大大帝东征时期,鸦片作为一种麻醉药品被其士兵带到了阿富汗;另一种观点是,鸦片是作为一种商品被古埃及和古希腊的商人传播到该地区的。[1] 虽然历史悠久,但长期以来,阿富汗境内的罂粟种植与鸦片使用多处于小规模的零散状态,或被官方所垄断,[2] 直到1979年苏联入侵以后才得以无控制地广泛蔓延,成为影响该国政治、经济和社会生活的重要因素。然而,战乱的国内环境只是为毒品问题的出现提供了客观可能性,且阿富汗历史上曾多次陷于战乱,唯独苏联入侵以后,毒

---

[1] David Macdonald, *Drugs in Afghanistan: Opium, Outlaws and Scorpion Tales*, London: Pluto, 2007, pp.59-60.

[2] 阿富汗在莫卧儿帝国统治时期曾对鸦片贸易实行专卖政策,允许农民种植罂粟,但农民必须将收获的鸦片卖给政府授权的专卖商。参见龚缨晏:《鸦片的传播与对华鸦片贸易》,北京:东方出版社,1999年版,第122页。

品问题才真正意义上地出现并危害到该国的发展。这一现象的出现必然有其独特的原因，而美国因素尤其美国在阿战略的作用尤为重要，也最为值得关注。苏联在阿富汗的长期影响力优势以及后来的侵阿战争，引起了美国的不满，而冷战期间双方对大规模直接军事冲突的忌惮，促使美国采取"隐蔽战争"（covert war）的手段与苏联展开争夺阿富汗的持久战式较量。这一战略最终达到了打击与拖垮苏联的目的，但同时也造成了诸多事先所未能预想到的、或正面或负面的非预期性效应，如毒品财政模式的出现以及很大程度上由此产生的军阀坐大割据现象，这些效应对阿富汗后来的政治经济局势乃至美国在阿战略都起到了重大影响，其中以毒品收入作为财政来源的毒品财政模式是阿富汗毒品问题出现并迅速恶化的根本原因。

一、苏联出兵阿富汗与美国在阿战略

长期保持亲密盟友状态的苏阿关系在苏联不断膨胀的控制欲望与阿富汗国内日益高涨的摆脱苏联影响的呼声之间的矛盾与冲突中最终走向破裂，而苏联意在挽回在阿影响力的出兵举动，给了美国干涉阿富汗事务进而培植自身势力的绝佳机会。

（一）苏阿关系的破裂与苏联出兵阿富汗

阿富汗在地理位置上连接着中亚、西亚与南亚，是欧亚大陆出入印度洋的门户，历史上有通向南亚大陆的"锁钥"、[1] 古代东西方的"文明十字路口"等美誉，[2] 然而也正因如此，阿富汗历史上屡遭武力入侵，被并入帝国版图，近代以来又成为各大国争夺势力范围的焦点。阿富汗的史前文明非常悠久，据考古证实不晚于20万年前，有史文明也早在公元前6世纪就已开始，但直到公元18世纪中期，随着杜兰尼王朝的建立，独立的民族国家才真正意义地在阿富汗得以形成，期间

---

[1] 王凤：《列国志（阿富汗卷）》，北京：社会科学文献出版社，2007年版，第1页。
[2] 彭树智、黄杨文：《中东国家通史（阿富汗卷）》，北京：商务印书馆，2000年版，第19页。

古希腊人、古印度人、波斯人、阿拉伯人、蒙古人等都曾征服与统治过该地区，阿富汗大多成为其帝国统治的一部分，或者沦为其附庸。①即便进入近代，阿富汗依然难逃大国争夺的命运。随着欧洲资本主义国家的崛起及其全球性扩张的开始，杜兰尼王朝在英帝国的干预与渗透下迅速走向衰落，阿富汗也重新陷入战乱与四分五裂。英帝国企图趁机在阿富汗建立起自己的势力范围，一来可以获取阿富汗这一印度西北的门户，以阻止沙俄南下印度洋，二来可以在阿建立与沙俄争夺中亚各汗国的基地。②这遭到沙俄的忌惮与反对，最终爆发以英俄争夺在阿势力范围为实质内容的三次英阿战争（1838—1842年、1878—1881年、1919年）。阿富汗军民在沙俄（后为苏联）的支持下，给予英军沉重的打击，英国在未能得到阿富汗的情况下反而促成了俄阿关系的大致亲近。③进入20世纪上半叶，阿富汗在两次世界大战阴影的干扰下采取大体中立的外交政策，艰难地开始了现代化进程，期间得到了苏联的巨额经济援助，为二战结束后苏阿关系的长期亲密奠定了基础。

冷战开始后，南亚国际关系经过短暂的重新洗牌与组合后，迅速形成了两大对立阵营。坚持民族独立与致力于褪去西方殖民色彩的印度站到了苏联阵营一边，在边界与民族问题上与巴基斯坦有利益矛盾的阿富汗、孟加拉国也加强了与苏联的关系，斯里兰卡在得到巨额经济援助的情况下也采取了亲苏立场；而美国在南亚可拉拢的对象几乎只剩下巴基斯坦一国而已，④虽然美国一直在争取拉拢南亚其他国家，但总体看来在与苏联的这一较量中并不占上风。这也导致美国在二战后企图取代英国获得在南亚优势地位的计划被迫搁浅。南亚诸国

---

① 参见王凤:《列国志（阿富汗卷）》,北京:社会科学文献出版社,2007年版,第65—84页;彭树智、黄杨文:《中东国家通史（阿富汗卷）》,北京:商务印书馆,2000年版,第38—110页。
② 王绳祖:《国际关系史（第二卷）》,北京:世界知识出版社,1995年版,第255页。
③ 参见王绳祖:《国际关系史（第二卷）》,北京:世界知识出版社,1995年版,第254—258页;王绳祖:《国际关系史（第三卷）》,北京:世界知识出版社,1995年版,第138—144页;彭树智、黄杨文:《中东国家通史（阿富汗卷）》,北京:商务印书馆,2000年版,第197—201页。
④ 方连庆、刘金质、王炳元:《战后国际关系史（上）》,北京:北京大学出版社,1999年版,第488—492页。

中，阿富汗与苏联的关系尤其密切。阿富汗在达乌德政府时期（1953—1963年），采取亲苏政策，从而获得了来自苏联的巨额经济援助，这一援助是当时阿富汗最大的外来援助，[①] 阿富汗也成为苏联在第三世界的重点援助对象，而苏联在阿巴关系中的"普什图尼斯坦"[②] 问题上宣布支持阿富汗的表态，也很有力地将阿富汗拉拢到了自己这一边，此时期正是赫鲁晓夫主政苏联，这十年是苏阿两国关系的黄金蜜月期。

然而苏阿关系在不断走向亲密的同时，也埋藏了诸多导致后来两国关系出现裂痕的隐患或祸根。苏联对阿富汗日益加强的不断渗透和过分干预，越来越引起阿富汗人民的不满，阿富汗政府开始寻求离开苏联怀抱、为苏阿关系"松绑"进而改善与其他国家（尤其美国）的外交关系的举动，也不断触碰着苏联所能容忍的底线。进入20世纪60年代，勃列日涅夫上台，苏联经济经历了短时的快速增长，国力大为加强，对重工业和军工业的尤其重视，一度使苏联超越美国成为世界上最大的军事超级强国。经济与军事实力上的增强，带来了苏联对其盟友及第三世界国家控制欲的不断膨胀。这一时期，苏阿关系延续着以往的亲密关系，苏联的援助总额虽然有所减少，但依然是阿富汗第一大援助国，且两国的合作范围不断扩大。苏联在阿富汗的影响力，渗透到该国的经济、政治、军事、文化教育、对外贸易等各个方面。苏联的经济援助主导着阿富汗的天然气、输油管道、水利工程、发电厂等诸多项目的设计与建设，"按照斯大林主义原则组建的"人民民主党在1965年成立，[③] 苏联还向阿富汗援建高等院校并提供师资教授俄

[①] 1954年至1978年，苏联向阿富汗提供的经济援助总额是12.63亿美元，军事援助则超过了6亿美元，居各国之首。参见罗伯特·唐纳森：《苏联在第三世界的得失》，北京：世界知识出版社，1985年版，第211、276页。

[②] 1893年，英国迫使阿富汗接受所谓的杜兰协定，这一协定将阿富汗与英属印度边界地区的普什图族（阿富汗主要民族）聚居区一分为二。二战后，巴基斯坦独立，阿富汗要求将杜兰协定中原本划分到英属印度的普什图地区重新划归阿富汗版图，或允许其独立，成立"普什图尼斯坦"国，但英印反对，并通过公投将这一地区划归巴基斯坦，从而造成阿巴关系长期紧张。参见彭树智、黄杨文：《中东国家通史（阿富汗卷）》，北京：商务印书馆，2000年版，第164—165页、第232页。

[③] 沙伊斯塔·瓦哈卜、巴里·扬格曼：《阿富汗史》，杨军等译，北京：中国出版集团，2010年版，第141页。

语，控制阿富汗的军备来源和军官培训等。[①] 苏联的这些举动在帮助阿富汗现代化建设的过程中确实起到了巨大的推动作用，但也使阿富汗对苏联的依赖越来越严重。扎希尔国王推翻达乌德政府亲政后，不断尝试摆脱对苏联的这种过分依赖。他寻求改善与加强同欧美国家及邻国的关系，争取经济援助来源的多元化与更多的外交支持，对苏联建立地区经济联盟和亚洲安全体系的倡议却反应冷淡，这些减轻对苏依赖的举措使亲密的苏阿关系开始降温。

扎希尔国王在任期间，推动政治改革，颁布新宪法，政党政治和三权分立开始走上阿富汗权力舞台，但国王并未预料到这一改革使阿富汗最终陷入政治动荡，尤其受到苏联支持的人民民主党依靠煽动学生罢课和游行示威等手段破坏政府工作，外加上70年代初阿富汗遭遇特大旱灾并重创了该国经济，应对不力的国王政府的统治力及权威受到严重挑战。1973年7月，亲苏的"红色亲王"达乌德卷土重来，趁扎希尔国王赴欧期间发动政变，推翻君主制成立共和国。苏联随即宣布承认与支持达乌德政权，并承诺提供价值高达4.28亿美元的新经济援助。[②] 然而达乌德对这一数字并不满意，虽然借助苏联及人民民主党的力量重新上台，但达乌德对苏联加强干涉本国内政及人民民主党日益增强的实力和影响力甚为警觉与忌惮。因此，上台不久，达乌德政府就扭转了其亲苏立场，开始清洗政府与军队内的旗帜派骨干，在1977年颁布的新宪法中宣布取缔人民民主党，镇压境内的左翼力量如军队中由苏联培训的军官等，改善同巴基斯坦与美国的关系，美国则在加大对阿经援的同时也敦促沙特等阿拉伯国家和日本慷慨解囊，并努力促成阿富汗与穆斯林国家的关系转暖，阿富汗则增加其赴美接受军事训练的人员数量。[③] 而此时期的苏联，大国沙文主义不断抬头，其外交政策已由"支持友好、进步的非共产主义政权转向尽可能地推广

[①] 彭树智、黄杨文：《中东国家通史（阿富汗卷）》，北京：商务印书馆，2000年版，第247—248页。

[②] 沙伊斯塔·瓦哈卜、巴里·扬格曼：《阿富汗史》，杨军等译，北京：中国出版集团，2010年版，第147页。

[③] 彭树智、黄杨文：《中东国家通史（阿富汗卷）》，北京：商务印书馆，2000年版，第270页。

共产主义革命",①而达乌德亲美疏苏的外交转向是苏联所不能容忍的。勃列日涅夫在1977年4月达乌德二次访苏期间批评阿富汗政府右倾化趋势严重,并要求驱逐北约和联合国的驻阿人员,这遭到了断然拒绝;达乌德则抱怨苏联重新联合人民民主党"旗帜派"和"人民派"的努力。这一外交转向最终根本性地改变了美苏在阿富汗的优势地位对比。

达乌德二次访苏后,苏阿关系也宣告彻底破裂,其对人民民主党的清洗与迫害,突破了苏联所能容忍的底线。在苏联的持续压力下,人民民主党原本分裂的两大派别"旗帜派"和"人民派"在当年7月完成联合,成立了新的中央委员会,并不断壮大着自身实力,还多次进行政变模拟演练,为推翻达乌德政府做准备。1978年4月17日,旗帜派领袖被暗杀,人民民主党将矛头直指达乌德政府与美国中情局,并成功地将送葬活动演变成反美、反政府的示威游行,其领袖塔拉基(人民派)和卡尔迈勒(旗帜派)发表了具有煽动性的演说,这引起了达乌德的极度恐慌,他将二人及人民民主党另一重要领袖、在军队中有重要影响力的哈菲祖拉·阿明(人民派)逮捕入狱,这引来了军队袭击总统府,达乌德和30名内阁成员及其家属被杀,塔拉基宣布成立阿富汗民主共和国,自任总统兼总理,卡尔迈勒和阿明也都担任要职,阿富汗"开始被重塑成共产主义政权"。②塔拉基上台后,外交上对苏联一边倒,在得到后者巨额经济与军事援助的同时,同周边邻国却趋于恶化,与欧美国家尤其美国的关系也骤然转冷,奉行了一种"讨好苏联而四面树敌"的政策。③内政上,人民派与旗帜派重现分裂,人民派在内斗中占据上风,阿明出任总理;然而反对新政权过分亲苏与过激的社会经济改革的人民起义不断高涨,阿明与塔拉基的矛盾也日益激化,得到苏联支持的塔拉基企图先发制人除掉阿明,但最终失败,阿明立刻利用自己国防部长的身份,动用军队于1979年9月发动政变,

---

① 沙伊斯塔·瓦哈卜、巴里·扬格曼:《阿富汗史》,杨军等译,北京:中国出版集团,2010年版,第148页。
② 同上书,第152页。
③ 彭树智、黄杨文:《中东国家通史(阿富汗卷)》,北京:商务印书馆,2000年版,第286页。

塔拉基倒台。苏联尴尬地承认了阿明政权，但苏阿关系的转冷已经势不可挡。

阿明上台后，阿富汗政府指责苏联参与了谋杀阿明的未遂事件，拒绝了苏联要求在阿修建军用机场、改组军队和警宪系统等要求，并接见美国驻阿代办，缓和同美国与巴基斯坦的关系。阿富汗局势的发展日益脱离苏联所能控制的能力之外，最终坚定了苏联军事干预阿富汗政治的决心，而美国此时正为伊朗劫持人质事件头疼，苏联认为这是出兵喀布尔的绝佳机会。阿明政府上台仅三个月后，苏联军队于圣诞节当天大规模开进阿富汗境内，几乎未遇到任何抵抗就迅速掌握了阿富汗全境内的各主要大城市和交通干线。仅仅两天后阿明被击毙，卡尔迈勒组建新政府。然而，阿富汗国内的局势却并未得到缓和，苏联虽然控制住了卡尔迈勒政府，却控制不住阿国内日益高涨的反苏浪潮。国际社会对苏联入侵阿富汗普遍表示强烈谴责，纷纷停止了对阿富汗政府的外交支持和经济援助，联合国也在1986年通过了要求苏联撤军的决议。苏联军事占领阿富汗长达十年之久，这十年间，苏联及其阿富汗傀儡政权在国际上陷于空前孤立地位。苏联的国力也因此受到极大损伤，出现了"明显的历史性衰落的迹象"。[①] 当然，这一局面的出现，与美国的在阿对苏战略的成功也有不可忽视的关系。这一战略不但使苏联陷入阿富汗的泥潭无法自拔，从而使美国在与苏联争夺第三世界的间接较量中胜出一筹，还根本性地将阿富汗的大国外交重心从苏联转向美国，后者取得了在阿富汗的优势地位，这一优势自卡尔扎伊政府以来尤为突出与明显。

（二）美阿关系变迁与美国在阿对苏战略

阿富汗在美国的全球战略中拥有十分重要的价值和位置，是二战结束后甚至直到50年代才被意识到的。相比于英、法、俄等老牌资本主义国家，美国作为后起新兴国家，真正地拥有全球性战略是从二

---

① 资中筠：《战后美国外交史——从杜鲁门到里根》，北京：世界知识出版社，1994年版，第878页。

战以后才开始的，在此之前，美国的战略利益被局限在本国或某一地区。从刚建国时旨在不卷入欧洲纷争保持本国独立地位的孤立主义，到实力稍强后名为保护美洲不被殖民入侵、实则为自己控制美洲扫清障碍的门罗主义，再到一战前后走向亚洲要求利益均沾的"门户开放"政策，美国的海外利益一直在随着本国资本主义经济的飞跃式发展而不断膨胀与扩张。二战结束后，欧洲老牌资本主义国家最终将对全球的总体优势地位和控制权移交到了美苏两大相互竞争的新兴超级大国手中，这一移交进程从一战结束后就无法扭转地开始了。自这个阶段起，广大第三世界国家才真正进入美国的全球战略的视野，阿富汗即是如此。在20世纪50年代之前，美国对阿富汗并不怎么感兴趣，虽然期间阿富汗政府曾多次表达对美友好与合作的愿望，但总体看来遭到了后者的漠视；尤其在阿富汗提出希望美国加强在阿投资与提供经济援助的请求时，遭到了美国的冷淡回应。美国无论在经济、政治还是军事上，都看不到阿富汗对自己有着重大的价值，"阿富汗对美国的战略重要性非常小甚至没有"。[①]

然而，随着冷战的不断推进，苏联在第三世界尤其亚非国家的强烈攻势，美国逐渐意识到自己的全球战略空间受到了压制，因此加快了与苏联争夺第三世界的步伐，处在两大阵营边缘地带、为两国都争相拉拢的国家，尤其受到美国的重视。美阿关系由此发生了历史性的转折，两国实现高层互访，致力于消除政治猜疑与不信任，美国改变了以往冷淡回应阿经济援助与合作请求的态度，对阿富汗的经济与军事援助开始大幅度提高，[②] 两国的合作囊括了交通运输、水利工程、教育、行政等各个领域。[③] 但美国对阿态度与政策的改变，并未起到将阿富汗拉拢到自身阵营的实质性效果。两国总体转暖的外交关系随着双方领导人的不断更换时有反复，尤其在阿富汗亲苏领导人上台以及

[①] Rosanne Klass, *Afghanistan, the Great Game Revisited*, New York: Freedom House; Lanham, MD: Distributed by National Book Network, 1990, p.47.

[②] 截至1978年，美国对阿的经济援助已累计达到5.33亿美元。参见彭树智、黄杨文：《中东国家通史（阿富汗卷）》，北京：商务印书馆，2000年版，第270页。

[③] 彭树智、黄杨文：《中东国家通史（阿富汗卷）》，北京：商务印书馆，2000年版，第236页。

61

美国尼克松时期（此时期美国全球性战略收缩）更是如此。总的来讲，从冷战开始直至苏联1988年撤军，美国在阿富汗的势力存在，与苏联相比，一直处于相对弱势的地位。

更为重要的是，在主观上，美国虽然意识到了阿富汗的战略价值，但依然低估了这一战略价值的重要性。1972年的一份评估报告中，美国认为，阿富汗是"我们的中亚和南亚政策的次要部分"，"苏联在阿富汗的军事存在和日益增加的政治影响很明显是与美国的利益冲突的，但是同时也很难想象，莫斯科会有一个可以明目张胆地实现它的野心的环境"。① 北方辽阔的帕米尔高原以及绵延千里的兴都库什山脉及其一系列要塞被美国人当做了印度次大陆的天然防护屏障，而阿富汗在这方面的战略价值则并未被重视。在苏联出兵喀布尔之前，美国在阿富汗保持着有限的战略目标：一是保持阿富汗的独立与不结盟外交立场，尽可能地限制苏联对阿富汗事务的影响；二是促使阿富汗改善与发展同巴基斯坦、伊朗等周边国家的关系。② 基于这样的价值预判与战略目标定位，美国并不想过多卷入阿富汗事务，从而与苏联发生直接争夺与冲突。在经历越南战争的教训后，美国忌惮在阿富汗的直接军事存在，甚至包括提供军事援助；相反希望苏联陷入阿富汗的泥潭，从而消耗自身实力，美国则坐收渔利。美国寄希望于阿富汗保持其在东西方之间的平衡作用及中立地位，在不将其纳入西方阵营的情况下，也不至于使阿富汗倒向苏联一方。

然而，随着1979年苏联加大对喀布尔的干预，尤其向阿境内秘密增兵的举动，阿富汗的平衡作用被彻底破坏，这引起了美国的警觉。时任美国总统国家安全事务助理的布热津斯基提醒卡特总统需要加大对苏联在阿富汗存在的注意，认为苏联试图通过阿富汗、巴基斯坦和伊朗进入印度洋。美国总统卡特也警告勃列日涅夫不要干预阿富汗，指出直接卷入阿富汗战争将是十分危险的事情。美国第一次对苏联在阿富汗的行径发出公开警告，国务院发言人称：美国认为对阿富汗内

---

① DNSA (Digital National Security Archive), *Annual Policy Assessment: Additional Submission*, Eliot Theodore L., Jr. to Department of State, February 27, 1978.

② DNSA, *1976 Policy Review*, United States Embassy in Afghanistan, January 1, 1977.

部事务的外来干涉是关系到整个地区紧张和动乱的严重问题。① 但是，在苏联12月25日正式出兵喀布尔前，伊朗人在11月初占领美国驻伊大使馆并劫持人质的事件惊动了全世界，也成为了美国外交中最主要也最亟待解决的问题，卡特政府对苏联的举动也只是停留在口头批评与警告层面，直到苏军迅速占领喀布尔及阿富汗全境各主要城市与交通要道后，美国终于意识到，苏联占领阿富汗后，南亚次大陆失去了之前所认为的天然屏障，直接暴露在苏联的势力范围面前，阿巴边境也因此成为美苏在南亚地区"直接对垒"的"前沿阵地"。后来的局势发展也证明，这一地区成为美国实施其在阿对苏战略并将自身势力渗入阿富汗的重要甚至主要突破口。看到事态严重性的美国才最终决定对苏联采取切实反制措施与行动。美国一方面积极呼吁与争取国际合作，抵制苏联的侵略行径，另一方面积极筹划并实施对苏联的全面制裁，这一制裁包括停止对苏联的粮食运输和贸易关系，终止军事高技术项目的出口，取消大部分文化、经济与科技交流等。②

在阿富汗，美国采取了类似的对苏战略。阿富汗被苏占领的这十年间，打击苏联在该地区的势力，以确保自身在中东和南亚地区的利益安全，并趁机在阿富汗确立自身的优势地位，是这一时期美国在阿富汗的主要利益目标。然而出于不想与苏联在阿富汗展开直接的竞争甚至军事冲突的考虑，避免爆发大规模的大国间战争，美国采取了仅向阿富汗提供经济援助、军事补给和建议的策略，更多地采用间接性、秘密性的隐蔽行动（covert operation），③ 不断通过阿富汗邻国尤其巴基斯坦向阿反苏武装提供经济军事援助，扶植与支持阿国内各派反苏力量，以使其进行各种游击战争和抵抗运动。这种不断渗透、培植反对势力、慢慢瓦解、间接争夺的战略，放弃了与苏联的正面直接冲突，转而采取利用经济、政治等非军事手段，来达到在阿富汗击退苏联势力的效果。

---

① 刘金质：《冷战史（中册）》，北京：世界知识出版社，2003年版，第1004页。
② 资中筠：《战后美国外交史》，北京：世界知识出版社，1994年版，第841页。
③ ［美］戈登·克雷格、亚历山大·乔治：《武力与治国方略——我们时代的外交问题》，时殷弘等译，北京：商务印书馆，2004年版，第266页。

这种与苏联进行间接较量的"隐蔽行动"或"隐蔽战争"的战略，在1948年就已提出并由中央情报局实施。艾森豪威尔政府时期，隐蔽行动开始成为一种真正的国家战略工具。1954年，美国国家安全委员会发布的一项指令中，列举了隐蔽行动所包括的如下活动：

宣传，政治行动；经济战；逃脱、躲避和撤离措施；针对敌对国家和组织的颠覆，包括援助地下抵抗运动、游击队和难民解放团体；支持自由世界受威胁国家里的当地反共分子；欺骗计划和欺骗行动；还有，为完成上述任务必须的与本指令相符的一切活动。[①]

隐蔽行动的战略在后来得到了充分的利用，对削弱苏联的军事实力也起到了事半功倍的效果。在阿富汗，美国大体也采取了这一战略，通过提供经济援助与军事援助，大量反苏反政府的地方武装和圣战组织得以迅速兴起，从而极大地提高了苏联占领阿富汗的成本，并最终使苏联深陷阿富汗的泥潭长达10年之久，这类似美国在越南战争中所遭遇的处境。

二、美国的隐蔽行动与阿富汗毒品问题的兴起

苏联入侵阿富汗以后，美国在阿富汗所采取的针对苏联的隐蔽行动，除了直接或间接（主要是通过巴基斯坦）提供金钱、物资、技术、武器装备等外，更重要的是依靠支持阿富汗国内各派反苏游击武装和圣战组织从事毒品活动并从中获取财政支持，这种做法延续了美国在东南亚及哥伦比亚的一贯做法，阿富汗毒品财政模式由此产生。在很大程度上凭借毒品财政而壮大了的各种反苏力量，极大地威胁了苏联在阿富汗的占领及其傀儡政权的统治，苏联陷入阿富汗泥潭长达10年之久，自身也出现了不可逆转的衰落迹象并最终解体，而美国则凭借在世界各地包括在阿富汗所广泛采取的、以避免爆发直接军事冲突为标准的"隐蔽行动"，最终赢得了与苏联长达近半世纪的冷战。这一时

[①] ［美］约翰·加迪斯：《遏制战略：战后美国国家安全政策评析》，时殷弘、李庆四、樊吉社译，北京：世界知识出版社，2005年版，第162页。

期美国在阿富汗所采取的战略，一方面激发了阿富汗国内毒品问题的产生，另一方面也为后来的军阀坐大与割据内战埋下了祸根。

（一）美国隐蔽行动与阿富汗毒品财政的产生

在美国开始进行针对苏联的隐蔽行动之前，20世纪70年代以来阿富汗及其重要邻国伊朗的政局动荡，是阿富汗毒品问题出现的外部刺激因素之一。伊朗霍梅尼革命及随后发生的人质危机事件，以及苏联日益明显的侵阿倾向，卡特政府对这一地区的政治局势保持着高度关注与忧虑，在很大程度上源于此而产生的、对尼克松主义有重大修正的卡特主义对伊朗和苏联所进行的举动发出了严正警告，并表示不惜以军事手段维护美国在南亚地区的利益。在这一政治局势动荡变迁过程中，伊朗新成立的伊斯兰政权对本国内严重的毒品问题进行了实质性打击，导致这一地区的毒品泛滥有了向阿富汗转移的倾向。进入80年代，大量的阿富汗反苏游击武装和圣战组织盘踞在巴基斯坦境内与阿富汗交界的区域，与此同时，美国政府对巴基斯坦齐亚政府施加压力，导致该国的鸦片产量从800吨降到了不到200吨。这直接导致了巴基斯坦的毒品问题也开始向阿富汗境内转移，同时转移的还有上述各种反苏武装力量。

由于卡特政府在伊朗人质危机事件上的糟糕表现，以及苏联入侵阿富汗成为既定事实，里根政府更多地还是依靠隐蔽行动战略与苏联展开竞争。苏联入侵阿富汗后，美国在这一地区所采取的隐蔽行动，对阿反苏武装的物质援助，总的来讲可以分为两类，一类是直接注入式、灌输式的"授人以鱼"，即通过各种渠道为其提供金钱与武器援助、[1] 训练军队[2] 等；另一类是"授人以渔"，即通过秘密渠道将各种获取物资金钱的"生财之道"传授给当地反苏武装，主要是指支持他

---

[1] 里根就任美国总统后，大大提高了对阿抵抗武装的援助力度，仅1985年就为阿穆斯林游击队提供了5亿多美元的资金援助，1987年上升到了6.7亿美元。这种"现金注入"加上肩扛式导弹、热导弹刺防空导弹等武器装备输送，极大削弱了苏联焦土政策对阿反苏武装的围剿成效。参见沙伊斯塔·瓦哈卜、巴里·扬格曼：《阿富汗史》，杨军等译，中国出版集团，2010年版，第202页。

[2] Larry P. Goodson, *Afghanistan's Endless War*, University of Washington Press, 2001, p.61.

们从事罂粟种植、鸦片生产及走私等毒品活动,为毒枭的贩毒活动提供交通便利,鼓励他们通过向种植罂粟的农民提供安全保护、对鸦片贩运和交易征税、控制海洛因提炼与加工设施等方式谋取巨额经济利润。①

美国对阿富汗境内各反苏武装所提供的金钱与物资援助,大多是通过巴基斯坦政府来实现。巴基斯坦齐亚政府是阿富汗反苏武装的主要支持者,而其支持的来源大多来自美国所提供的物资援助,且巴政府对这一援助的需求很大。卡特政府曾提出向巴基斯坦提供4亿美元的军事援助,以鼓励其对阿富汗反抗力量的支持,但齐亚认为这一数额"微不足道"而予以拒绝。直到里根总统上任后,美国将对巴基斯坦的援助金额提升到了30亿美元(其中包括数架最新的F-16战机),齐亚政府才满意接受。从美国手中获得大批物资援助后,巴基斯坦主要通过三军情报局(ISI,Inter Services Intelligence)与美国中情局(CIA)之间的秘密合作将这些物资提供给阿富汗境内的反苏武装。CIA在很大程度上是通过ISI来实现对阿反苏武装的组织、训练与援助等工作,希克马蒂亚尔这一后来美国重点扶植的反苏运动领导人就是通过ISI被推荐给了CIA,并得到了后者一半以上的隐蔽援助。② 主要依靠来自美国与巴基斯坦所提供的大量外来援助,希克马蒂亚尔才得以壮大为阿国内最大的反苏派别,并成为影响阿富汗国家政治的重要因素。据统计,1982—1989年,美国直接或间接向阿富汗反抗力量提供的物资援助金额共达35亿美元,其中1983年还只有7500万美元,到了1986年就追加至4.7亿美元,这四年间的援助总额达到了近9.5亿美元。此外,这八年间美国还给巴基斯坦三军情报局输送了65000吨的武器。③

美国在阿富汗所进行的隐蔽行动或隐蔽战争,另一种重要方式是

---

① Alfred W. McCoy, *The Politics of Heroin: CIA Complicity in the Global Drug Trade*, Lawrence Hill Books, 2003, pp.436-453. 转引自朱永彪:《"9·11"之后的阿富汗》,新华出版社,2009年版,第189页。

② Alfred W. McCoy, *The Politics of Heroin: CIA Complicity in the Global Drug Trade*, Lawrence Hill Books, 1991, p.449.

③ A.Z. Hilali, *US-Pakistan Relationship: Soviet Invasion of Afghanistan*, Burlington, VT: Ashgate, c2005, p.121.

延续其在东南亚与拉美地区所进行过的毒品政治。除了直接或间接向各反苏武装提供物资援助外，毒品政治也是美国在阿富汗进行隐蔽行动所依靠的重要手段。还是以希克马蒂亚尔为例，他是美国中情局在阿富汗所扶持的反苏武装主要人物，不仅获得了大部分美巴所提供的物资援助，同时也是美国毒品政治的主要受益者。希克马蒂亚尔有两重主要身份，一个是阿富汗最大的地方军阀，另一重要身份则是阿国内头号大毒枭，这两重身份都受到美国的纵容、庇护与支持。中情局向希克马蒂亚尔的武装提供运输武器的卡车和骡队，这些设备把武器运输到阿富汗之后，则会以相反的方向将鸦片载到阿巴边境的提炼厂，进行非法交易与走私等活动；希克马蒂亚尔在巴阿边境控制了大量的海洛因实验室和提炼厂，与其有着密切联系的ISI与CIA则参与了这些实验室内的海洛因提炼，这些体积更小、利润更高、走私更为方便的新型毒品为巴军方以及阿反抗武装带来了源源不断的资金支持，同时远销欧美市场。

随着对毒品财政的依赖越来越重，希克马蒂亚尔的军队甚至不惜为了争夺阿富汗南部的罂粟种植产地，与其他军阀发生激烈的军事冲突。纳西姆是盘踞在赫尔曼德省的重要地方力量，统治着该地区的罂粟产地，而希克马蒂亚尔起初只控制着位于赫尔曼德省南部与巴基斯坦交界地区的海洛因实验室。从1988年开始，希克马蒂亚尔开始威胁纳西姆的统治，并展开了与纳西姆争夺连接赫尔曼德与巴基斯坦海洛因提炼厂的山谷的军事冲突，虽然纳西姆最终取得胜利，保住了自己对赫尔曼德山谷的控制，但双方的军事斗争极大削弱了该地区反抗力量的实力。1989年纳西姆试图在其控制区域实行禁毒，并向美国驻巴大使奥克利提出获得20亿美元的资金补偿的请求。禁毒行动取得了很大成功并得到了美国政府的赞许，但随之而来的是鸦片收购价格的急速上涨，这直接提高了希克马蒂亚尔海洛因提炼厂的原料成本。纳西姆最终被希克马蒂亚尔的追随者刺杀，两派别间争夺赫尔曼德省毒品主导权的军事冲突再次爆发。从此，已经对毒品财政产生严重依赖的阿富汗地方武装，让美国在阿富汗所进行的毒品政治陷入尴尬境地，这一尴尬境地正如纳西姆的弟弟默罕默德·拉苏尔所言（纳西姆死后，其弟接管了对军队的控制权）："我们已经不能供给我们的武装，如果美国不提供援助，那么罂粟种植将不得不重新开始。"①

总的来讲，美国在这一时期在阿富汗所进行的毒品政治取得了相当大的成功。这种以毒养战的资金来源模式不仅为美国节省了大批物资金钱支出，还使得阿国内各反苏武装掌握了解决自身财政问题最为妥善的办法；② 这一"生财之道"源源不断地为各反苏武装提供资金支持，远比依靠外部力量的"现金注入"更有生命力，从而为希克马蒂亚尔、杜斯塔姆、马苏德等反苏"圣战"组织所采用，使他们可以减轻对外来援助的依赖，成为扩大自身实力与势力范围直至转变为割据一方的军阀的重要手段。毒品财政模式从此在阿富汗迅速扩散开来。

（二）毒品财政对阿富汗局势与美国战略的影响

受益于美国所采取的隐蔽行动，毒品财政于这一时期在阿富汗普及开来，并对阿富汗政治与安全局势产生了深远的影响。它不仅标志着阿富汗毒品问题的出现，也注定了阿富汗将长期受毒品问题的困扰。毒品财政是战后阿富汗反苏武装力量军阀化、军阀坐大割据的经济基础，这一现象出现的直接后果是苏联撤军后不久，阿富汗就陷入内战状态，美国在阿富汗的长期利益与战略，也不得不受到毒品问题的影响与制约。

在美国隐蔽行动与阿富汗反苏力量的不断打击下，苏联及其傀儡政权在阿富汗的统治陷入极大困境甚至瓦解状态，战争的长期拖延导致苏联国力骤降，国内经济与社会问题丛生，勃列日涅夫去世后，苏联又接连遭遇领导人的频繁更迭，戈尔巴乔夫迫于压力所进行的经济政治改革最终导致苏联解体，美国则宣称自己赢得了对苏联长达40多年的冷战。美国在与苏联进行冷战的过程中，避免爆发直接的军事冲突，通过扶持各自的代理人进行间接的较量，运用经济、政治等手段进行隐蔽行动，不寻求对苏联的军事上的胜利，而是依靠自身优越的

---

① Alfred W. McCoy, *The Politics of Heroin: CIA Complicity in the Global Drug Trade*, Lawrence Hill Books, 1991, pp.458-459.
② 王小颖："阿富汗的毒品与内战"，《当代世界》，1998年第12期。

经济实力、科技水平及于己有利的舆论媒介，最终耗尽苏联的国力，拖垮了共产党在欧亚广大地区的政权。美国在第三世界国家所进行的针对苏联的隐蔽行动战略，在冷战期间得到了充分运用，尤其在阿富汗，这一战略实施了近10年之久，是美国运用隐蔽行动战略最为成功的典型案例。毒品财政则是这一隐蔽行动的重要组成部分，它极大程度上减少了美国在阿富汗与苏联进行较量的成本，甚至自身从毒品财政中获益。或者说，这一时期，阿富汗毒品问题的存在，对美国在阿利益与战略的实现起到了较为明显的积极作用。

在很大程度上依靠着毒品财政，日益壮大的反苏武装沉重打击了苏联对阿富汗的统治，美国在阿富汗打击苏联的战略目标得到初步实现。由于毒品财政的存在对美国有利，因此美国政府对阿富汗毒品非法生产与贸易的泛滥，在此期间报之以纵容与支持的态度，甚至像在世界其他毒品市场一样，直接参与阿富汗地区的毒品贸易。美国专门研究世界毒品问题的学者Alfred W. McCoy指出，中情局（CIA）卷入了世界毒品贸易并从中获益，并将其在世界毒品贸易中所扮演的角色定义为"共谋"（complicity），即与当地涉毒势力共同谋划并进行毒品活动；阿富汗毒品贸易的兴起，是美国中情局的这一角色在"金新月"地区延续的结果；此外，中情局还负责阿富汗毒品产地与欧美海洛因市场之间的物流衔接并提供政治保护等。这种不公开的隐蔽行动使得阿富汗在20世纪80年代一举成为世界海洛因生产的主要供应地。[1] 战乱的国内环境及有效政府管理的缺失，为阿富汗境内毒品活动的开展与泛滥提供了温床，然而真正将"毒品财政"的种子播种在这一温床上并使其"开花结果"的，却是美国及其所支持的阿各反苏武装。毒品在阿富汗种植与使用由来已久，但其作为财政来源并大规模扩散开来，是美国干涉阿事务之后才开始的，而其所采取的支持与纵容从毒品活动中获取财政支持的"隐蔽战争"战略是阿富汗毒品贸易广泛兴起的根本原因之一。

---

[1] Alfred W. McCoy, *The Politics of Heroin: CIA Complicity in the Global Drug Trade*, Lawrence Hill Books, 1991, p.441.

虽然毒品财政的出现与存在，对美国的反苏战略起到了积极作用，但对阿富汗本国的政治与安全局势则造成了长期的威胁。戈尔巴乔夫上台之后，苏联最终于1989年撤军，结束了对阿富汗长达10年的入侵与占领。随后美国对阿富汗的关注度有所降低，对各反苏武装的援助也大大减少，这直接导致各地军阀更加依赖毒品财政，罂粟种植与鸦片生产及走私交易活动迅速发展，阿富汗迅速在1991年一跃成为世界头号鸦片生产国。[1] 得到毒品财政支持的各武装力量纷纷招募兵员、扩展地盘、壮大自身实力，成为彼此敌对、割据一方的地方军阀，彼此间的军事冲突时有发生，中央政府毫无权威可言，最终阿富汗陷入内战。毒品财政的存在使得阿富汗陷入了以毒养战、以战保毒、战乱不止、毒品不休的恶性循环。长达七年之久的内战，使传统农作物的基础设施遭到更加彻底的破坏，直至塔利班势力的异军突起，战乱状态才有所扭转。各反苏武装的军阀化与毒品化，是这一时期美国对阿战略所产生的主要的非预期性效应，对阿富汗局势产生了至今难以摆脱的负面影响。

毒品财政的存在，最终也使美国在阿富汗陷入两种尴尬境地。首先是军阀坐大问题。美国在这一时期所扶持的各反苏力量，在苏联撤兵后，与美国的关系十分微妙。尤其以希克马蒂亚尔为例，他是美国一直所重点扶持的阿富汗反抗运动领导人，也被美国寄于厚望，希望其能结束阿富汗内战，建立亲美的西式民主政权。凭借美国的庇护与支持，希克马蒂亚尔的势力日益壮大，其本人也在1993年出任阿富汗总理一职。然而，令美国难以预料的是，希克马蒂亚尔却最终未能如美国所愿，使阿富汗走上亲美道路，反而不断走向极端主义甚至恐怖主义，与美国的关系也日趋恶化，并最终与美国政府分道扬镳，其所领导的伊斯兰党和军队也走上了反美的道路。希克马蒂亚尔支持本·拉登所领导的基地组织及其所发动的针对美国的恐怖袭击，后来又多次策动破坏阿富汗战后重建的行动，包括袭击阿富汗高官甚至美

---

[1] 至1991年，阿富汗的鸦片产量已增长为1980吨，原来的头号鸦片产国缅甸为1728吨。到1994年时，阿富汗的鸦片产量就攀升至缅甸的两倍。参见 UNODCCP, *Global Illicit Drug Trends 2000*, ODCCP Studies on Drugs and Crime, 2000, p.34。

国国务卿鲍威尔、原国王扎希尔等。希克马蒂亚尔被认为是美国中情局所豢养的白眼狼、恐怖之狼等,成为美国所重点通缉的仅次于本·拉登的恐怖分子。[①]

其次,毒品财政以及毒品问题在阿富汗的泛滥,使得美国遭受了很大的舆论压力。在长达10年的在阿富汗的隐蔽行动期间,美国及其所主导的媒体舆论对CIA所从事的领导阿富汗反苏武装和巴基斯坦军队进行毒品活动的行为一直保持沉默态度。直到苏联撤军后,美国媒体才开始对这一隐蔽行动展开零星的调查,并将其称之为美国政府的一大"丑闻"。[②] 1990年5月,《华盛顿邮报》就曾指出,为了实现打击苏联的目的,以及不得罪巴基斯坦军方与阿富汗反苏武装这两大盟友,美国对他们所从事的毒品活动并不加以谴责和打击,也未能采取切实行动帮助解决该地区的毒品问题,坐等阿富汗取代金三角成为世界上最大的毒品源产地。与毒品问题相比,美国更看重其在阿巴地区的反苏利益,这也是美国长期不承认其卷入阿富汗毒品问题、不追究ISI以及希克马蒂亚尔等所从事的毒品活动的根本原因。

总之,美国在苏联入侵阿富汗时期所采取的隐蔽行动战略,最终实现了打击苏联的目的预期。毒品政治在东南亚、哥伦比亚之后再次被美国成功地利用在阿巴地区。毒品财政不仅在经济上极为有效地资助了阿富汗各反苏武装和圣战组织,也减轻了美国实施隐蔽行动战略所需要的开支。同时,毒品财政的普及也意味着毒品问题在阿富汗的泛滥与恶化,对该国的政治与安全局势走向产生了深远的影响,也影响到了美国之后的在阿利益与战略取向。

三、苏联入侵与内战时期阿富汗毒品形势概况

这一时期是阿富汗毒品问题出现并得到初步发展的阶段。由于陷入战乱,需要精耕细作的传统农作物所需要的基础设施条件遭到严

[①] 徐冰川:"希克马蒂亚尔——中情局养大的'恐怖之狼'",《环球军事》,2002年第21期。

[②] Alfred W. McCoy, *The Politics of Heroin: CIA Complicity in the Global Drug Trade*, Lawrence Hill Books, 1991, p.447.

破坏，极易成活且产量较大、利润较高的罂粟深受各方青睐，罂粟种植面积与鸦片产量因此都有了较为快速的增长，并使阿富汗一跃成为世界头号鸦片生产大国。阿富汗开始深受毒品问题困扰。

（一）罂粟种植与鸦片产量方面

在苏联入侵及阿内战期间，阿富汗的罂粟种植与鸦片生产得以急剧扩展。战争使得阿富汗国内脆弱的农业灌溉系统和生态平衡被摧毁，需要精耕细作的传统农作物大规模歉收甚至绝收，这对以农业为国家经济命脉的阿富汗而言是沉重的打击。阿富汗20世纪80年代末的农业产量大约只相当于1978年的45%，食品供应不到1979年的50%。根据联合国开发计划署的数字，1991—1992年度，阿富汗土地耕地面积只有320万公顷，其中有150万公顷土地灌溉系统遭到破坏；农业产量大约相当于战前的50%，一些农作物产量甚至比战前降低了70%以上。内战开始后，农业进一步遭到破坏。粮食作物种植继续减少，粮食极缺。《亚洲发展银行》专家曾估计，1993年时，阿富汗需要60万吨小麦的救济，这还不包括从国外返回的难民所需。[1]

传统农业遭受重创，罂粟的种植却急剧增长。20世纪70年代末，阿富汗全国罂粟种植面积大约为6000公顷，苏联撤军后的1990年，种植面积已达到41000公顷，1994年更是达到了塔利班政权上台前的峰值71000公顷。[2] 在世界范围内看，1987年时，阿富汗的罂粟种植面积为25000公顷，低于缅甸的92300公顷和老挝的30000公顷，位列世界第三位，1990年时，阿富汗就超越了老挝30580公顷，成为世界第二大罂粟种植国，达到了41300公顷，但与缅甸的150110公顷，还有很大的差距，但这一差距在不断缩小也是不争的事实。1994年塔利班崛起前夕，阿富汗的罂粟种植面积已经攀升至71470公顷，而缅甸则有所下降，为146600公顷。（直至1999年，阿富汗才超越缅甸成为世界

---

[1] 彭树智、黄杨文：《中东国家通史（阿富汗卷）》，北京：商务印书馆，2000年版，第318页。
[2] UNODC, *Afghanistan Opium Survey 2003*, Government of Afghanistan Counter Narcotics Directorate, 2003, p.6.

第一大罂粟种植国，数字比为90583公顷∶89500公顷。）①（见图2）鸦片产量与罂粟种植面积的质变性猛增，标志着阿富汗毒品问题的出现，它开始对阿富汗及周边国家的经济政治与安全产生越来越重的影响，并在以后开始主导世界毒品生产市场的发展走向。

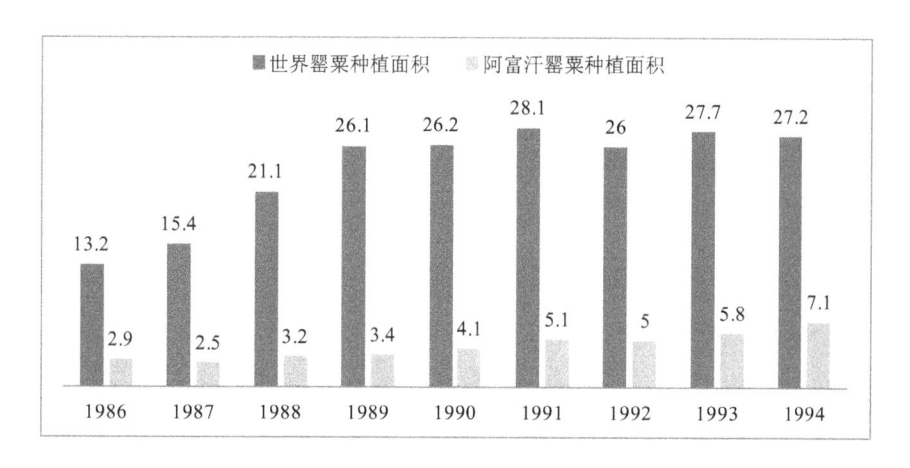

年份	世界罂粟种植面积	阿富汗罂粟种植面积
1986	13.2	2.9
1987	15.4	2.5
1988	21.1	3.2
1989	26.1	3.4
1990	26.2	4.1
1991	28.1	5.1
1992	26	5
1993	27.7	5.8
1994	27.2	7.1

图2　苏联入侵与内战时期阿富汗罂粟种植及其与世界的比较（万公顷）

资料来源：UNODC, *Afghanistan Opium Survey 2003, Global Illicit Drug Trends 2000*。

虽然这一时期阿富汗罂粟种植面积与缅甸相比还处于下风，但该国鸦片单产量却高得惊人。苏联入侵之初的1980年，阿富汗的鸦片产量仅为200吨，这对阿富汗的国计民生并不起到很大的负面影响。1980—1986年，阿富汗鸦片产量大体维持在200吨至350吨左右水平，但从1987年开始，阿富汗鸦片产量开始迅猛增长，当年产量为875吨，是前一年的两倍还要多。而到了苏联撤军后的1989年，这一数字却已增长为1200吨。② 内战开始后，阿境内的鸦片种植有增无减，且增速反而大于苏联入侵时期。1991年时，阿富汗超越缅甸，成为世界第一大鸦片生产国，该年阿富汗的鸦片产量已增长为1980吨，而缅甸鸦片

---

① UNODCCP, *Global Illicit Drug Trends 2000*, ODCCP Studies on Drugs and Crime, 2000, p.34.
② UNODC, *Afghanistan Opium Survey 2004*, Government of Afghanistan Counter Narcotics Directorate, 2004, p.4.

产量为1728吨。(见图3)值得注意的是,该年阿富汗与缅甸之间罂粟种植面积数据比为50800公顷:160000公顷,后者几乎是阿富汗罂粟种植面积的3倍,但两国的鸦片产量却大体相当,足见阿富汗罂粟作物之高产。[①] 这也在一定程度上说明对传统农作物来说糟糕的气候条件,却十分适宜罂粟的生长与丰收。

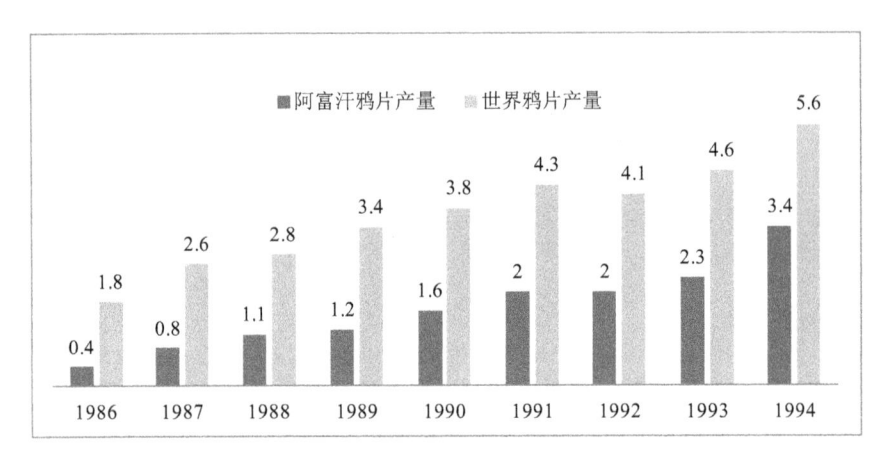

图3 苏联入侵与内战时期阿富汗鸦片产量及其与世界的比较(千吨)

资料来源:UNODC, Afghanistan Opium Survey 2004, Global Illicit Drug Trends 2000。

(二)阿富汗毒品问题出现的其他原因

这一时期,阿富汗的毒品问题的出现和初步发展,还未受到国际社会的足够重视,人们将更多的视线都放在了苏联对阿富汗的统治以及反苏运动的活跃。尽管如此,阿富汗毒品问题已经开始成为影响长久国计民生和政治稳定的重要因素。毒品问题在这一时期出现的原因,除了与美国所采取的隐蔽行动外,还有其他以下原因也不容忽视。

首先是战乱的国内环境。阿富汗的毒品问题与战乱关系密切。战乱的国内环境导致阿富汗毒品问题出现并恶化,毒品经济则在越来越大的程度上延续了阿富汗的战乱。抵抗外来侵略,阿内部各民族、部族、宗教矛盾以及外部环境等诸多因素等虽是导致战乱持续的重要原

---

① UNODC, *Global Illicit Drug Trends 2000*, ODCCP Studies on Drugs and Crime, 2000, p.34.

因，但随着时间的发展，毒品的非法生产与交易、贩卖与走私越来越重要地延续着阿富汗的战乱。阿交战各方凭借从毒品种植与生产中抽取税收，从而获得资金支持，以持续战事。毒品金钱不仅用来购买武器，而且是部落首领个人和公共消费的来源之一。阿富汗农民的收入来源也从战前的普通农作物转变为罂粟种植和鸦片简单生产，以此获取各武装派别的微薄回酬。毒品交易成为这一时期阿富汗重要的经济支柱，在相当程度上延续了阿富汗内战。同时，战乱又为毒品种植与走私提供了安全保障。各游击武装为了从毒品中获得利益，都极力保护当地鸦片的种植与贩运，中央政府对此无能为力，从而形成了以毒养战、以战保毒、战乱不止、毒品不休的恶性循环。

其次是国际传统毒品产地的影响。20世纪七八十年代，正当阿富汗的毒品问题越来越严重的时候，世界其他主要毒品产地的毒品产量却不同程度地出现下降趋势。哥伦比亚的毒品业在美国和当地政府的"铲除"政策打击下迅速衰退；70年代越南、老挝政府发生危机，"金三角"的对外毒品通道被切断，一场从70年代持续到80年代的干旱又降低了金三角对世界毒品市场的供应。70年代土耳其与伊朗大规模禁毒，也刺激了阿富汗向外走私鸦片，从而鼓励了阿富汗的毒品生产。这些都使得阿富汗在世界毒品市场上所占的相对份额逐年扩大。1994年阿富汗的鸦片产量为3400吨，为历来之最。在此之前，阿富汗已经超过了世界头号鸦片生产大国缅甸；同时，塔利班开始崛起，阿富汗的毒品问题却刚刚开始，随后的几年中，阿富汗开始占据世界毒品生产的主要地位，并成为全球最大的毒品生产国与输出国。

再次是农民因素。阿富汗农民对罂粟和鸦片有着矛盾复杂的感情。其一，罂粟比普通农作物相比，有着更高的收益。农民用同样的投入和土地，种植小麦只收入140美元，而种植罂粟可获得3000美元。[1] 根据联合国毒品控制计划署做过的调查，1999年阿富汗的小麦收入是每亩107.3美元，而鸦片种植的收入则为1549.3美元。[2] 这对于人

---

[1] 彭树智、黄杨文：《中东国家通史（阿富汗卷）》，北京：商务印书馆，2000年版，第318页。
[2] 杨恕："中亚安全和阿富汗毒品"，《东欧中亚研究》，2001年第4期。

均国民收入不足300美元的阿富汗人来说,是种植鸦片的强大刺激与诱惑。其二,形势所迫。阿富汗农民种植罂粟有其苦衷。他们知道鸦片生产不合法,而且违背可兰经的教义,然而战争破坏了原有的灌溉系统,普通农作物无法生长,这迫使农民另寻谋生出路;阿富汗易发旱灾,干旱的气候条件正好适合生存条件要求不高的罂粟生长;各地方武装为了筹措经费,也鼓励或迫使当地农民种植能带来暴利的罂粟。

综上所述,阿富汗毒品问题在很大程度上讲是美国在第三世界国家尤其失败国家继续实行毒品政治的结果。美国的隐蔽行动战略在二战之后,已经成功地使缅甸、老挝等地的毒品问题得以持续存在,也使哥伦比亚成为新兴的可卡因主产国,与此同时出现的另一新兴毒品源产地就是阿富汗。毒品政治被英法荷等欧洲老牌殖民主义者发明以来,已经被屡次成功利用了多次,从近代印度到晚清中国、从19世纪晚期的东南亚到20世纪七八十年代的拉丁美洲,毒品政治给大国带来巨大经济利益的同时,政治利益的维持与扩张也是大国青睐毒品政治的重要原因。美国在阿富汗所进行的包括毒品活动在内的隐蔽行动,最终使其赢得了与苏联在阿富汗乃至整个南亚的争夺。当然,毒品政治总是会对当事国造成近乎一边倒性的负面影响,毒品问题的泛滥、政治与安全形势的恶化、经济发展的停滞甚至倒退等都是毒品政治给当事国所带来的普遍性后果,阿富汗亦没能逃脱毒品政治给本国所带来的这些灾难性后果。

第3章

美国的外交敌视与塔利班时期阿富汗毒品问题的初步发展

塔利班时期（1996—2001年）是阿富汗政治发展史上富有传奇色彩的阶段，也是阿富汗毒品问题得以初步发展的阶段。塔利班作为一支学生军，在极短的时间内迅速崛起并掌握了国家政权，进而基本上消除了多年的军阀割据与内战局面，这引起了各方的惊讶与关注。在其崛起与上台之初，塔利班得到国内民众的支持，美国也报之以友好和欢迎态度，寄希望于塔利班能取代已走上反美道路的希克马蒂亚尔，成为新的美国在阿代理人。以自身势力与利益得以确立与延伸为标准的美国政府，对塔利班极端的政治、宗教政策甚至反人类行为采取视而不见与宽容的态度，直到塔利班收留庇护"基地"等恐怖主义组织，拉拢无望的美国才转而对塔利班采取外交敌视与国际孤立的政策。经济制裁与政治孤立导致塔利班采取各种极端的经济政策以维持财政，其中就包括原本被其禁止的罂粟种植与毒品贸易。塔利班对毒品的态度，在很大程度上受到美国态度与政策的影响。作为伊斯兰宗教组织，出于宗教教义的约束，塔利班起初严禁成员涉毒，对涉毒行为予以严厉惩罚；但在遭遇美国所主导的外交孤立尤其国际制裁后，财政难以为继的塔利班最终接受了包括允许毒品贸易在内的各项极端经济政策。美国对塔利班政权的外交敌视是这一时期阿富汗毒品问题得以初步发展的最重要外部因素,其所带来的后果是阿富汗毒品贸易的合法化,毒品财政国家化,与塔利班的关系也越来越敌对,为后来的"9·11"恐怖袭击与阿富汗战争埋下了伏笔。需要指出的是,塔利班为争取国际承认与支持,曾下令全国性禁毒并基本上消除了历届阿富汗政府(包括后来的卡尔扎伊)所未能做到的罂粟种植,然而美国对塔利班的外交敌视政策过于僵化,缺少灵活性,对塔利班所做的这一示好举动予以质疑和批评,这将塔利班最终推上了反美的极端道路。其次,即便毒品贸易受到了塔利班的支持,毒品财政在塔利班的各项收入中依然占据很小的份额,传统观点中塔利班与毒品问题密切甚至获得了主要来自于毒品贸易的资金支持的说法,有失客观。

一、塔利班的兴衰及其与美国关系的变迁

塔利班是阿富汗历史上比较特殊的发展阶段。它的兴起极具传奇色彩,虽然统治之间很短,但对阿富汗及周边地区造成了至今难以消除的影响。它与美国之间的关系,经历了接触性友好到相互敌对的变迁。这一变迁对阿富汗经济包括毒品问题影响巨大。

(一)塔利班的兴起及美国的态度

塔利班兴起于阿富汗内战期间。1989年苏联撤军后,其所支持的纳吉布拉政权很快在1992年3月交出了中央权力,阿富汗陷入内战,各地方反苏武装纷纷因争抢地盘而相互征伐。1992年4月,在国际社会的调停下,阿富汗各党派达成《白沙瓦协议》,以和平接管国家权力。然而协议并未平息阿富汗的内战状态,伊斯兰什叶派与逊尼派之间的矛盾、各军事派别间的冲突、总统与总理之间的分歧反而愈演愈烈。总统拉巴尼遭到了总理希克马蒂亚尔及国防部副部长杜斯拉姆的反对与打击,双方展开了激烈的军事战斗,拉巴尼节节败退,最终其控制的领土范围在1995年下半年只剩下了喀布尔和阿东北部共约占全

国五分之一的面积。[①] 在各方进行激烈军事冲突的同时，塔利班出人意料地迅速崛起。

"塔利班"一词源于阿拉伯语的普什图语和波斯语语词，意为伊斯兰初级学生，一般来自贫困的农村家庭。塔利班运动的最普通含义，即为宗教学生加入武装组织进行军事战斗，这一运动最早起源于20世纪80年代。当时，少量的来自不同省份的宗教学生或加入伊斯兰色彩浓厚的游击武装，或组织自己的独立地方分队，并将自己的时间分为学习和战斗两部分。[②] 这些学生富有正义感，痛恨腐败与暴力，对游击武装内违反道德与宗教教义的做法表示反感和绝望。穆罕默德·奥马尔是坎大哈一所宗教学校的校长，他因难以容忍地方军阀对当地百姓的横征暴敛、奸淫妇女等行为，带领自己的学生予以反抗，受到当地人的拥护。1994年7月，一批武装分子劫持了一辆满载学生的客车并强奸了其中的两名女生，奥马尔和他的30名学生在收到当地人求助后，袭击了该游击武装，解救了学生并缴获大量武器装备。这次事件是塔利班及其运动正式发迹的标志。同年8月，塔利班正式成立，并以"铲除军阀，恢复和平，重建国家，建立真正的伊斯兰政权"，这赢得了阿富汗人民的广泛支持。[③] 此后，塔利班用了仅仅3个月的时间转战到阿富汗南部普什图族人聚居的广大地区，袭击了盘踞在该地的希克马蒂亚尔的军械库，[④] 基本上确立了自身在阿富汗南部山区的统治地位，并以此为根据地，发动了针对其他各军阀势力的讨伐战斗。[⑤] 速战速决的塔利班，在1995年重创希克马蒂亚尔领导的阿富汗伊斯兰党，占领阿

---

① 彭树智、黄杨文：《中东国家通史（阿富汗卷）》，北京：商务印书馆，2000年版，第302—305页。
② 沙伊斯塔·瓦哈卜、巴里·扬格曼：《阿富汗史》，杨军等译，北京：中国出版集团，2010年版，第230页。
③ 王凤：《列国志（阿富汗卷）》，北京：社会科学文献出版社，2007年版，第186页。
④ 即斯平布尔达克军械库，塔利班缴获了约1800支AK-47步枪和数吨弹药。参见沙伊斯塔·瓦哈卜、巴里·扬格曼：《阿富汗史》，杨军等译，北京：中国出版集团，2010年版，第230页。
⑤ 塔利班对阿富汗南部地区的占领和统治有着多重意义，它首先使南方12个省份的普什图人"置于一个统一的、极端保守主义的统治之下，并为该地区带来了长达15年的法律和秩序"，（瓦哈卜《阿富汗史》第231页语）其次使自己有了稳固的地盘支持，有利于其倒台后的重蓄力量与卷土重来。

富汗近四成国土。这些由巴基斯坦难民营宗教学校的阿富汗普什图族的学生和毛拉组成的军事力量在阿富汗各派系中异军突起,打破了原有的内战格局,迫使原本敌对的拉巴尼和希克马蒂亚尔和解并组成联合政府。然而塔利班还是于1996年9月27日夺取喀布尔,掌控了中央权力。1997年10月,塔利班改国号为"阿富汗伊斯兰酋长国"。随后,塔利班政权展开了同反塔利班的以原总统拉巴尼为首的北方联盟的斗争,攻取了东北部和西北部的多个省份。至2000年9月,塔利班已经控制了阿富汗95%的国土,北方联盟被局限于阿北部和东北部的一些区域。① 阿富汗自达乌德倒台以来第一次实现了国内和平与基本统一。

塔利班的兴起有其传奇色彩的一面,然而这一现象的出现也有其自身的必然性。首先,塔利班得到了广泛的民众支持,这是其迅速崛起的最主要原因。塔利班运动之初所提出的一系列口号顺应了饱受战乱之苦的阿富汗人民渴望和平与统一的心声。② 除了口号以外,塔利班的行动也得到了当地民众的支持。与传统军阀与地方势力的赋税沉重、欺侮妇女、强迫抓丁等相比,塔利班所到之处反对横征暴敛,打击各种犯罪活动,免费发放粮食和食品,帮助农民恢复生产和基础设施,这些举动无疑赢得了广泛民心。塔利班赢得民众支持的第三个因素是其民族成分。塔利班兴起的阿富汗南部地区是普什图族聚居的地区,而普什图族是阿富汗人口最多的民族,而塔利班内的那些宗教学生大多来自普什图家庭。这有助于塔利班赢得并扩大自身的群众基础。③

塔利班迅速崛起的第二个原因来自外部力量尤其巴基斯坦的大力援助。巴基斯坦是与塔利班关系最为密切与特殊的国家。苏联撤军后,美国对巴基斯坦和阿富汗的援助也大幅降低,因避战祸而聚居在巴阿边界地区的阿富汗难民的安置问题成为巴基斯坦面临的迫切问题。其次,巴基斯坦长期处于美国和苏联势力角逐的前沿地带,一直想将自

---

① 王凤:《列国志(阿富汗卷)》,北京:社会科学文献出版社,2007年版,第186页。
② 这些口号除了前面提到的"铲除军阀,恢复和平,重建国家"外,还有把阿富汗建成一个"统一、民主和繁荣的伊斯兰共和国"等。参见彭树智、黄杨文:《中东国家通史(阿富汗卷)》,北京:商务印书馆,2000年版,第310页。
③ 彭树智、黄杨文:《中东国家通史(阿富汗卷)》,北京:商务印书馆,2000年版,第310页。

身势力渗透到阿富汗，扶植对巴友好政权，以便争取阿富汗承认对巴基斯坦有利的杜兰线；巴基斯坦还希望获得在克什米尔问题上来自阿富汗政府的支持。[①] 最后，阿富汗亲巴政府的出现，有利于巴基斯坦打通与中亚国家进行贸易往来的道路，中亚是巴基斯坦商品的销售市场和巨大的能源供应地。[②] 出于这样的战略利益考虑，巴基斯坦决定支持塔利班运动。它充分利用了在苏联入侵阿富汗时期为了反苏反共而在阿巴边境地区所创建的伊斯兰学校和难民营，授意将这些学生和难民组成一支军事政治力量，并给与其各方面的支持。正是由于巴基斯坦的大量援助，塔利班才从一开始就在作战技能与计划、组织协调、武器弹药和后勤补给等各方面展现出了惊人的高水平，这是其短期内即席卷阿富汗大部的重要原因。[③] 巴基斯坦支持塔利班避免了直接卷入阿富汗内部冲突，在美苏撤离后成为"阿富汗最大的或者说是唯一的一个有影响力的外部博弈者"，1996年塔利班掌权喀布尔之后，巴又是"唯一能够对阿富汗各种运动提供财政援助的外部力量"。[④]

美国对塔利班的兴起持欢迎与支持的态度。苏联撤军后，美国对阿富汗的关注度也大幅降低，通过巴基斯坦对阿富汗的援助也大量减少，1991年9月苏美外长甚至发表了自1992年起停止对阿富汗对立双方提供武器援助的联合声明。[⑤] 然而随着苏联的解体，新独立的中亚五国成为美国觊觎的对象，以阿富汗和巴基斯坦为跳板，向中亚地区进行渗透，继续挤压俄罗斯的战略空间，扩展自身的势力范围，是美国在冷战后的战略努力之一。尤其是阿富汗，与中亚各国在民族、地缘、政治等多方面有着密切的关系，对实施这一战略极为有利。此外，阿富汗也是伊朗长时期所想插手的邻国，而自霍梅尼革命尤其1979年伊

---

① 王凤：《列国志（阿富汗卷）》，北京：社会科学文献出版社，2007年版，第186页。
② 彭树智、黄杨文：《中东国家通史（阿富汗卷）》，北京：商务印书馆，2000年版，第311页。
③ 沙伊斯塔·瓦哈卜、巴里·扬格曼：《阿富汗史》，杨军等译，北京：中国出版集团，2010年版，第234页。
④ [哈]苏·马·阿基姆别科夫：《阿富汗症结与中亚安全问题》，汪金国、杨恕译，兰州：兰州大学出版社，2010年版，第113页、第129页。
⑤ 方连庆、刘金质、王炳元：《战后国际关系史（1945—1995）（下）》，北京：北京大学出版社，1999年版，第913页。

朗人质危机爆发以来，美伊关系走向敌对，伊朗在阿富汗扩展自身影响力，是美国所不希望看到和难以接受的。伊朗是什叶派占统治地位的国家，而阿内战时期的什叶派游击队多以伊朗为基地，在伊朗成立了"八党联盟"，也得到了伊朗的资助。塔利班兴起后，伊朗计划在阿富汗延续其以前的政策拉拢塔利班，这引起了美国的警觉。[1] 出于这些目的考量，美国开始致力于尽早结束阿富汗内战，扶持势力最为强大的希克马蒂亚尔，希望其能消弭各派分歧，组成联合政府。但希克马蒂亚尔与拉巴尼在政权交接问题上发生矛盾，最终反而加剧了阿富汗内部冲突，且希氏的反美倾向在此时期愈演愈烈，与恐怖组织交往过密也让美国对其彻底丧失信心。而塔利班恰在此时的异军突起，让美国看到了新的希望。

美国政府通过各种形式对塔利班的崛起表示了欢迎和支持，并对其提供了援助，但同时对塔利班的这种欢迎和支持，多延续了美国一贯的通过中介代理人间接支持和不直接卷入阿富汗事务的政策。1996年4月，负责南亚事务的美国助理国务卿罗宾·拉菲尔（Robin Raphel）在造访巴、阿及中亚诸国后在喀布尔称，美国无意插手阿富汗事务，但认定自己是阿富汗的朋友，阿富汗应走向谈判，保持政治稳定，以避免经济机会流失。[2] 美国还在巴基斯坦接见塔利班代表，通过了国际武器禁运法案来打击阿国内其他军阀势力，说服阿周边国家不卷入阿内部事务等，这些都是在阿富汗国内局势有利于塔利班的情况下做出的，也为塔利班的壮大及后来的席卷全国扫清了诸多障碍。[3] 美国对塔利班的支持是出于在阿富汗国内培植亲美势力的政治考量，可在其对塔利班极端政策和行为的宽容和克制态度中能够得到很好验证。为了拉拢塔利班，美国对其愈发严重的极端主义行为尤其迫害妇女等视而不见，还在1997年准备承认塔利班政权；1998年，塔利班残杀10名伊

---

[1] 何明：《塔利班政权的兴亡及其对世界的影响》，上海：华东师范大学出版社，2005年版，第11页。

[2] Ahmed Rashid, *Taliban: Militant Islam, Oil, and Fundamentalism in Central Asia*, New Haven: Yale University Press, c2000, p.45.

[3] Ibid.

朗外交官和1名记者，克林顿政府却对已经走向温和亲美的伊朗政府施压，最终息事宁人。

与此同时也必须看到，美国对塔利班的外交支持，一是比较隐蔽，二是时间较短。美国国会曾批准了一份多达2000万美元的隐蔽预算，让中情局用于支持塔利班和巴基斯坦，但却多次拒绝了巴基斯坦总理贝·布托要求美国更加公开地站在塔利班一方的表态；罗宾·拉菲尔甚至断然否认美国在为塔利班提供援助。① 其次，美国政府在欢迎塔利班这一新兴势力崛起的同时，对其是否具有掌控喀布尔权力的能力却表示怀疑。拉菲尔将塔利班描述成高度碎片化、无经验的、缺乏强力领导和在行政上不称职的组织，而塔利班固执则疏远了其与其他派别的距离。② 克林顿政府与塔利班的对话接触持续时间并不长，尤其在塔利班极端主义倾向和反人类行为日趋明显后，克林顿承受了巨大的国内外压力。联合国安理会第1193号和第1214号决议要求塔利班停止对妇女的歧视和迫害，一些女权组织也向克林顿政府施压，要求其拒绝承认塔利班政权，美国国会也在1999年5月通过决议要求总统拒绝承认一切歧视妇女的阿富汗政权。至此，美国政府与塔利班之间原本受限的对话接触在各方面阻力干扰的情况下最终陷入停滞。塔利班收留庇护基地组织领导人，最终坚定了克林顿政府颠覆塔利班政权的决心。③

（二）塔利班的极端主义化与美国态度的转变

塔利班自兴起以来，就打出了"建立真正的伊斯兰政权"的口号，这也注定了其后来的政权具备浓厚的宗教色彩，事实也表明塔利班时期的阿富汗是一个政教合一的伊斯兰原教旨主义国家。塔利班掌控喀布尔的权力后，将国号从"阿富汗伊斯兰国"（the Islamic State of Afghanistan）改为了"阿富汗伊斯兰酋长国"（the Islamic Emirate of

---

① Ahmed Rashid, *Taliban: Militant Islam, Oil, and Fundamentalism in Central Asia*, New Haven: Yale University Press, c2000, p.46.

② Ibid.

③ Carey Gladstone, *Afghanistan Issues: Security, Narcotics and Political Currents*, New York: Nova Science Publishers, c2007, p.35.

Afghanistan，IEA），①并开始了对其统治区域的伊斯兰原教旨主义的极端化改造，在经济、政治、社会和外交等各方面都采取了十分激进的政策，引起了国内的普遍不满和国际社会的一致谴责。经济上，塔利班采取极端经济措施以维持财政，如毒品贸易、过境贸易等。塔利班上台后，恢复和发展国民经济的手段十分单一，且不断受到美国所主导的国际社会的经济制裁，同时又将大部分精力都放在了同北方联盟等反塔利班势力作战上，迫使塔利班采取极端的经济措施来维持为数不多的财政收入。鸦片生产和毒品贸易在泛滥了近20年后，被塔利班将其国家化、合法化，一个国家政权公开依赖毒品财政、允许毒品自由贸易，这在阿富汗历史上还属首次；或者说塔利班开了阿富汗毒品财政合法化与国家化的先河。②这一非常经济措施导致毒品经济在国民经济中的比重大幅上升，国家经济结构出现畸形式发展。过境贸易是塔利班执政时期所能有效利用的另一财政来源，但这种贸易也属于非法的走私行为。③塔利班还延续了拉巴尼政权时期利用疯狂加印纸币、导致货币极度贬值从而刺激经济的政策，这些都加速了阿富汗财政状况的恶化。④

政治上，塔利班推行极端的宗教政治，激进的民族政策，并与国际恐怖主义有染。塔利班致力于建立世界上最纯粹的伊斯兰国家，在其控制区内推行严格的伊斯兰制度，实行中央集权，最高决策机构是大舒拉（sharia），掌管着国家内政外交的决策权，塔利班领导人奥马尔是大舒拉及其常委会主席，阿富汗首次出现由一群牧师管理国家并

---

① Nasreen Ghufran, "The Taliban and the Civil War Entanglement in Afghanistan", *Asian Survey*, Vol. 41, No. 3, May/June 2001.

② 阿富汗在莫卧儿帝国统治时期曾对鸦片贸易实行专卖政策，允许农民种植罂粟，但农民必须将收获的鸦片卖给政府授权的专卖商，因此这一时期的毒品财政规模十分有限，并未大范围地扩散，毒品自由贸易属于非法而受到限制，毒品财政也未真正意义上地被国家化和合法化。参见龚缨晏:《鸦片的传播与对华鸦片贸易》，北京：东方出版社，1999年版，第122页。

③ 沙伊斯塔·瓦哈卜、巴里·扬格曼:《阿富汗史》，杨军等译，北京:中国大百科全书出版社，2010年版，第241页。

④ 何明:《塔利班政权的兴亡及其对世界的影响》，上海：华东师范大学出版社，2005年版，第46页。

以牧师为国家最高领导人的现象。①

民族政策上，塔利班成员大多属于阿富汗最大民族普什图族，排斥其他民族参与国家政治，而普什图族虽然在阿富汗各民族中的人口数量中属于最多，但也只占到阿总人口的40%左右。② 塔利班属于伊斯兰逊尼派，对境内的什叶派进行打压，例如声称占全国人口约10%的哈扎拉族不属于穆斯林。③ 摧毁著名的巴米扬大佛更是招致了国内外的一致强烈谴责，加剧了境内的宗教矛盾。外交上，塔利班更是四面树敌，支持世界各地的伊斯兰激进主义，支持车臣独立等，联合国官员被枪杀，非政府组织遭驱逐。塔利班还收留庇护潜逃至阿富汗的本·拉登等国际恐怖主义大亨，并得到了来自基地组织的大量财物支持，二者的关系日益紧密，这加剧了塔利班的极端化倾向，对后来塔利班的恐怖主义化有直接影响。

塔利班最为世人非议的国内政策体现在禁锢的社会生活，尤其对待妇女的态度上。伊斯兰教产生于公元7世纪尚处于蒙昧状态的阿拉伯地区，当时女性权利受到极大压制，基本无任何社会地位，社会和家庭甚至不把女性当人看待，时常发生活埋女婴现象。伊斯兰教兴起后，《古兰经》提升了女性的地位，在承认男女同源的同时，主张男女在真主面前地位平等，妇女享受与男性平等的受教育权、继承权、婚姻自主权等，但依然承认一夫多妻制等，存在较多的局限性。④ 于后产生的四大伊斯兰教法学派，对穆斯林进行了各方面的行为规范约束，尤其断手、削足、石刑等刑罚延续了以往古代社会遗留下来的陋习，一直以来受到国际社会对伊斯兰世界的人权状况质疑。塔利班上台以后，采取更为极端的社会政策，禁锢人们的日常生活。禁止商店、旅馆等公共场合播放音乐、禁止男人剃须、禁止养鸟与放风筝、禁止留西式

---

① Robert D. Crews, Amin Tarzi, *The Taliban and the Crisis of Afghanistan*, Cambridge, Mass.: Harvard University Press, c2008, p.108.
② 王凤：《列国志（阿富汗卷）》，北京：社会科学文献出版社，2007年版，第29页。
③ 13—15世纪蒙古成吉思汗及其后代西征军队的后裔，人口约287万，现属阿境内第三大民族。参见维基百科，"哈扎拉族"，http://zh.wikipedia.org/zh-cn/%E5%93%88%E6%89%8E%E6%8B%89。
④ 哈宝玉：《伊斯兰教法：经典传统与现代诠释》，北京：中国社会科学出版社，2011年版，第151—154页。

发型、禁止聚会中跳舞歌唱等窒息社会空气的做法招致了人们的不满。① 尤其对待妇女的一些极端做法，更是为人所难以接受。塔利班禁止妇女在未征得男主人同意的情况下私自出家门，妇女必须头戴纱巾蒙面，必须穿统一的"体面"服装，禁止妇女独自出行，否则受以鞭刑。塔利班还否认妇女参与国家政治与社会生活的权利，甚至剥夺她们的受教育权和工作权等。② 这些违反人权与时代潮流的做法，加速甚至决定了塔利班的走向衰亡。

塔利班上台后走向极端主义有诸多方面的原因。首要因素是其自身浓厚的伊斯兰宗教性质。塔利班的成员尤其领导层多来自巴基斯坦与阿富汗边境地区难民营的宗教学校，大多有着强烈的伊斯兰宗教复兴的抱负，这鲜明地体现在塔利班兴衰的整个过程中。大打宗教旗号是塔利班迅速崛起并赢得广泛民众支持的最主要原因之一，然而将伊斯兰复兴主义用在对国家的统治与社会的治理上，极易使政权走向原教旨主义的极端，这与现代国家的建设理念是背道而驰的。塔利班执政后，阿富汗取代沙特、伊朗等国成为世界上政教合一程度最严重的国家。③ 宗教极端主义是塔利班采取过激民族政策与社会政策的重要原因，也是其与基地组织亲近的刺激因素。其次，塔利班走向极端主义的最根本的原因在于领导层的治国无能。穆罕默德·奥马尔是塔利班兴衰过程中的最主要领导人，其本人出身贫穷的农民家庭，受教育程度很低，在家乡创办一所宗教学校并担任教师（毛拉），后来参加反苏圣战并炸瞎了右眼。奥马尔未受过高等教育，现代治国的知识与经验严重匮乏，对经济恢复和外交事务的处理十分陌生。④ 在治国方式上，塔利班更多地是依赖和延续普什图族人的决策传统；奥马尔认同伊斯兰教法里最严厉的"沙里亚法"，这导致了塔利班推行禁锢的社会政策。塔利班领导层用被其曲解的伊斯兰意识形态来取代正常的国家政

---

① Robert D. Crews, Amin Tarzi, *The Taliban and the Crisis of Afghanistan*, Cambridge, Mass.: Harvard University Press, c2008, pp.135-136.
② 吴云贵：《当代伊斯兰教法》，北京：中国社会科学出版社，2003年版，第386页。
③ 沙特有着长期的政教合一传统，伊朗自霍梅尼革命以来，也实行政教合一制度。
④ 方金英："塔利班领导人奥马尔其人其事"，《国际资料信息》，2001年第10期。

策和法律来治理国家，排斥其他民族与非伊斯兰文明的极端错误政策，更是犯了多民族与多宗教国家的治理大忌。当然，塔利班在执政后走向极端主义还有客观方面的原因，如对外作战的困扰等，其中美国对塔利班态度的转变，既是塔利班走向极端主义的原因之一，也是其导致的后果之一。

塔利班走向极端主义的重要表现之一，是与国际恐怖主义的亲近，后者加剧了塔利班的极端化倾向。塔利班在国内所采取的各项极端经济、政治和社会政策在招致国际社会尤其人权组织越来越多的谴责声音的时候，克林顿政府却保持相对克制甚至容忍的态度。美国一直寄希望于塔利班上台后成为自身利益的代理人，进而实施自己的中亚战略。为了拉拢塔利班，美国对阿富汗国内日益糟糕的人权状况视而不见，这使得克林顿政府背负了极大的舆论压力。相反在1997年美国一度准备承认塔利班政权。塔利班收留恐怖主义基地组织头目本·拉登及其追随者，触碰到了美国的容忍底线。克林顿政府后期，针对美国的国际恐怖主义的威胁愈演愈烈，而塔利班与恐怖主义的亲近，是美国所无法接受与妥协的，也让美国对塔利班彻底丧失希望。至此，克林顿政府根本性地转变了对塔利班的欢迎与支持态度，开始了对塔利班的政治孤立和经济制裁。塔利班政权遭到美国外交敌视的根本原因，在于其未能成为美国在阿富汗利益的代理，而塔利班狂热的伊斯兰宗教热情与极端原教旨主义所主导下的一系列内政外交的反人类表现，则给了美国孤立、敌视甚至制裁塔利班政权的借口与理由。这反过来又促使塔利班滑向越来越深的极端主义。

克林顿政府决定转变对塔利班的态度之后，开始了对塔利班的全方位制裁甚至军事打击。1998年8月20日，美国用巡航导弹袭击了塔利班控制区内的本·拉登营地。克林顿还多次要求塔利班将本·拉登交到美国手里，但均遭到塔利班的拒绝。1999年7月，克林顿下令冻结塔利班在美国的一切财产，禁止同塔利班控制区域进行任何贸易活动，美国企业在塔利班控制区域的各种投资也遭到禁止。同年10月，在美国主导下，联合国通过了针对塔利班与本·拉登基地组织的第1267号决议，甚至成立了制裁基地组织和塔利班的专门委员会，对塔

87

利班政权实施全面制裁，包括禁止各种航运、冻结塔利班在美国等各国的资金和其他财政资源等。[1] 2001年1月，联合国还加强了对塔利班的武器禁运及相关的技术咨询、援助或培训禁运等。在美国的影响下，其盟友也加入了反塔利班阵营，包括与塔利班关系最为密切的巴基斯坦，也在各方面舆论压力下与其断交。塔利班因为支持车臣独立而彻底得罪了俄罗斯，也开始了与美联手共同打击塔利班。[2] 美国态度的转变，对塔利班政权来说是个决定性的沉重打击。美国态度转变与塔利班极端主义化之间，是一种互为因果、互相促进的关系，二者对阿富汗毒品问题在这一时期的恶化有着重大影响。

二、美国孤立下的塔利班经济与阿富汗毒品问题的初步发展

塔利班在其执政时期的经济表现十分糟糕，这与其极端主义影响下的治国能力和经验严重缺乏有关，同时美国所主导的国际社会对塔利班的全面制裁与孤立亦有不可推卸的责任。美国的制裁与孤立恶化了本已举步维艰的阿富汗经济，在这一背景下，塔利班承认了毒品经济，并从中获取一定数量的财政支持。阿富汗毒品问题在这一时期得到了初步发展。

（一）美国孤立下的塔利班经济政策及其失败

美国对拉拢塔利班彻底失去幻想和希望后，对塔利班的态度也由友好转变为敌视，外交孤立与国际制裁也随之而来。外交上，在美国的影响下，国际社会依然普遍承认已经流亡的拉巴尼政权，承认塔利班并与之建立正式外交关系的国家只有巴基斯坦、沙特阿拉伯与阿拉伯联合酋长国，且基本上也在美国压力下迅速划清了与塔利班的界限。经济上，冻结塔利班的海外资产、禁止同塔利班通商、禁止向塔

---

[1] 联合国官网中文版：《关于基地组织和塔利班及有关个人和实体的第1267号（1999）决议》，http://www.un.org/chinese/aboutun/prinorgs/sc/sres/99/s1267.htm。

[2] 何明：《塔利班政权的兴亡及其对世界的影响》，上海：华东师范大学出版社，2005年版，第11页。

利班阿富汗投资等措施使塔利班丧失了重要的财政来源。为了维持财政，塔利班采取了诸多合法与非法的经济措施，但最终多以失败告终，阿富汗财政也濒于崩溃的边缘。

塔利班夺取喀布尔政权之后，一面继续忙于与拉巴尼流亡政府和北方联盟的军事作战，另一面苦苦寻求维持自身财政的资金来源。经过长达近20年的战乱，阿富汗经济基础设施遭到根本性的严重破坏，给塔利班留下的是一个烂摊子。塔利班控制全国大部分国土后，由于自身能力缺乏以及无暇旁顾，始终未能出台系统的可行的经济恢复措施。这一时期，塔利班财政来源的可选项大体有以下几种形式：个人和极少数国家的外来援助、石油管线计划、过境贸易、珠宝贸易。① 外来援助是塔利班财政维持的重要组成部分。极少数的国家援助，主要来自巴基斯坦和沙特阿拉伯等国。巴基斯坦是与塔利班关系最为密切的国家，对塔利班的援助也最多，仅1997年，巴基斯坦就向塔利班提供援助600万美元，以用于支付塔利班领导人的薪水；1998年这一数字提升到了3000万美元，用作为塔利班提供燃料、食物、军火、军事设备及其备件等。② 沙特阿拉伯对塔利班的援助，关键是通过天课（Zakat，穆斯林每年一次的慈善捐款），这一财政援助对塔利班很重要，因为它除了用于直接支持塔利班运动以外，还是在巴基斯坦境内的清真寺和宗教学校的主要财政支持来源，而这些宗教学校的学生是塔利班重要的军队来源。③ 个人方面，本·拉登每年提供约2000万美元的援助用于塔利班军队的日常开销，这支军队在与北方联盟作战方面扮演着关键角色。④

除了个人和极少数国家所提供的援助外，塔利班另一重要的财政来源就是过境贸易。巴基斯坦与中亚和海湾国家之间的贸易关系，多通过阿富汗的贸易路线来实现，由此产生了大量的过境贸易。塔利班控制阿

---

① 何明：《塔利班政权的兴亡及其对世界的影响》，上海：华东师范大学出版社，2005年版，第42—47页。

② Jeanne K. Giraldo, Harold A. Trinkunas, *Terrorism Financing and State Responses: a Comparative Perspective*, Stanford, Calif.: Stanford University Press, 2007, p.98.

③ Ibid., p.101.

④ Ibid., p.104.

富汗大部分国土后，也成为了阿过境贸易的主要受益者。塔利班从过境贸易中获得利益，主要是通过向这一贸易征税、收取走私商人贿赂等。据世界银行统计，仅1997年，塔利班就从阿富汗与巴基斯坦的走私贸易中收取了高达7500万美元的税收，这一走私贸易虽然让巴基斯坦政府每年都流失了一大笔财政收入，但政府对此并没有采取监管措施，边境地区的官员收取走私贩的贿赂，因此走私贸易得以顺利进行。而这些走私贩、阿巴边境地区的省级政府和商人由于各种原因都支持塔利班[1]；包括运输黑手党（transport mafia）也在财力上支援塔利班。1995年，塔利班在短短几天里就从奎塔至查曼途中的运输黑手党的手中获得了45万美元。而塔利班则以不断征服阿富汗领土，开拓更多走私路线以方便其进行走私交易作为回报。[2] 据统计，阿富汗每年从过境贸易中的总获益高达30亿美元，是塔利班官方财政收入的最大来源。[3]

这一时期的阿富汗，还有石油管道计划和珠宝生意等经济形式。石油管线计划是指塔利班希望中亚的油气资源过境阿富汗，但由于塔利班与美国及邻国关系的恶化，石油管道并未付诸实施，塔利班从中获益的计划也化为泡影。阿富汗有相当蕴藏量的珠宝，但这方面的生意基本上为马苏德领导的北方联盟所垄断，塔利班获益很少。珠宝贸易是马苏德的主要收入来源，他长期从天青石和绿宝石（翡翠）贸易中获取什一税（ushr）和天课税，并在1997年垄断了阿富汗东北部地区的珠宝贸易，1999年又同一家波斯公司达成相关合作协议。马苏德的副官估计，珠宝生意每年可为他们带来4000万—6000万美元的收入，而与波斯公司合作，这一合资经营又可能将这一收入提升到2亿美元。[4] 这些收入，基本上全被北方联盟所获得，塔利班却因未能征服这

---

[1] 各种原因具体内容详见Jeanne K. Giraldo, Harold A. Trinkunas, *Terrorism Financing and State Responses: a Comparative Perspective*, Stanford, Calif.: Stanford University Press, 2007, pp.98-99。

[2] Jeanne K. Giraldo, Harold A. Trinkunas, *Terrorism Financing and State Responses: a Comparative Perspective*, Stanford, Calif.: Stanford University Press, 2007, p.99。

[3] Ahmed Rashid, *Taliban: Militant Islam, Oil, and Fundamentalism in Central Asia*, New Haven: Yale University Press, c2000, p.124.

[4] Barnett R. Rubin, "The Political Economy of War and Peace in Afghanistan", *World Development*, Vol. 28, No. 10, 2000.

一地区而无法从中获益。

由此可见，塔利班上台以来，恢复与发展阿富汗经济的举措并不多，且基本没有什么成效。外来援助和过境贸易虽然金额巨大，但基本上都用作塔利班中央政府及其军队的日常开销上，阿富汗经济和民众则受益甚微；且二者难以支撑整个阿富汗国民经济，也不可能使阿富汗经济形势得以根本性扭转。同时，外来援助和过境贸易依然不能满足塔利班的财政需求，在无法正常进行经济生产且面临美国孤立与国际经济制裁的情况下，塔利班开始走向进一步的极端：转变对毒品的态度，从其兴起之初时的严厉禁毒，变为后来的支持毒品贸易，并使毒品财政公开化、国家化及合法化。

（二）塔利班对毒品态度的转变：从禁毒到毒品财政国家化

塔利班参与阿富汗国内及阿巴边境地区的毒品问题，包括罂粟种植、毒品走私贸易等并从中获取巨额经济利润是各界公认的事实。塔利班卷入阿富汗毒品问题，也是其受国际社会普遍谴责的两大主要罪行之一，另一罪行即卷入了国际恐怖主义。然而，塔利班对毒品的态度，却经历了一个由反对到支持的转变过程，其中原因是多方面的，既有国内经济财政难以维持的无奈，又有国际因素的刺激作用。

塔利班兴起之初，出于伊斯兰教义的约束，严格执行伊斯兰教法，曾严厉禁止各种毒品活动。在占领首都喀布尔之后所颁布的各项法令中，其中就有禁止毒品交易、运输、使用等条款，对参与毒品活动的非法分子进行严厉刑罚。[①] 塔利班规定毒品的生产与交易皆属非法，禁止罂粟种植，对缴获的鸦片进行销毁，对毒品犯罪进行残酷的刑罚，对毒品走私活动收取高额税收——什一税。[②] 塔利班对各地军阀的军事行动在很大程度上打击了当地的毒品生产与贸易活动。正因如此，塔利班上台后阿富汗罂粟种植面积和鸦片产量一度出现了停止增长的趋势，这与塔利班上台之前阿富汗毒品问题快速发展的势头形成了鲜明

---

① Robert D. Crews, Amin Tarzi, *The Taliban and the Crisis of Afghanistan*, Cambridge, Mass.: Harvard University Press, c2008, p.136.

② Gretchen Peters, "How Opium Profits the Taliban", *United States Institute of Peace*, August 2009.

对比。诚然，由于受到各方面的压力，塔利班未能扭转该国的毒品形势：各地军阀早已依赖毒品贸易维持日常军费开销，比如支付士兵薪水、军队训练等；阿富汗农民虽然只能得到毒品利润中极为微薄的一部分，但与种植传统农作物相比，这一收入已经相当可观，甚至成为维持生计的主要支撑，让他们放弃罂粟种植，势必会遭遇巨大阻力，丧失大批民众支持。塔利班的禁毒令及其刑罚虽然十分严厉，但想在短期内扭转该国存在已长达近20年的毒品泛滥形势，也非易事。总之，塔利班在其上台之初，对毒品的态度是否定的。在很大程度上，塔利班卷入该国的毒品活动是由于财政艰难而采取的无奈或被迫之举。这一点因其后来支持甚至参与毒品活动而为人们所忽视，但其是分析塔利班与阿富汗毒品问题之间真正关系的起点。

塔利班转变对毒品的态度，主要原因就在于财政的难以维持。毒品活动的高利润可以为其带来巨额资金支持，缓解其频临崩溃的国家财政，参与毒品活动也是塔利班上台后极端主义化的一个重要表现。塔利班从毒品中获取利润，主要有两种方式：保护或胁迫当地农民种植罂粟并征税，为毒品贩运提供安全保护。凭借参与毒品的种植与贩运等活动，塔利班每年从鸦片生产和贸易中所获得的经济利润达2000万到7500万美元不等。① 由于从毒品活动中所获得的经济利润巨大，塔利班严重依赖毒品财政、毒品对塔利班的日常财政有着不可替代的作用，就成了人们普遍认同的流行观点。有的美国学者认为，塔利班由于大力鼓励罂粟种植，向鸦片征收高额税，毒品收入最终成为其最大的税收来源。② 还有观点认为，塔利班最终主导了该国的毒品经济，其对毒品财政的依赖也到了不可或缺的地步，以致在2000年7月奥马尔下达全国范围内的禁毒令后（这一举措被西方国家称为"经济自杀"），阿富汗已濒临崩溃的财政进一步恶化，并从根本上导致了塔利

---

① Pierre-Arnaud Chouvy, *Opium: Uncovering the Politics of the Poppy*, London: I.B. Tauris, 2009, p.52.
② Alfred W. McCoy, *The Politics of Heroin: CIA Complicity in the Global Drug Trade*, Lawrence Hill Books, 2003, p.508.

班的下台。① 巴基斯坦著名记者与学者哈迈德·拉什德也认为，鸦片出口所产生的税收是塔利班收入和战时经济的主要依靠（mainstay）。② 时任英国首相的布莱尔也称，塔利班是"建立在恐惧之上并以毒品交易为财政收入的政权"，并掌握着"世界上最大的毒品仓库"。③ 由于卷入该国的毒品问题，塔利班成为国际社会普遍谴责的对象。

塔利班时期是阿富汗毒品问题得到初步发展的阶段。塔利班转变了对毒品的态度之后，开始公开依赖毒品财政。一国政府将毒品财政国家化、公开化、合法化，这在阿富汗历史甚至世界历史上还属首次。毒品财政国家化、公开化、合法化，也是这一时期阿富汗毒品问题发展最显著的特点之一。1998年之后，阿富汗毒品问题本已趋于和缓的发展态势，又迅速恢复了加速恶化的状态，罂粟种植面积和鸦片产量都创了历史新高。仅以1999年为例，阿富汗毒品产量为4600吨，占据世界非法鸦片总产量中的75%，其中93%来自塔利班控制区域，而在欧洲销售的海洛因中，80%来自塔利班控制区域。塔利班每年从鸦片生产中所得到的税收为4000万到5000万美元，阿富汗人均国民生产总值为280美元左右，其中毒品经济所做的贡献就达到了100美元左右。④ 出于对北方联盟战争的需要，为了获取足够的资金支持，且种植罂粟已经成为农民谋生的基本手段，塔利班随后转而保护罂粟在阿富汗的种植，从而开了政府公开支持鸦片生产的先例。毒品成为塔利班政权的财政支柱之一。塔利班除了向所有种植鸦片的农民收缴"什一税"外，还向鸦片加工厂和毒贩子收税。据估计，塔利班可以从鸦片种植者、加工者那里获得2/3的纯利润。⑤ 这一时期，阿富汗的毒品形势已经发展到质变阶段，毒品经济成为阿富汗国民经济中最重要的一部分，整个国家经济被毒品深深地"毒害"。

---

① Alfred W. McCoy, "Can Anyone Pacify the World's Number One Narco-State?" April 01, 2010. http://www.zcommunications.org/can-anyone-pacify-the-worlds-number-one-narco-state-by-alfred-w-mccoy.

② Ahmed Rashid, *Taliban: Militant Islam, Oil, and Fundamentalism in Central Asia*, New Haven : Yale University Press, c2000, p.124.

③ Raphael F. Perl, "Taliban and the Drug Trade", *CRS Report for Congress*, October 5, 2001.

④ The Century Foundation, "Afghanistan Watch", http://www.tcf.org/afghanistanwatch/opiumfactsheet.pdf.

⑤ Raphael F. Perl, "Taliban and the Drug Trade", *CRS Report for Congress, October 5, 2001.*

塔利班上台的短短五六年间，是阿富汗毒品问题十分特殊的发展阶段，如同塔利班时期是阿富汗政治发展史上十分特殊的阶段一样。毒品财政在这一时期的国家化与合法化，有塔利班经济失败的自身原因，也有美国因素的作用，尤其其对塔利班的敌视与制裁，不仅对塔利班的经济失败起到了催化作用，对阿富汗毒品问题在这一时期的恶化更有着不可推卸的责任；或者说，美国因素对阿富汗毒品问题既有间接的影响，也有着直接的作用。而这一影响和作用，长期处于被忽略状态。反过来，毒品财政在阿富汗的国家化与公开化，对美国的对阿战略也起到了负面效应。

（三）塔利班时期毒品问题与美国对阿政策的相互影响

美国对塔利班的外交敌视与经济制裁，对阿富汗毒品问题起到了或间接或直接的影响，这主要体现在它刺激了塔利班接受并支持毒品经济；反过来，毒品问题在这一时期的发展，对美国的在阿战略甚至美国本土利益也产生了诸多影响，这主要体现在它更加恶化了塔利班与美国的关系，助长了反美恐怖主义活动（以"9·11"事件为典型），毒品与恐怖主义结合在一起。

先看美国因素在这一时期对阿富汗毒品问题的影响。最根本的由于塔利班未能成为代表美国利益的友好政权，美国对塔利班采取了外交敌视与经济制裁的政策。这一政策对阿富汗毒品问题起到了间接与直接两种影响。间接影响方面，美国的经济制裁是塔利班经济政策失败进而财政匮乏甚至濒于崩溃的重要外部因素，而财政困难是塔利班被迫最终接受毒品财政的主要原因。可以说，美国的这种外交敌视与经济制裁间接地导致毒品财政在这一时期上升为阿富汗的国家经济层面的高度。直接影响方面，美国对塔利班的外交敌视，直接刺激了塔利班对毒品态度的改变。前已提及，塔利班原本对毒品活动持否定态度，接受毒品财政多出于无奈与被迫；即便在对毒品财政已经产生依赖的情况下，塔利班曾出于得到国际社会承认的考虑，在其控制区域内采取全面禁毒行动，这也使得2001年的阿富汗毒品产量猛降到历史最低点的不到200吨。① 可这样的举动没能获得美国及国际社会及时的积极回应；相反，出于对塔利班的敌视态度，美国对这一禁毒行动非但不加以认可，反而质疑其禁毒成果，批评该政策可能会使农民债台高筑，造成人道主义危机，且认为禁令只在于禁止种植鸦片，塔利班在摧毁毒品储备、打击毒品走私者运输等方面却鲜有作为。② 国际社会也未能给予及时的积极回应，这些都使得塔利班对国际社会产生失望情绪，导致后来其对国际社会在阿富汗境内实行禁毒的要求采取不合作的态度。美国及国际社会对塔利班积极的禁毒态度与努力的错误应对，也是塔利班接受毒品财政、毒品形势恶化的重要因素之一。需要强调的是，塔利班的全国禁毒举措，正是应了美国和欧洲国家的要求才做出的。2000—2001年度罂粟生长季时期，美国及其西方盟友与塔利班进行了外交对话，鼓励塔利班在境内进行罂粟全面铲除工作。③ 而当塔利班真正实现这一承诺时，美国及其西方盟友却报之以质疑和批评的回应。

毒品财政在塔利班时期的国家化，反过来对美国的在阿战略以及美国本土利益也产生了诸多影响。首先也是最主要的影响，是毒品与恐怖主义的关系更为紧密，它助长了塔利班的恐怖主义倾向。塔利班上台之前及其统治前期，毒品与其所支持甚至直接参与的恐怖主义活动并没有直接的联系。④ 1996年5月，基地组织头目本·拉登及其追随者离开苏丹后不久流亡至阿富汗，受到了塔利班的欢迎。塔利班收留基地组织，一方面是出于思想观念上的认同感与反美立场的一致性，但美国对塔利班政权的外交敌视及其所发动主导的国际孤立，亦是不可忽略的重要客观原因；它加深了塔利班的反美情绪，使得塔利班政

---

① UNODC, *World Drugs Report 2009*, United Nations Office on Drugs and Crime, Vienna, June 2009, p.34.

② Gretchen Peters, "How Opium Profits the Taliban", *United States Institute of Peace*, August 2009.

③ Lowry Taylor, "The Nexus of Terrorism and Drug Trafficking in the Golden Crescent: Afghanistan", *USAWC strategy research project,* 15 Mar 2006.

④ 在塔利班之前，阿富汗毒品与该国的恐怖主义已经有了支持与被支持的关系。反苏时期的许多圣战组织在后来的国际恐怖主义中都扮演了核心角色，而他们大多同时参与了当地的毒品活动，比如兼阿国内大军阀与头号大毒枭双头衔的希克马蒂亚尔。参见Jeanne K. Giraldo, Harold A. Trinkunas, *Terrorism Financing and State Responses: a Comparative Perspective*, Stanford, Calif.: Stanford University Press, 2007, p.101。

权在极端主义的道路上越走越远，进而导致其支持发动对美恐怖袭击。本·拉登趁机将塔利班政权恐怖主义化。此时，对于已经依赖毒品财政的塔利班政权来说，毒品的作用也不再局限于协助维持国家财政以应对北方联盟等反塔利班势力，还在于支持恐怖主义活动。塔利班利用毒品生产和走私所得的资金，用于购买武器，训练武装人员。另外，国际贩毒集团尤其是国际武器黑市的军火商用武器与塔利班换取毒品，塔利班用交换所得的武器发动对北方联盟的战争和支持恐怖主义活动。毒品与恐怖主义结成了十分紧密的关系。毒品财政在阿富汗国家化并与恐怖主义联系在一起，是此时期美国对阿战略的主要非预期效应之一，它恶化了阿富汗的毒品形势与政治局势，壮大了该地区的恐怖势力，为之后的"9·11"事件及阿富汗战争埋下了隐患。

综上所述，美国的外交敌视与国际孤立政策，对塔利班走向极端主义的重要外部因素，同时也是这一时期阿富汗毒品问题得以初步发展、毒品财政国家化的重要催化剂。阿富汗毒品问题在塔利班时期与恐怖主义发生了密切的关系，毒品财政资助了基地组织的恐怖主义活动，使美国及国际社会所面临的反恐形势更加趋于严峻，这是美国所没有预期到的。

三、塔利班时期阿富汗毒品形势概况

1996—2001年，塔利班短短五年的执政时期，却是阿富汗毒品问题十分特殊的时期。一国政府公开支持和依赖毒品财政，毒品财政国家化，毒品自由贸易合法化，毒品问题与恐怖主义发生密切关系等都是这一时期阿富汗毒品问题所呈现出来的诸多新特点。关于这一时期阿富汗毒品形势的发展状况，尤其罂粟种植与鸦片产量等情况，联合国也有了相比之前时期更为精确和全面的数据统计。

（一）罂粟种植方面

塔利班时期，阿富汗历年罂粟种植面积呈总体趋于平缓的变化曲线。塔利班上台前的1994年，该国罂粟种植面积已经高达创历史记录的71000公顷,而塔利班运动迅速兴起之后,很大程度上由于其所到之处严格执行禁毒的伊斯兰法,打击当地军阀及其所拥有的毒品业,阿富汗罂粟种植业立刻在1995年回落至54000公顷,并在随后几年中延续了较为和缓的发展态势。1996年,阿富汗罂粟种植面积为57000公顷,1997年为58000公顷,1998年为64000公顷。随着塔利班与美国关系的彻底决裂,阿富汗面临了前所未有的经济制裁,塔利班被迫转变了对毒品经济的态度,允许并支持一系列毒品活动,这才导致该国罂粟种植面积在1999年达到历史最高值91000公顷,2000年稍有回落,为82000公顷。2001年,塔利班为了换取国际社会的承认与国际援助,应美国及欧洲国家的要求,在全国范围内实行大规模的罂粟铲除政策,并取得了卓著成效的实质性进展:罂粟种植面积从之前的82000公顷锐减到了约8000公顷,即全国范围内高达90%以上的罂粟在短期内被彻底根除。与苏联入侵及内战时期相比,阿富汗罂粟蔓延形势在塔利班执政时期延续了持续增长的势头,但增速有所放缓。[①]

这一时期世界罂粟的种植已经过了其历史发展的巅峰时期,总面积已经呈现逐年消减的态势。1991年是世界罂粟总种植面积最多的年份,达到了281000公顷,这一数字在之后的几年中逐年变小。1996年世界罂粟总种植面积为258000公顷,到了塔利班全国范围内禁毒前夕的2000年,这一数字降为了222000公顷。世界罂粟总种植面积的逐年减少主要是由于世界传统罂粟产区如金三角地区的禁毒工作不断取得有效进展而造成的,而此时期的阿富汗的罂粟种植却继续呈现出逆势而上的态势。在这一正反对比中,阿富汗罂粟种植面积在世界罂粟总种植面积中所占的比重得到了不断提升,1991年这一比重为18%左右,1996年塔利班刚上台时为22%,而到了1999年时,这一数字就已经攀升到了42%左右。阿富汗毒品问题在世界毒品问题中的位置越来越重。[②]

塔利班时期,阿富汗罂粟种植大省有赫尔曼德省、楠格哈尔省、乌鲁兹甘省、坎大哈省与巴达赫尚省等。其中赫尔曼德省的罂粟种植

---

① UNODC, *Afghanistan Opium Survey 2003*, Government of Afghanistan Counter Narcotics Directorate, Vienna, 2003, p.6.

② UNODCCP, *Global Illicit Drug Trends 2002*, ODCCP Studies on Drugs and Crime, New York, 2002, p.47.

面积最大，1996—2000年，这一数字分别为24909公顷、29400公顷、30673公顷、44552公顷、42853公顷，而同时期的阿富汗罂粟种植总面积分别为56824公顷、58416公顷、63674公顷、90983公顷、82172公顷，从这一数据对比中可以看出，赫尔曼德省一省的罂粟种植面积就占到了一半左右。而赫尔曼德省是许多游击武装与圣战组织兴起的地方，包括希克马蒂亚尔与塔利班。2001年，由于塔利班下达的全国禁毒严令，联合国关于赫尔曼德省的罂粟种植面积数据统计为0，而地处东北部的巴达赫尚省的罂粟种植面积却不降反升，从2000年的2458公顷，攀升至2001年的6342公顷，而这一地区处于北方联盟等反塔势力的控制之下。①（见图4）

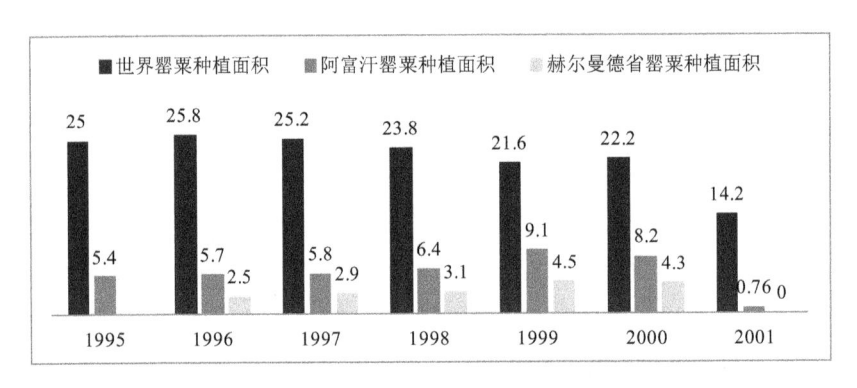

图4　塔利班时期阿富汗罂粟种植及其与世界的比较（万公顷）

资料来源：*Afghanistan Opium Survey 2003, Global Illicit Drug Trends 2002, Afghanistan Annual Opium Poppy Survey 2001*。

当然，塔利班彻底根除境内罂粟种植的做法，也造成了诸多非预期后果。最主要的后果即为更加恶化了自身财政所面临的困境。塔利班本打算借根除罂粟改善自身在国际上的形象，赢得国际社会的承认与赞许，并换取西方国家的外来援助，但随着形势的发展，美国在反恐问题上与塔利班的矛盾与对立愈演愈烈，之前向塔利班提供外来援助的承诺并未兑现，这无疑更加恶化了塔利班的财政状况。虽然毒品

---

① UNDCP, *Afghanistan Annual Opium Poppy Survey 2001*, United Nations International Drug Control Programme, 2001, p.11.

财政对塔利班的重要性有多大，学界尚存争议，但在无替代财政来源的情况下，根除罂粟还是会对塔利班财政产生无法避免的影响。西方国家将塔利班的这一举措视为"经济自杀"，从一定程度上说明根除罂粟对塔利班财政的影响之大。其次，根除罂粟对以种植罂粟为生的广大农民来说是致命性的。种植罂粟并出售给毒品零售商和毒品走私贩，已经成为众多阿富汗农民维持生计的重要手段。根除罂粟让这些以毒为生的农民立刻陷入生计危机和债务危机，引起了他们的强烈不满。

（二）鸦片产量方面

与罂粟种植面积的变化走势相近，塔利班时期，阿富汗鸦片产量毒品产量比以往更为严峻。1995年该国鸦片产量为2300吨，到2000年时，短短的5年时间增长到3300吨，增速超过内战时期。其中，1999年的鸦片产量曾一度达到4600吨，为历史上产量最多的一年。2001年，由于塔利班大规模地实行禁毒，才使得当年的鸦片产量急剧减少到185吨，这也是苏联入侵以来（也是迄今为止）阿富汗鸦片产量的最低点。1996—2001年阿富汗鸦片产量分别为2200吨、2800吨、2700吨、4600吨、3300吨、185吨。[①] 同时期世界鸦片总产量分别为4356吨、4823吨、3765吨、5754吨、4691吨、1630吨。[②] 从两组数据的对比中可以看出，阿富汗鸦片产量在世界总产量中的比重处于不断加大的趋势，从1996年的50.5%上升到1999年的80%。（见图5）

2001年，阿富汗由于采取禁毒政策，该国鸦片产量只占到了世界总产量的11.3%。国际社会在欣喜并乐见阿毒品形势好转的同时，对由此带来的鸦片价格的急速蹿升也表示了忧虑。在此之前，阿富汗新鲜鸦片的收购价格平稳在30美元/千克左右，以2000年为例，该年的价格为28美元/千克，但到了2001年，由于罂粟大面积被根除，鸦片产量骤减，对鸦片价格的影响也立竿见影，导致该年鸦片价格突然蹿升至了301美元/千克，2002甚至达到了350美元/千克，直到2004年随

---

① UNODC, *Afghanistan Opium Survey 2004*, Government of Afghanistan Counter Narcotics Directorate, Vienna, 2004, p.4.

② UNODC, *World Drugs Report 2007*, United Nations Office on Drugs and Crime, Vienna, 2007, p.40.

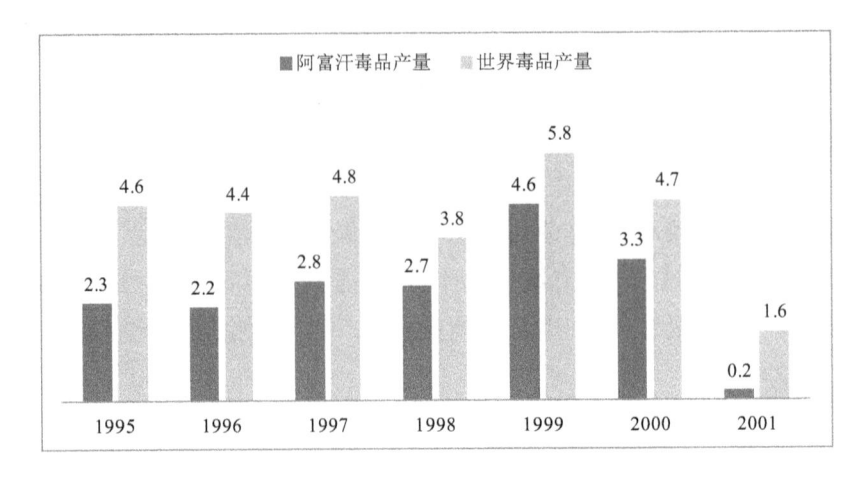

图5 塔利班时期阿富汗鸦片产量及其与世界的比较（千吨）

资料来源：UNODC, *Afghanistan Opium Survey 2004, World Drugs Report 2007*。

着塔利班的倒台，种植罂粟的禁令失效，阿富汗罂粟种植面积的不断恢复，该国的鸦片收购价格才逐渐回落至92美元/千克，但这一价格依然是20世纪90年代的两至三倍。[①]（见图6）

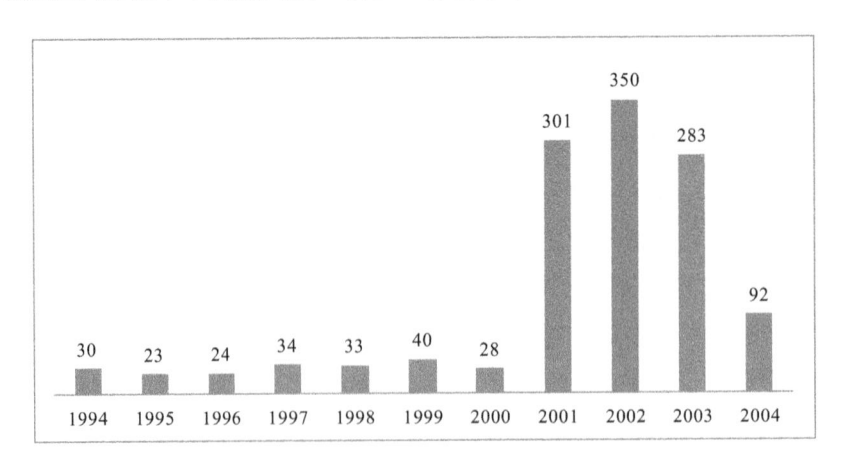

图6 1994—2004年阿富汗新鲜鸦片收购价格（美元/千克）

资料来源：UNODC, *Afghanistan Opium Survey 2004*。

---

① UNODC, *Afghanistan Opium Survey 2004*, Government of Afghanistan Counter Narcotics Directorate, Vienna, 2004, p.65.

第4章

美国反恐战略与卡尔扎伊时期阿富汗毒品问题的巅峰式发展

"9·11"事件后，美国出兵阿富汗，塔利班政权迅速倒台，势力退守阿南部地区。卡尔扎伊组成临时政府，在美国主导下开启了阿富汗的战后重建进程。虽然遭到沉重打击，但塔利班和基地组织对阿富汗的安全威胁依然存在，针对北约部队与阿政府的恐怖袭击此起彼伏。后塔利班时代，美国在阿富汗的战略目标依然优先定位在反恐上。为了打击塔利班势力尤其是抓到基地组织头目本·拉登，美国给予了包括北方联盟在内的阿富汗各地方军阀以极大的支持，对后者愈加猖狂的毒品活动却置若罔闻。[1]着重强调与重视反恐的战略取向，也直接主导了卡尔扎伊政府的工作部署，使其将大部分精力投入到打击塔利班势力与基地组织上，毒品问题的解决则被束之高阁。这直接导致了后塔利班时代阿富汗毒品形势的巅峰式发展：在高于以往任何时期的速度增长的情况下，罂粟种植面积与鸦片产量均达到了历史最高点，进而决定性地主宰着世界毒品生产市场。阿富汗毒品问题在这一

---

[1] Ron Moreau, Sami Yousafzai, "A Harvest Of Treachery: Afghanistan's drug trade is threatening the stability of a nation America went to war to stabilize. What can be done?" *Newsweek*, January 9, 2006, pp.31-32.

时期对本国及周边邻国的安全局势都产生了更加恶劣的影响，对美国在阿富汗的反恐战略也起到了负面的反作用：毒品对国家经济与政治生活的强烈渗透使得阿富汗政府执行美国反恐战略的效率和能力大打折扣。

美国重反恐轻禁毒的战略取向，还间接造成了塔利班势力的重新壮大。这一战略单方面强调对塔利班及基地组织进行军事上的正面打击，而远遁山林的塔利班虽然在正面不断承受着北约部队与阿富汗政府军的军事打击，但依然凭借着支持与参与毒品活动所获得的资金赢得了喘息进而恢复壮大的机会。[①] 美国所主导的这一战略并未能对塔利班做到"釜底抽薪"，断其财路，从而使其反恐成效大打折扣，造成了塔利班死而不僵的非预期性后果。塔利班不断利用一系列的针对驻阿部队与阿政府的袭击攻势宣告着自己势力的恢复与壮大，奥巴马政府也开始谋求与塔利班进行政治和解，这在一定程度上是对美国重反恐轻禁毒战略的修正。

一、"9·11"事件后的美国反恐战略与阿富汗战后重建

发生在美国本土的"9·11"恐怖主义袭击事件，不仅震惊了美国，也震惊了整个国际社会。美国政府将塔利班及其支持的基地组织视为事件主谋，并随之发动了颠覆塔利班政权的反恐战争，并短期内取得了决定性的军事胜利。卡尔扎伊组建临时政府并开启了阿富汗的战后重建进程。

（一）"9·11"事件与美国的阿富汗反恐战略

2001年9月11日，19名恐怖分子劫持了4架民航客机分别撞击了美国纽约世界贸易中心和位于弗吉尼亚州的五角大楼，机上所有人员

---

① 塔利班政权倒台后的阿富汗的毒品生产，主要集中在赫尔曼德和坎大哈等南部省份，南部地区的鸦片产量占据阿富汗现阶段鸦片产量的80%以上，2008年度曾高达98%。参见 UNODC, *Afghanistan Opium Survey 2008*, Government of Afghanistan Ministry of Counter Narcotics, Vienna, November 2008, p.11。

全部丧生，世贸中心双子塔全部倒塌，五角大楼也受到一定程度损坏，事件共造成近3000人死亡，举世震惊。这是美国在摆脱殖民统治以来继珍珠港事件之后所遭遇的伤亡最严重的外来入侵，也是当代社会世界上最大的恐怖主义袭击事件。事件给美国乃至国际社会带来了数千亿美元的经济损失，给美国人民所留下的心理阴影更是至今未能散去。事件发生后，新上台不久的小布什政府将怀疑对象放在了本·拉登领导的基地组织及其庇护者塔利班政权身上。本·拉登虽然否认对这一事件负责，但却被公认为最大的嫌疑对象。布什政府向塔利班政府发出最后通牒，要求塔利班将本·拉登及其他基地组织头目引渡至美国，保护所有驻阿外交人员、记者等，并接受美国及联合国对相关训练营的检查。[①]但塔利班拒绝在无确凿证据的情况下将本·拉登交到美国政府手中，这使美国政府下定决心对塔利班政权实施军事打击。10月7日，以美军为主的各国联军与阿富汗北方联盟达成一致，向塔利班宣战。同年底，塔利班政权倒台，奥马尔和拉登下落不明。同年11月，国际社会达成《波恩协定》，12月22日，阿富汗临时政府成立，来自普什图族的卡尔扎伊当选总统，北方联盟在临时政府中占据了内政、外交和国防等关键职位。2002年6月24日，权衡了各派利益的过渡政府取代临时政府宣告成立。2004年10月9日，阿富汗举行塔利班垮台后的首次总统选举，卡尔扎伊当选总统，任期五年。[②]2009年，阿富汗进行了塔利班政权倒台以来的第二届总统选举，现任总统卡尔扎伊在争议声中赢得连任，并执政至2014年。

"9·11"事件是近年来不断壮大的国际恐怖主义的一个典型表现，其发生有其必然性的一面。冷战后期以及冷战结束以来，多源于民族、种族与宗教极端主义的恐怖主义逐渐成为困扰国际社会的一大难题。尤其随着穆斯林国家的伊斯兰复兴运动的不断兴起，反美反西方的宗教极端主义愈演愈烈，而其针对的主要目标即为美国及其西方盟友。冷战结束后，美国成为唯一的超级大国，霸权主义与强权政治倾向不

---

① 朱永彪：《"9·11"之后的阿富汗》，北京：新华出版社，2009年版，第6页。
② 王凤：《列国志（阿富汗卷）》，北京：社会科学文献出版社，2007年版，第114—118页。

断抬头,克林顿政府更是以在全世界推行美式民主为己任,推行人权高于一切、借人道主义干涉别国内政的克林顿主义,这引起了许多国家尤其发展中国家的反对,而极端分子则以非常手段来表达他们的不满情绪,其中就包括后来使国际社会深为忧虑的恐怖主义袭击,美国由此也成为冷战后期以来遭受国际恐怖主义袭击次数最多的国家。自那时起,全球所发生的重大恐怖袭击事件中,有约1/3共达10多起是针对美国的驻外官员与驻外机构的,仅"9·11"事件之前的五年间,就有738名美国公民因为各种恐怖袭击受伤或死亡。[1] 应对恐怖主义不力也是克林顿政府后期支持率低下的重要原因,近半数的美国民众不满意克林顿的反恐政策和表现。恐怖主义愈演愈烈,对美国国家安全的威胁也越来越大,而随着世界上伊斯兰极端主义倾向最严重的阿富汗塔利班政权与美国的关系无法挽回地走向敌对与恶化,针对美国的类似"9·11"事件的恐怖主义袭击的爆发也就具备了其必然发生的条件。

庇护基地组织的塔利班政权倒台后,美国在短期内虽然取得了决定性的军事胜利,塔利班及基地组织遭到了重大打击,但基地组织头目本·拉登及塔利班领导人奥马尔却远遁山林,并时常发出号召穆斯林世界发动针对美国及其西方盟友的全球圣战的录音或视频,这使得美国人意识到反恐战争远未结束。塔利班在战争中虽然元气大伤,但并没有彻底地销声匿迹,而是在阿富汗各地,主要是南方地区伺机以动,准备卷土重来。卡尔扎伊上任以来,在美国的主导与支持下,开始了阿富汗的战后重建进程,致力于推行民主政治、恢复经济与改善民生,但受到各方面的阻力而进展缓慢,其中就包括塔利班及基地组织频繁发动的恐怖主义袭击。这些恐怖袭击扰乱阿富汗大选,袭击平民与政府,外国军队及联合国官员,炸毁公路等基础设施和各种物资,威胁邻国尤其是巴基斯坦的稳定。由于塔利班的卷土重来,卡尔扎伊时期成了阿富汗历史上爆发恐怖主义事件(包括各种自杀式爆炸、伏击、绑架、枪杀等)最频繁、伤亡最严重的时期。这也让美国政府意

---

[1] 金卫星:"国际恐怖主义的历史演变与界定",《苏州科技学院学报》(社会科学版),2003年第20卷第3期。

识到，后塔利班时代，反恐依然是美国在阿富汗的主要战略利益和目标。

小布什自2001年上台以来，反恐就成了其政府工作中的重点内容，甚至主导了其整整两个任期内的国家战略，也是以"先发制人"与"单边主义"为实质内容的小布什主义诞生的主要催化剂。诚然，美国发动阿富汗战争的目的，除了反恐之外，能源与地缘政治等方面的考量也为外界所普遍认同，但反恐在其中的地位无疑十分重要。在"9·11"事件爆发几天后的9月20日，布什总统就在国会参众两院联席会议上发表演讲，向全世界所有国家发出通告，"任何地区的任何国家，现在都必须做出抉择：要么与我们站在一起，要么与恐怖分子站在一起"，[1] 足见恐怖主义给美国人所带来的愤怒之强烈与美国政府的反恐态度之坚决。布什还在2003年与2006年两度出台《国家反恐战略报告》（National Strategy for Combating Terrorism），将反恐提升到了国家战略的高度，布什政府甚至一度给外界以"反恐内阁"的印象。大打反恐牌也是布什在任期内赢得支持率进而成功连任的重要原因。美国在世界各地的盟友国家也纷纷对其反恐立场表示支持，英国首相布莱尔在恐怖袭击发生后的10月初，就发出塔利班必须交出本·拉登，否则就交出政权的严重警告，英国也当起了美国发动对阿战争的急先锋，是对阿出兵人数仅次于美国的西方国家。澳大利亚等其他盟友与中俄德等国也对恐怖主义袭击表示了强烈谴责，并纷纷表示了支持美国发动反恐战争的立场。在阿富汗取得快速军事胜利后，布什政府又以拥有大规模杀伤性武器进而支持恐怖主义为名，于2003年发动了推翻萨达姆政权的伊拉克战争，并同样取得了巨大优势的军事胜利。

在2003年度所发布的《国家反恐战略报告》中，布什称自由与恐惧在交战，同时美国不会被恐怖分子所绑架，与恐怖主义作战并保护美国本土免受恐怖袭击是摆在政府工作中最优先位置的任务。报告详细地分析了恐怖主义所共有的基本结构：基础条件、国际环境、国家、

---

[1] CNN: "Transcript of President Bush's address to a joint session of Congress on Thursday night, September 20, 2001. http://edition.cnn.com/2001/US/09/20/gen.bush.transcript/.

组织和领导层。基础条件是指为恐怖主义创造机会的贫穷、腐败、宗教矛盾和种族冲突等客观因素，恐怖分子依靠这些条件为其行为提供合法性并争取更广泛的支持；国际环境界定着恐怖主义者战略成形的边界；恐怖主义依靠国家为其提供物质与精神上的港湾，从而得以拥有自己的组织并使其巩固与扩张；恐怖组织的领导层总体指挥着该组织，并规划出联系各环节的战略，领导层的缺失极有可能使该组织崩溃。报告还指出了当今恐怖主义在性质上较之先前所发生的诸多变化，更为开放、一体化与现代化的国际环境促生了相互联系更为紧密的恐怖组织。报告着重强调了美国反恐的四条战略性目标或意图（简称4D战略，Defeat, Deny, Diminish and Defend），即通过袭击他们的庇护所、领导层、指挥控制与通信系统、物资支持和财政来源等打败恐怖主义组织，拒绝向恐怖组织提供赞助、支持和庇护，削弱恐怖组织寻求扩张自身势力的基础条件，保护美国公民与美国本土和海外利益的安全。[1] 这四种战略目标层次分明，覆盖了反恐过程中的各个环节，较为全面与科学，但在具体实施践行过程中，布什政府出现了战略性偏差与失误，导致美国在阿富汗的反恐战争陷入困境，阿富汗毒品形势也深受影响，反过来又对阿富汗的恐怖势力和美国的在阿战略起到了诸多负面效应。在很大程度上出于因本国所遭受的前所未有的恐怖袭击而制定出的全球反恐战略，美国的阿富汗战略中有着过多的反恐内容，这直接导致阿富汗的战后重建在很大程度上服从与让步于美国的这一反恐战略，从而制约了卡尔扎伊政府的重建努力。

（二）美国反恐战略主导下阿富汗的战后重建

塔利班政权在美国所发动的全球反恐战争中迅速倒台，卡尔扎伊在美国的支持下在阿富汗建立了西式民主政权，改国名为阿富汗伊斯兰共和国，开启了该国长期战乱后的和平重建进程，这一进程涉及政治、经济、外交、社会等诸多领域，在取得一定成果与进展的同时，也遭遇了诸多国内外因素的制约，其中美国的反恐战略是这一重建进

---

[1] George W. Bush, *National Strategy for Combating Terrorism 2003*.

程陷入困境的重要外部因素。

政治重建方面，卡尔扎伊带领阿富汗走上了西式民主的道路，对国家政治体制进行了较大程度的变更。在以美国为首的国际社会的主导下，各方所达成的《波恩协议》确定了阿富汗战后重建的大致框架。2003年底阿富汗重新召开了制宪大国民会议，通过了新宪法，规定国家实行总统制，任期5年，并成立由人民院与参议院构成的国民议会。在新宪法框架下，阿富汗各项政治体制改革得以继续进行，先是颁布了新的政党法与选举法，基于民主与多元性原则的政党得以产生，政党政治开始主导该国政治，独裁与专制政府的重现日益变得不可能；而2004年总统大选与2005年议会大选的成功举行，是阿富汗政治生活走向正轨的重要体现之一。在这两次大选中，阿富汗选民的政治热情十分高涨，较高的投票率也表达出民众对国家政治前景的期待。2009年，战后的第二次总统大选前夕，阿富汗的安全局势虽然受到塔利班等势力卷土重来的威胁，但依然如期并成功举行，卡尔扎伊得以成功连任，选举政治在该国确立并得到了巩固。

阿富汗的政治重建，并非只停留在制度设计层面，而是起到了诸多实质性的效果，先前的权势格局得以改变，国家政治生活逐渐走向现代化。地方军阀如北方联盟的势力得到了遏制，占据全国人口数量最多的普什图族人在国家政治生活中的地位得到了恢复，部落政治的影响力依然强大但在一定程度上得到了消解。地方军阀势力在反苏与内战时期纷纷坐大，占据着国家政权的重要职位。[①] 军阀政治在很大程度上左右着该国的政局走向，是阿富汗陷入内战的重要原因，也是内战所导致的结果之一。卡尔扎伊政权以来，民主选举在很大程度上消解了军阀政治在国家政治中的地位和影响。在很大程度上由于反塔利班而形成的北方联盟，[②] 在协助美英联军推翻塔利班政权上起到了不可取代的作用，并在后塔利班时代继续谋求在国家政治生活中的重要地

---

① 杜斯拉姆与马苏德都是阿富汗势力强大的地方军阀的领导人，二人都担任过阿富汗国防部长一职，马苏德还是北方反塔利班联盟中最有威信的领导人之一。希克马蒂亚尔更是坐上了总理宝座。

② 北方联盟的全称是拯救阿富汗全国统一伊斯兰阵线，因其主要聚居地在阿富汗北部各省份而得名。

位，这遭到了美国的忌惮和反对。北方联盟的主要领导人杜斯拉姆是乌兹别克族，其领导的乌兹别克民兵占到了北方联盟总兵力的一半之多，[①] 马苏德和原总统拉巴尼则是塔吉克族，而阿富汗人口最多的普什图族在该联盟中的地位相对较低。北方联盟浓厚的中亚背景使其得到了俄罗斯的支持，却同时也引起了美国的忧虑。在反塔利班的军事行动取得实质性军事胜利的情况下，美国即开始了对北方联盟各主要领导人企图主导该国政治重建的制衡甚至排斥。美国在战争尚未结束时为防止北方联盟攫取中央权力，就多次劝阻其不要出兵占领喀布尔，同时准备让前国王扎希尔回国接收国家权力。然而，美国的这一企图未能实现，北方联盟夺取了喀布尔并组成了新内阁。[②] 俄罗斯乐见这一局面的出现，也在第一时间准备承认该政权，这遭到了美国的抵制和反对。为了阻止北方联盟实质性地掌控阿富汗的国家权力，在美国倡议下，决定阿富汗未来政治发展走向的国际会议在德国波恩召开。波恩会议所达成的协议，最终让来自普什图族的卡尔扎伊走上了喀布尔权力巅峰，北方联盟交出了国家政权，其军队也被逐渐分解吸收到新组建的阿富汗国民军中，北方联盟的军事实力大为受损。选举民主制度让在人口数量不占优势的北方联盟被排挤出中央核心权力之外，主体民族普什图族人的政治地位得到提升，这激发了阿富汗人民普遍的政治热情。北方联盟的各主要领导人，要么遇袭身亡，要么被新政府吸纳，要么在军队被裁撤整编后隐退，北方联盟在政治上逐渐趋于瓦解，这巩固了卡尔扎伊的统治和阿富汗的民主政治。

  经济重建方面，卡尔扎伊政府也取得了不小的成功。常年的战乱让经济出于百废待兴状态，阿富汗也因此成为世界上最贫穷国家之一，成为典型的失败国家。卡尔扎伊上台以来，虽然受到了美国优先反恐战略制约，将很大一部分精力放在了对塔利班势力的清剿上，但经济

---

  ① 北方联盟总兵力达6万人，杜斯拉姆军队有3万人。参见彭树智、黄杨文：《中东国家通史（阿富汗卷）》，北京：商务印书馆，2000年版，第313页。
  ② 杜斯拉姆主导了该内阁的组成，拉巴尼为总统，马苏德遇刺后其助手法西姆任国防部长，原北方联盟外交部长阿卜杜拉出任新内阁外长。参见朱永彪：《"9·11"之后的阿富汗》，北京：新华出版社，2009年版，第41页。

恢复和发展依然取得了不小的进展。以国内生产总值为例，卡尔扎伊上任以来，阿富汗GDP总量呈逐年增长且增速不断加快的变化曲线。2003年度GDP总量为46亿美元，2006年时为67亿美元，2009年以后，虽然受到全球经济衰退和国内干旱气候的影响，但该年的GDP仍然攀升至了107亿美元，而到2012年时，阿富汗的GDP总量已经达到了190亿美元。近10年间，阿富汗的经济规模增长了4倍多，平均增速高达17%。①虽然阿富汗的基础经济设施建设依然十分落后，经济结构失衡问题比较突出，但较之战乱状态，已经大为改观。此外，在国际社会不断提供援助的情况下，②阿富汗的交通设施和通信建设方面也有了较大程度的恢复，铁路建设从无到有，公路修建里程大大延长，③移动无线通信和互联网建设也有了长足进步。经济的恢复和发展，也带动了本国财政收入的增长，2012年前9个月，阿富汗政府财政收入达到了810亿阿尼（约15亿美元），主要来自直接和间接税收、土地出让金和租金、建筑领域和海关等。④进出口贸易也结束了因战乱而停滞的状态，由此产生的关税构成了阿富汗财政收入的重要来源之一。⑤诚然，阿富汗人均国内生产总值依旧排在世界后列，国家贫弱状态在短时期难以改变，经济重建也存在着诸多问题，如经济结构失衡、高失业率、高通货膨胀等，卡尔扎伊政府两任任期内取得了不小成绩的同时，阿富汗的经济重建进程依然任重而道远。除了政治重建和经济重建外，阿富汗的教育文化建设与医疗建设等也同步进行，各级学校建设及师资力量的不断补充壮大，使得该国高文盲率有所下降，女学生的比例

---

① 参见2003—2012年度UNODC, *Afghanistan Opium Survey*。
② 2002—2011年8月，国际社会通过不同会议及场合，承诺向阿富汗提供的援助总额约计900亿美元，其中正式承诺的援助总额为690亿美元，实际支付570亿美元。这些外来援助对阿富汗的经济重建起到了巨大作用。参见中华人民共和国驻阿富汗伊斯兰共和国大使馆网站："阿富汗概况"，2013年1月19日，http://af.china-embassy.org/chn/gzafh/t852591.htm。
③ 2002—2008年间，阿富汗修建和重建公路达1.22万公里，全国公路总里程达到了4万公里。参见朱永彪：《"9·11"之后的阿富汗》，北京：新华出版社，2009年版，第80页。
④ 中华人民共和国驻阿富汗伊斯兰共和国大使馆网站："阿富汗动态（2013年1月）"，2013年1月19日，http://af.china-embassy.org/chn/。
⑤ 2012年阿出口总额达15亿美元，进口总额达60亿美元，其中30亿美元用于进口燃料。中华人民共和国驻阿富汗伊斯兰共和国大使馆网站："阿富汗动态（2013年1月）"，2013年1月19日，http://af.china-embassy.org/chn/。

不断攀升;报纸电台等传媒业结束了塔利班时代的被严格控制状态,新闻自由和言论自由得到了很大程度恢复;医疗条件也大为改善,婴幼儿死亡率大为下降,人口数量大增,平均寿命也有所提升。[①]

阿富汗政治、经济等战后重建在卡尔扎伊政府时期取得显著进展的同时,也暴露出许多问题与弊端,面临着诸多困境与挑战,同时许多历史遗留问题依然未能得到解决,而这些问题的出现,与美国的对阿战略是密不可分的。阿富汗战后重建进程深受美国战略的影响甚至受其主导,优先反恐的对阿战略牵制了阿富汗政府的大量精力,卡尔扎伊的国家重建尤其经济重建计划的制定与美国的对阿战略一样,缺乏综合性、全面性与科学性,甚至缺乏可行性。阿富汗长期的毒品问题在这一时期出现了巅峰式发展,与美国的在阿优先反恐战略密不可分,是这一战略所产生的主要非预期效应之一;反过来,毒品问题前所未有的加速恶化,对美国的在阿战略也起到了负面的反作用,是塔利班卷土重来、美国在阿越反越恐的重要原因,也是造成阿富汗经济结构严重畸形、腐败现象泛滥的一大源头。

二、优先反恐战略与阿富汗毒品问题的巅峰式发展

美国的优先反恐战略对阿富汗的战后重建产生了不可避免也无法摆脱的影响,导致其他同样亟待解决的问题被忽视甚至被搁置,其中就包括毒品问题。美国在这一时期延续了其对阿富汗毒品问题的传统态度,即忽视、纵容甚至支持,这导致了后塔利班时代阿富汗毒品问题出现巅峰式发展的状况。美国所采取的在无替代农作物情况下根除罂粟种植的政策因遭到各方反对与抵制而流于形式。卡尔扎伊虽然意识到毒品问题的危害,然而受到美国优先反恐战略的掣肘,对该国毒品活动的打击成效甚微。毒品泛滥所助长的诸多问题如政府腐败与无效率、塔利班势力恢复、恐怖主义愈演愈烈等对美国在阿战略的实现

---

① 与1998年相比,2009年时的婴幼儿死亡率从27.5%下降到15.2%,人口数量从2010万攀升至3360万,平均寿命也从43岁提高到44.6岁。参见朱永彪:《"9·11"之后的阿富汗》,北京:新华出版社,2009年版,第85—86页。

产生了前所未料的负面效应,毒品问题及其所衍生或助长的其他问题也是阿富汗战后重建的一大障碍。

(一)优先反恐战略下美国的对阿毒品政策

上节已述,美国发动阿富汗战争的优先战略目的是为了打击以塔利班与基地组织为首的国际恐怖主义势力。在推翻塔利班政权之后的卡尔扎伊时代,恐怖主义对美国本土的威胁虽然大大降低,但阿富汗国内及其邻国的反恐形势却依然十分严峻。虽然遭到沉重打击,但塔利班和基地组织对阿富汗的安全威胁依然存在,针对北约部队与阿政府的恐怖袭击此起彼伏。塔利班领导人奥马尔及其他主要头目与基地组织领导人本·拉登依然在逃。这导致了美国在阿富汗进行战后和平重建的情况下依然采取优先反恐的战略,而延续了二十余年依然未能解决的毒品问题,却未能得到美国政府的重视。

美国在这一时期延续了其对阿富汗毒品问题的传统态度与政策,即忽视、纵容甚至支持。相比于在反恐任务上的"重兵屯守",美国的阿富汗战略中放在毒品问题上的精力则少得可怜。虽然意识到了毒品问题的严重性,且迫于国际舆论的压力,美国政府曾在阿富汗实行禁毒,但照搬哥伦比亚的禁毒经验,对阿富汗境内的罂粟种植采取简单粗暴的一刀切的根除政策,这遭到阿富汗国内各种势力尤其农民与军阀的反对与抵制。长达近30年的战乱使得传统农作物无法正常生产,毒品已经成为阿富汗农民维持生计的重要手段,且在替代农作物无法提供罂粟所带来的高酬报的情况下,阿富汗农民是不情愿放弃罂粟种植的。[1] 同理,各地军阀也不会轻易放弃对毒品活动的支持和参与,毒品的高利润已经成为他们资金支持链中不可或缺的一环,停止毒品活动无异于断其财路,削弱自身实力;美国政府虽然打压了北方联盟对战后和平重建的政治参与,但依然需要地方军阀在反塔利班与恐怖主

---

[1] 罂粟对于阿富汗农民的意义,不仅在于能带来传统农作物无法达到的高额经济利润,而且还在于它是人们日常生活中进行商品交易、放借贷款等的信贷手段。参见 UNODC, *The Opium Economy in Afghanistan: an International Problem*, United Nations Office on Drugs and Crime, Vienna, 2003, pp.113-127.

义方面发挥作用，禁止毒品活动就意味着断绝他们的重要财政来源，在引起地方军阀势力反对的同时，对美国的在阿反恐战略的实施也会极为不利。由于着重强调反恐任务，美国对阿富汗的毒品问题的重视程度严重不足，其解决方法显得过于草率与粗暴，缺乏思考性与可行性。正是由于遭到当地各方势力尤其农民与军阀的反对，以及自身禁毒政策的非科学性，美国在阿富汗的禁毒行动不断受挫。从一方面讲，为了达到彻底打击恐怖主义的战略目的，争取阿富汗当地反塔利班势力的支持，美国甚至有意采取了纵容与支持毒品活动的继续猖獗和毒品问题的进一步恶化。然而，长年的无政府状态，已经使得毒品问题深深扎根在阿富汗社会的各个层面，对国家的负面影响越来越根深蒂固而难以消除。卡尔扎伊也认识到了毒品问题的严重性，认为其危害性不亚于塔利班对国家政权的威胁，[①] 也曾表示在五到六年内彻底解决毒品问题，[②] 然而掣肘于美国的优先反恐战略，卡尔扎伊在毒品问题上也分身乏术；虽然多次呼吁美国与国际社会加大对阿富汗的援助及对毒品问题的关注，但未得到实质性回应；在毒品问题上的态度分歧，也是卡尔扎伊与美国关系在其第二任期内不断趋于紧张的重要原因。

美国是影响甚至决定阿富汗局势走向的最主要因素。它的战略取向和部署，直接影响甚至决定着阿富汗战后和平重建的进程。美国致力于在阿富汗实现禁毒但受制于多种因素而不断受挫是外界普遍认同的观点，然而阿富汗毒品经济的存在，是美国的利益所需要，彻底禁毒在相当长一段时期内甚至到现在也并不是美国的真实意愿。美国及其西方盟友对阿富汗毒品问题的推动作用是至关重要甚至是决定性的，这一推动作用是由美国在阿富汗所采取的重反恐而轻禁毒的战略取向和部署所决定的，而美国在阿富汗的以下利益需要，是这一战略取向的原因所在，也是推动阿毒品问题恶化的原因所在。

[①] 卡尔扎伊于2004年12月9日在一次打击毒品会议上说："种植罂粟、生产海洛因比苏联入侵和攻击我们国家更加危险，它比阿富汗部族冲突更加危险，它比恐怖主义更加危险。"人民网，http://www.people.com.cn/GB/guoji/1029/3046759.html。

[②] 卡尔扎伊2005年5月访问美国时如是说。新浪网，http://news.sina.com.cn/o/2005-05-24/16495976603s.shtml。

首先，美国在阿富汗首要战略利益是反恐而非禁毒。美国发动阿富汗战争的最主要原因或利益所在是打击恐怖主义及支持它的塔利班政权，消除对美国的安全威胁。禁毒并不在美国重点考虑范围之内。相反，在反塔利班的战争中，美国承认和支持当地与毒品有染的地方势力尤其军阀等，以换取他们站在美国一方。因此，当地各式各样的反塔利班势力得以成为美国的盟友，从而得到来自美国及其西方盟友的赞助和支持，包括大量的武器、金钱和外交声援等。拥有了武器和金钱等支持，阿境内的反塔利班势力在协助美国打击塔利班的同时，将更多的精力投入到向毒贩收税、保护毒品走私运输和交易等活动中来，以获取更大的利润，壮大自身力量等。尽管美国和阿富汗政府花巨资致力于打击司法腐败，但阿富汗境内与毒品有染的绝大部分毒枭和军阀还是直接免于起诉，或者通过行贿、上级官员庇护等方式被取消起诉。在2004年以来阿富汗毒品局势急剧恶化的情况下，美国及阿富汗政府显然将精力过于集中在打击塔利班和恐怖主义上，而对当地盟友的毒品活动却视而不见，甚至放纵支持他们从事毒品活动。禁毒事关阿富汗战后重建能否取得实质性成功，但美国在阿富汗的首要利益是反恐，战后重建虽然事关美国的战后形象，但与反恐相比，前者的重要性显然逊色许多。

第二，阿富汗毒品产业的存在，客观上为美国和西方带来巨大利益。首先，政治利益上，反对苏联。早在苏联入侵阿富汗期间，美国中央情报局（CIA）就开始卷入阿富汗毒品问题。[①] 中情局通过毒品洗钱的方式为阿富汗费都因人反叛苏联的秘密行动提供资助，甚至支持和保护当地的毒品交易；中情局还直接控制着阿富汗贩运毒品的通道，美国的官员接受贩毒集团的贿赂，保护罂粟生产者的利益。美国的这一秘密举动，壮大了阿富汗各派反苏势力，在相当大程度上瓦解了苏联在阿富汗的实力。当然，美国在阿富汗取得政治利益的同时，也助长了毒品问题的恶化。其次，阿富汗毒品生产市场的存在，为西方提

---

① Peter Dale Scott, "Can the US Triumph in the Drug-Addicted War in Afghanistan?", http://www.globalresearch.ca/index.php?context=va&aid=18522（访问时间：2012-11-4）。

供了廉价的毒品来源,客观上为美国等西方世界带来了巨大的经济利益。西方发达国家包括美国在内,是世界上最大的毒品消费市场。这些毒品不仅被私人吸食和滥用,而且是医疗麻醉行业所必不可少的原料。而在"金三角"和中南美洲等传统毒品产地纷纷衰落的背景下,阿富汗的罂粟种植和毒品生产开始在世界毒品生产市场中占据绝对主导地位,因此该地区实现全面禁毒,势必会急剧抬高世界毒品的价格,这是欧美国家所不愿看到的。相反的是,西方的银行体系在规范等方面存在着各式各样的漏洞,为毒品洗黑钱行为提供着便利,从而使毒品交易所产生的资金源源不断地流入西方国家的银行。此外,欧美国家还是阿富汗毒品提炼所需要的化学前体材料的主要来源地与提供者,并从中获取巨额利润。[1]

另外,在美国政府看来,毒品问题的危害性和威胁性远没有恐怖主义来得直接,虽然二者同属非传统安全领域的内容,但恐怖主义袭击对美国的安全威胁是显而易见和突如其来的;毒品问题则不然,它的负面影响更多地局限在阿富汗及其周边国家和地区,对美国的危害则要间接、次要与慢性得多。同时,阿富汗毒品问题涉及多方经济利益,较之恐怖主义更为复杂。对待塔利班与基地组织,美国与阿富汗政府态度较为一致,致力于共同打击;但毒品问题需要调和各方利益,其中包括阿富汗农民、军阀、阿富汗政府官员和警察等,是一种多方利益博弈,其解决难度甚过恐怖主义,因此得不到重视也就在情理之中。总之美国将阿富汗毒品问题放在了较为次要与从属的位置,并牵制了卡尔扎伊政府的禁毒行动和努力。卡尔扎伊认识到了毒品问题的严重性,也在各种场合多次表达其对国内毒品问题的关切与禁毒的决心,[2]并呼吁国际社会提供相关援助,然而其在禁毒方面的政绩总体表现平平,中央政府每年的禁毒计划都只能完成其中极小的一部分,阿

---

[1] 据联合国2010年数据报告显示,2008年有总量约达199344公升的毒品前体化学物质被截获,主要来源地就是欧洲、俄罗斯及阿富汗周边邻国。而近年来阿富汗毒品前体方面的交易总额大约有4.5亿美元,大部分交易所产生的利润回流至欧洲等西方相关企业。参见 UNODC, *World Drug Report 2010*, United Nations Office on Drugs and Crime, Vienna, June 2010, p.140。

[2] 卡尔扎伊在两次总统宣誓就职演讲以及各种打击毒品会议上都表达了新政府对毒品问题的态度与决心,如将对鸦片进行一场"圣战"、根除境内罂粟地等。

富汗每年的禁毒量不足本国毒品总量的10%。

由于受到美国的优先反恐战略的决定性影响，阿富汗毒品问题在后塔利班时代出现了巅峰式发展的态势，罂粟种植面积与毒品产量均远远突破了历史最高水平记录，阿富汗毒品在世界毒品生产市场中的地位也越来越重要。反过来阿富汗毒品问题在这一时期的巅峰式发展，对阿富汗局势尤其对美国在阿优先反恐战略起到了前所未料的诸多负面效应，是美国在阿富汗陷入困境的重要原因之一。

（二）毒品问题的巅峰式发展对阿富汗局势与美国战略的影响

由于受到美国优先反恐战略的影响甚至主导，后塔利班时代，阿富汗毒品问题出现了巅峰式发展，这对阿富汗局势与美国在阿战略起到了诸多非预期效应，而这一现象的出现，与美国在阿富汗的优先反恐战略自身所存在的缺陷有着密切的关系。

卡尔扎伊上台前夕，由于受到塔利班政权全国性根除罂粟种植政策的影响，阿富汗的毒品产业原本遭到了毁灭性的打击。[1] 然而随着阿富汗战争的爆发，塔利班的禁毒政策被终止，其政策对本国经济与民生的负面影响还未来得及体现，毒品形势就立刻恢复到了禁毒政策前的水平，这从另一角度可以看出，毒品在阿富汗的受欢迎程度以及毒品问题的难以解决。[2] 随着临时过渡政府的结束，卡尔扎伊正式开始了阿富汗的战后重建进程，国内出现了难得的总体和平局面，这为经济的恢复和发展提供了良好的客观环境，其中就包括战前即已极具规模的毒品经济。卡尔扎伊时代，阿富汗的罂粟种植面积、鸦片产量、毒品走私规模等各方面的数据都得到了大幅度的历史性刷新，毒品问题恶化程度甚至引起了国际社会的普遍忧虑。据统计，后塔利班时代，阿富汗罂粟种植面积最高的年份是2007年度的193000公顷，而这一时代之前的历史最高水平发生在塔利班时代的1999年，但该年的罂粟种植面积也仅为91000公顷。2007年阿富汗罂粟种植面积占到了世界罂

---

[1] 2000—2001年度，阿富汗罂粟种植面积仅为7600公顷，鸦片产量为185吨。

[2] 2001—2002年度，阿富汗罂粟种植面积就攀升至了74000公顷，鸦片产量升至3400吨，仅用一年时间就恢复到了禁毒前的水平。

粟总种植面积的81.7%，也即全世界八成多的罂粟种植都在阿富汗境内，罂粟种植曾蔓延至全国34省份中的绝大部分，仅3个省份得以"幸免"。与此相对应的是鸦片产量。2007年阿富汗的鸦片产量也达到了历史发展的最巅峰，为创纪录的8200吨，而全世界当年的鸦片产量虽然也达到了历史最高水平，但也只有8900吨，阿富汗一国所产的鸦片就占到了全世界鸦片总产量的92.1%。这不能不引起国际社会的广泛忧虑和高度关注。总的来讲，后塔利班时代，阿富汗罂粟种植与鸦片产量呈陡线上升的趋势发展，该国毒品形势前所未有的加速恶化，加重了阿富汗毒品问题给各方所带来的危害：本国经济结构严重畸形，毒品经济占到了该国经济相当部分比重；[1] 周边国家毒品非法犯罪活动更加猖獗，引起了诸国对本国安全局势的担忧。

阿富汗毒品问题在后塔利班时代所出现的巅峰式发展，对本国局势尤其战后政治重建起到了诸多负面效应，对美国的在阿战略的实现也产生了前所未料的障碍，这些负面影响和障碍总的来讲有贪污腐败现象严重及其所带来的政府低效能、地方势力的重新坐大、塔利班势力的卷土重来与恐怖主义的活跃。卡尔扎伊政府时期，贪污腐败现象十分严重，这也是其备受诟病的主要原因之一，而贪污腐败现象严重的一大原因，即为非法毒品活动在这一时期的空前猖獗。毒品的泛滥，调动了农民、军阀、毒贩、地方政府与警察、中央政府等各种群体都参与其中，而各环节毒品活动的"正常"进行，都离不开向政府官员行贿以求其提供保护伞，尤其毒品在走私的途中所遇到的各种关卡，毒贩需要向当地官员行贿，方能顺利通过。毒品的高利润甚至吸引了阿富汗各级政府官员直接参与到毒品活动中来。[2] 阿富汗地方官员和警察普遍存在着扮演毒品活动的保护者角色的现象。卡尔扎伊政府的25万到40万公务员中，有近10万人直接受益于毒品经济（收取运输费、

---

[1] 毒品经济在阿富汗经济中所占比重年份最高的是2003年，比重为61%，经济规模分别为28亿美元与46亿美元。参见UNODC, *Afghanistan Opium Survey 2004*, Government of Afghanistan Counter Narcotics Directorate, Vienna, November 2004,p.1。

[2] 据悉，阿富汗官员至少涉嫌该国70%的毒品走私，毒品交易链从地区一直延伸到政府的最高层。参见刘青建："阿富汗重建失效之分析"，《西亚非洲》，2008年第10期。

抽取利润、收受贿赂等），近乎形成毒枭影子内阁。①阿富汗地方军阀、毒贩是该国毒品活动的直接参与者与获益者。长年的战乱导致阿富汗法治环境长期缺失，各地军阀在反苏与进行内战的过程中为了筹集资金以换取武器与招募兵员，与毒贩相互合作，鼓励或强迫当地农民进行罂粟种植，然后提炼成鸦片与海洛因等毒品走私国内外。阿富汗境内之所以形成数条畅行无阻的毒品走私路径，与其当地官员与警察的视而不见不予打击甚至提供保护分不开的。毒品的利润，更多地存在于毒品深加工和走私交易中，而非罂粟种植和毒品的初级提炼上。这一利润占到了阿富汗毒品产业总利润的75%，②除了被军阀与毒贩等势力得到外，为其活动提供保护的当地官员、警察等也从中获益，这无疑加重了阿富汗政府的贪污腐败现象。③值得一提的是，这些势力大部分都因反对塔利班而成为美国在阿富汗的盟友，得到了美国的支持。

  毒品问题在该时期的巅峰式发展，其对阿富汗经济、政治、民生的影响之大甚至让卡尔扎伊所领导的中央政府也改变了对毒品的态度。卡尔扎伊政府虽然认识到了毒品泛滥的危害性甚至远大于包括恐怖主义在内的国内其他问题，④也多次强调其禁毒决心并呼吁国际社会提供相关援助，但在毒品快速恶化的形势下，卡尔扎伊本人对禁毒问题也表现出退缩的态度。虽然多次表态政府坚决禁毒的立场和态度，但多流于口号或形式，甚至开"空头支票"，切实的禁毒行动收效甚微。卡尔扎伊缺乏切实禁毒的真实意愿，主要出于经济与政治上的考量。长期的毒品泛滥已导致毒品经济占到了阿国内生产总值中相当大的比重，并使整个国民经济严重畸形化。如果禁毒行动取得实质性进展，势必将严重削弱战后得以恢复中的阿富汗经济。据估计，阿富汗

---

① 伊斯兰研究课题组："阿富汗为何沦为'毒品—恐怖国家'？"《现代国际关系》，2010年第2期。
② Julien Mercille, "The U.S. 'War on Drugs' in Afghanistan, Reality or Pretext", *Critical Asian Studies*, 43: 2, 2011, p.295.
③ 2012年，阿富汗公务员受贿总金额为25亿英镑（约合人民币245亿元），为其财政收入的两倍，其中很大一部分都与毒品有关。参见新华网："阿富汗公务员去年受贿25亿英镑 为政府财政收入两倍"，http://news.xinhuanet.com/world/2013-02/08/c_124338517.htm。
④ 卡尔扎伊于2004年12月9日在一次打击毒品会议上说，"种植罂粟、生产海洛因比苏联入侵和攻击我们国家更加危险，它比阿富汗部族冲突更加危险，它比恐怖主义更加危险。"人民网，2011-11-21，http://www.people.com.cn/GB/guoji/1029/3046759.html。

若成功根除罂粟种植，该国的GDP总量将直接被削弱30%以上，[①]这是卡尔扎伊在阿富汗经济难得从战争中有所恢复的情况下所不愿看到和接受的。另外，卡尔扎伊上台多依赖于广大农民的支持，彻底禁毒将切断他们赖以谋生的生存手段，这势必影响卡尔扎伊的支持率。政治上，毒品所滋生或助长的贪污腐败现象根深蒂固，彻底禁毒并根除由此带来的腐败现象几乎不可能实现。地方军阀大多卷入毒品活动并从中获益，彻底禁毒并打击毒品活动将打击他们继续帮助中央政府打击恐怖主义的积极性甚至引发他们的政治不满，引起国内政局动荡。卡尔扎伊的禁毒意志，受到政府内部与地方军阀势力关系密切的官员的阻挠，就连卡尔扎伊的亲弟弟，也曾涉嫌卷入了毒品贸易。毒品问题所滋生或助长的贪污腐败现象造成了卡尔扎伊政府的低效能，这严重影响了阿富汗的战后重建进程。

毒品问题在这一时期的巅峰式发展，所带来的另一大负面效应即为塔利班的卷土重来与恐怖主义的重新活跃。美国在阿富汗的优先反恐战略强调对塔利班及基地组织进行军事上的正面打击，而对恐怖主义的外部支持包括财政支持的打击却并未得到重视。这是布什政府单边主义思维的延续。塔利班失去对喀布尔的控制后，虽然在正面不断承受着北约部队与阿富汗政府军的军事打击，但依然凭借着支持与参与毒品活动所获得的资金赢得了喘息进而恢复壮大的机会。[②]虽然这一时期塔利班从毒品活动中获益多少还存在着不小的争议，但从中获益却是不争的事实。可以说，美国的优先反恐战略并未能对塔利班做到"釜底抽薪"，断其财路，从而使其反恐成效大打折扣，造成了塔利班死而不僵的非预期性后果。塔利班近来不断利用一系列的针对驻阿部队与阿政府的袭击攻势宣告着自己势力的恢复与壮大，虽然基地组织头目本·拉登被击毙，但针对阿富汗政府与西方势力的恐怖袭击却

---

① Vanda Felbab-Brown, "The Drug-Conflict Nexus in South Asia: Beyond Taliban Profits and Afghanistan," *The Afghanistan-Pakistan Theater: Militant Islam, Security, and Stability*, pp.90-122.

② 塔利班政权倒台后的阿富汗的毒品生产，主要集中在赫尔曼德和坎大哈等南部省份，南部地区的鸦片产量占据阿富汗现阶段鸦片产量的80%以上，2008年度曾高达98%。参见 UNODC, *Afghanistan Opium Survey 2008*, Government of Afghanistan Ministry of Counter Narcotics, Vienna, November 2008, p.11。

愈演愈烈。这导致了美国不断增兵阿富汗，奥巴马政府上台以来加大了对阿富汗的重视，宣布向阿富汗增兵3万人，以打击"基地"恐怖组织，帮助建设阿富汗安全部队。2010年伊始，阿富汗及北约部队又发动了针对塔利班的代号为"共同行动"的大规模军事行动，并取得了重要进展。但塔利班对阿富汗的安全威胁并没有得到根本性的解除，阿富汗和平重建进程依然任重道远。美阿政府也开始谋求与塔利班进行政治和解，这在一定程度上是对美国重反恐轻禁毒战略的修正甚至否定。可以说，美国的优先反恐战略，由于忽视对阿富汗毒品问题的解决，并未达到其彻底打击恐怖主义的预期目的。

美国的优先反恐战略，之所以造成了这一时期阿富汗毒品问题的巅峰式发展，并延伸出腐败与恐怖主义等其他非预期效应，进而最终未能达到其预期目的，是与这一战略自身所具备的缺陷密不可分的，其中最大的缺陷即为缺乏综合性与全面性、系统性。打击恐怖主义，绝非仅仅是对恐怖分子及其场所进行军事打击如此简单，而是一项需通过更多非军事手段打击其整个恐怖主义网络的系统工程。布什政府在2003年的国家反恐战略报告中也认识到了这一点，称打击恐怖主义不能单独依靠或主要依靠军事手段，而是需要利用每一种国家权力资源工具，包括外交、经济、法律、财政、信息、情报和军事等与恐怖主义网络作战，以及所有支持恐怖主义将恐怖传布在全世界的力量。[①]可见美国政府在反恐的目标与手段上，有着综合性的、全面性的认识，但在具体实施方面，布什政府却远未能按照报告中的内容制定与部署其在阿富汗的反恐战略，过分强调对恐怖分子的军事打击，对恐怖主义的支持来源尤其财政来源的打击远远不够，犯了类似于单边主义的战略性失误。美国一名资深外交官彼得·托马森曾指出，美国的对阿政策缺乏系统性甚至有许多错误之处，实用主义过强，缺乏远见。[②]这样的战略性失误，吸引了美国自身及阿富汗政府的大量精力都用在了

---

① George W. Bush, *National Strategy for Combating Terrorism 2003*.
② 托马森指出，美国的对阿政策除了阻止国际恐怖主义外，还应铲除鸦片生产和贸易，复兴阿富汗的过境贸易等。参见何明：《塔利班政权的兴亡及其对世界的影响》，上海：华东师范大学出版社，2005年版，第86页。

军事反恐上面,从而降低了对毒品问题的关注度,从客观上放纵了毒品问题的加速恶化,也因此助长了阿富汗国内的贪腐现象;而未被"断绝粮草"的塔利班与基地组织则可以借机得以休养,重新壮大自身势力,这也意味着美国的在阿反恐战略未取得成功。

总之,后塔利班时代,美国的优先反恐战略决定了其对阿富汗毒品问题的忽视、纵容与支持态度,是这一时期毒品形势出现巅峰式发展的主要外部因素。毒品问题的发展,助长了阿富汗国内贪腐现象的泛滥,使塔利班与基地组织有了死灰复燃卷土重来的机会,也使美国的在阿反恐战略所取得的成效大打折扣。解决阿富汗毒品问题,美国必须修正其在阿优先反恐战略,认清毒品与阿富汗总体局势之间的密切关系。奥巴马上台后,虽然加大了对阿富汗经济与民生的关注,也致力于打击阿富汗的腐败,并制定了涵盖阿富汗政治、经济、社会、安全等全方面的对阿战略,在阿富汗战后重建进程中发挥更大作用;特朗普上台后则高举"美国优先"的大旗,在对阿战略与政策调整中,突出美国撤军的必要性,并强调美国无意主导阿富汗国家重建进程,以免过度卷入阿富汗事务。总的来讲,阿富汗战争以来的三任美国总统虽然对阿富汗战略与政策各有不同,但核心关切依然是美国在该地区的反恐利益,其重要性和紧迫性是毒品问题所"无法比拟"的。

三、后塔利班时代阿富汗毒品形势发展概况

进入21世纪以来,由于受到美国优先反恐战略的制约,以及阿富汗国内各方面的原因,毒品形势恶化到了历史最严重的地步,罂粟种植面积、毒品产量以及走私量都攀升至历史最高水平。

(一)罂粟种植方面

塔利班倒台后,其所采取的罂粟种植禁令也没能得到继承与延续,卡尔扎伊政府和加尼政府均将更多精力放在政治重建以及同塔利班的斗争或和解和谈上,阿富汗国内的罂粟种植其实出于一种类似无政府监管状态,这直接导致了该国罂粟种植面积的迅速恢复以及加速蔓

延。2001年，由于塔利班实行禁毒政策以及爆发阿富汗战争，当年的罂粟种植面积大减，仅为8000公顷；但之后的2002年，罂粟种植就立刻恢复到战前水平的74000公顷，2003年为80000公顷，达到2001年的10倍；此后阿富汗的罂粟种植面积连年增长，2007年达到历史最高值，当年的种植面积达到了193000公顷。此后的2008年至2010年稍有回落，分别为157000公顷、123000公顷和123000公顷，但2011年起，阿富汗的罂粟种植面积在经过短暂的回落之后，又呈现出逐步回升的态势，从131000公顷攀升至2014年的224000公顷。[1]

近年来阿富汗种植罂粟主要省份分布变化情况方面。阿富汗的罂粟种植，多集中在西部和中南部各省份，传统的种植大省有东北部的巴达赫尚省，南部的坎大哈省、赫尔曼德省等省份。2001年，由于塔利班的禁毒政策，巴达赫尚省一个省份的罂粟种植面积在全国总种植面积中的相对比重就达到了83%。[2] 此后，阿富汗的罂粟种植开始由传统省份向全国范围扩展；至2006年，除了首都喀布尔及其附近地区没有"沾染"到毒品外，全国各地都不同程度地种植了罂粟。1998年，全国34个省份中，种植罂粟的省份才13个；至2004年，这一数字上升为31个，全国只有3个省份没有"染上毒品"。随着阿富汗政府禁毒行动的进行，毒品的扩散有所改善，2005年无罂粟种植的省份上升为10个，2007年为13个，2008年为18个，至2009年，全国已经有20个省份清除了罂粟的种植。[3] 在尚未清除罂粟的省份中，以南部省份居多，其中，赫尔曼德省一直保持着高产量的趋势，随着其他省份罂粟种植面积的减少，该省的鸦片产量在全国的比重日益增加。2003年，该省的罂粟种植面积为15371公顷，占到全国总种植面积的19.2%，2004

---

[1] UNODC, *Afghanistan Opium Survey 2014 Cultivation and Production*, Islamic Republic of Afghanistan Ministry of Counter Narcotics, 2014, p.12.

[2] UNDCP, *Afghanistan Annual Opium Poppy Survey 2001*, United Nations International Drug Control Programme, 2001, p.11.

[3] UNODC, *Illicit Drug Trends in Afghanistan*, THE PARIS PACT INITIATIVE, United Nations Office on Drugs and Crime, Vienna, June 2008, p.10. *Afghanistan Opium Survey 2009*, Government of Afghanistan Ministry of Counter Narcotics, 2009, p.26.

年种植面积猛增为29353公顷，近乎翻了一番；[①] 到了2007年，赫尔曼德省的罂粟种植面积已经超过全国总种植面积的一半以上，达到了53.3%。[②] 2009年这一比重上升到了66%。除了赫尔曼德省外，南方罂粟种植大省还有坎大哈省、乌鲁兹甘省等，这些省份的罂粟种植总面积占到了全国总面积的90%以上，以2008年为例，该年98%的罂粟种植都分布在以上诸省。需要注意的是，南部省份是塔利班势力集中的地区，这对分析毒品问题与恐怖主义之间的关系有着重要的数据意义。

在世界毒品生产市场的角度来看，阿富汗的罂粟种植在世界中的地位越来越重要。苏联入侵阿富汗直至塔利班政权倒台，阿富汗的罂粟种植在世界总种植面积上都不占主要地位，或者说其对国际生产市场的影响并不至关重要。这一时期，世界主要鸦片产地集中在"金三角"的缅甸和老挝等国。据资料表明，1986年的世界罂粟总种植面积在132000公顷左右，而当年阿富汗的罂粟种植只有10000公顷，占世界总种植面积的约7.6%。然而这一比例此后逐年上升；1989年苏联撤军时，这一比重达到了13%，1996年塔利班夺取政权时达到了22%；[③] 进入新世纪，阿富汗的罂粟种植面积开始本质上左右着世界总种植面积的变化趋势。2001年，随着塔利班禁毒政策的施行，阿富汗当年的罂粟面积迅速萎缩，从2000年的82171公顷降至7600公顷；受其影响，当年世界罂粟总种植面积也从前一年的222000公顷降至142000公顷。此后阿富汗的毒品形势迅速恢复并进一步恶化，外加缅甸、老挝等国在国际社会及其邻国的协助下，在当地政府的政策决心下，该地区的禁毒成效斐然。缅甸和老挝这两大传统产毒大国在世界毒品生产市场中的地位与影响日渐式微。这些都使得阿富汗在世界毒品生产市场中的地位相对得到提高。卡尔扎伊政府正式运作后，2004年阿富汗罂粟种植面积达到了创纪录的131000公顷，占到当年世界总种植面积的

---

① UNODC, *Afghanistan Opium Survey 2006*, Government of Afghanistan Ministry of Counter Narcotics, 2006, p.5.

② UNODC, *Afghanistan Opium Survey 2007*, Government of Afghanistan Ministry of Counter Narcotics, 2007, p.11.

③ UNODCCP, *Global Illicit Drug Trends 1999*, ODCCP Studies on Drugs and Crime, 1999, p.23.

67%。此后，这一比重连年攀升，2006年达到了82%，随后的几年中有所下降，目前大致维持在65%左右水平。[①]（见图7）从发展变化的趋势来看，世界罂粟种植面积的大小越来越受阿富汗的影响，并最终为其所左右。世界罂粟种植面积并没有由于缅甸与老挝等国种植面积的迅速萎缩而急剧下降，阿富汗的罂粟种植放缓了这一进程，甚至使得世界罂粟产量得以一定程度的反弹。

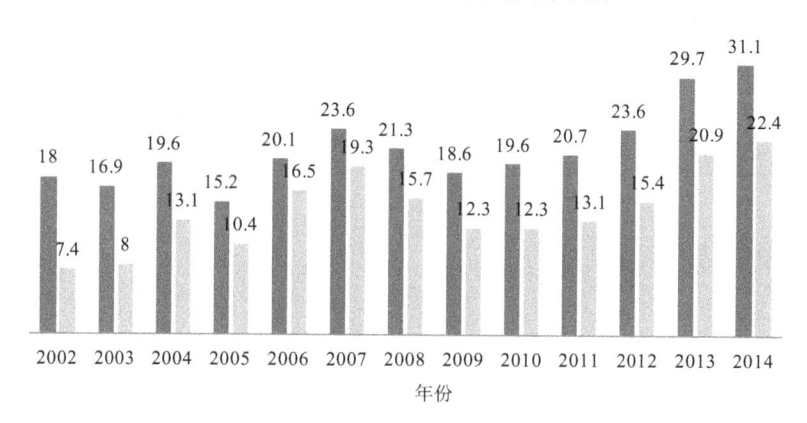

年份	世界罂粟种植面积	阿富汗罂粟种植面积
2002	18	7.4
2003	16.9	8
2004	19.6	13.1
2005	15.2	10.4
2006	20.1	16.5
2007	23.6	19.3
2008	21.3	15.7
2009	18.6	12.3
2010	19.6	12.3
2011	20.7	13.1
2012	23.6	15.4
2013	29.7	20.9
2014	31.1	22.4

图7 卡尔扎伊时期阿富汗罂粟种植面积及其与世界的比较（万公顷）

资料来源：UNODC, *World Drugs Report 2012, 2013,2014,2015,* United Nations Office on Drugs and Crime, Vienna。

（二）鸦片产量方面

卡尔扎伊时期，阿富汗的鸦片产量年增长速度都远远超过以往。1980—2000年间，阿富汗的毒品产量增长了约3000吨，年均增长速度约为15%；2001年战争当年，阿富汗的毒品产量不足200吨，可战后的2002年，毒品产量立刻恢复战前的3400吨水平，此后产量连年飙升。据统计，2007年，阿富汗毒品产量达到历史最高水平，鸦片总产量为8200吨。其中，2005年产量为4100吨，仅一年时间，2006年的产量就增长了2000吨，达到了6100吨，同样的增长速度伴随着2007年；2008—2010年，阿富汗的毒品产量稍有回落，分别为7700吨、6900吨

[①] UNODC, *World Drugs Report 2009*, United Nations Office on Drugs and Crime, Vienna, June 2009, p.34.

和3600吨,2011年起又回升至5800吨的高水平。①

受罂粟种植面积变化的影响,阿富汗鸦片产量在世界鸦片总产量中的地位有着类似的变化过程。虽然阿富汗的毒品问题自苏联入侵就开始恶化,但在世界毒品生产市场中的地位长期居于缅甸、老挝等国之后。据联合国1999年发布的《全球非法药品趋势》报告显示,1986年世界鸦片总产量为1821吨,其中阿富汗毒品的比重为19%;而到了苏军撤离后的1989年,这一比例上升为35%;1993年内战尚未结束时,阿富汗鸦片产量就占到了全世界鸦片总产量的一半;1996年塔利班初上台时,这一比重为52%;②进入新世纪的2002年,世界毒品生产市场有所萎缩,越来越靠阿富汗独自支撑。塔利班倒台后的阿富汗鸦片产量在世界总产量中的比重几乎每年都在85%以上,2004年升至87%,2005年为89%,2006年时比重最高,达到了93%。③可以说,世界禁毒的关键就在于阿富汗(见图8)。

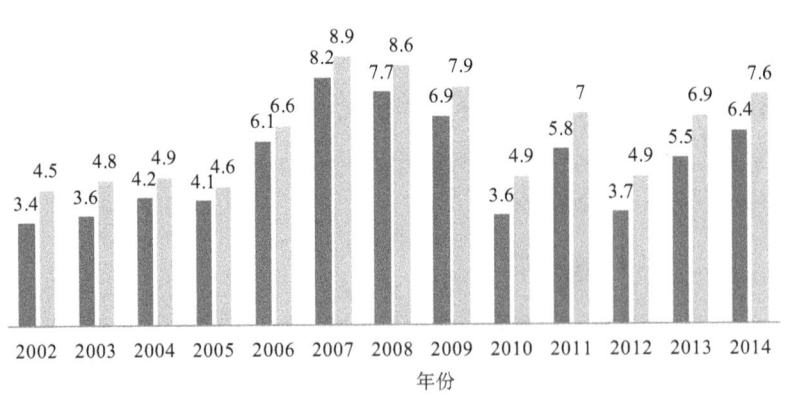

图8 卡尔扎伊时期阿富汗鸦片产量及其与世界的比较(千吨)

资料来源:UNODC, *World Drugs Report 2012, 2013, 2014, 2015, Afghanistan Opium Survey 2015*。

---

① UNODC, *Afghanistan Opium Survey 2011*, Islamic Republic of Afghanistan Ministry of Counter Narcotics, Vienna, December 2011, p.53.
② UNODCCP, *Global Illicit Drug Trends 1999*, ODCCP Studies on Drugs and Crime, 1999, p.23.
③ UNODC, *World Drugs Report 2009*, United Nations Office on Drugs and Crime, Vienna, June 2009, p.34.

与此同时也必须看到，虽然这一时期阿富汗的鸦片产量不断增长，其在世界中的地位也愈加重要，但其所产生的经济价值在阿富汗GDP中的比重却不断下降。原因在于，随着战后的和平进程以及国际社会的援助，阿富汗经济开始恢复，且速度大大快于毒品增长速度。2004年大选后，阿富汗每年的国民生产总值都保持了两位数的高速增长，2006年的增速甚至高达29%。[①] 2004年阿富汗的GDP总量为47亿美元，至2017年，这一数字就已经达到了208亿美元。[②] 而与此相比，罂粟种植面积虽然与前两个阶段相比有所扩大，毒品产量相对快速增加，但这一增速与整个国民经济相比还是慢了很多。毒品经济在国家经济中的地位与影响已经开始有所下降。这一点可以从阿富汗鸦片出口总值与GDP总量之间的比较中得到证明（第5章中将重点进行分析）。当然，这并不意味着阿毒品问题形势有所本质性好转，毒品问题仍然不容忽视，它依然是阿富汗和平重建的一大障碍。

值得注意的是，近年来，阿富汗的毒品经济已经从简单的罂粟种植、鸦片收割与初级产品的走私与非法贸易，逐步发展成海洛因等高级复杂毒品的生产与加工。起先，由于战乱的环境、落后的提炼技术和条件等原因，阿富汗的毒品生产与走私多局限在鸦片等初级毒品上，而海洛因等高级毒品的提炼则基本在走私国外之后再完成。鸦片等初级毒品价值含量低，且携带困难，走私成本高；而在走私国外前将大量的鸦片提炼成轻便的海洛因（提炼1公斤的海洛因，需要消耗10公斤的鸦片），不但重量上减轻许多，而且走私不易被察觉；且海洛因的价格是鸦片的10倍以上，利润也相对较高。近年来，阿富汗所产的鸦片，在境外走私前越来越多地被提炼成海洛因。2007年时，据估计，58%的鸦片在出口前被提炼成了海洛因等高级毒品，[③] 而且这些高级毒品的产地不在中央政府的控制范围之内，而是被地方军阀、毒贩等势力所操纵。

[①] UNODC, *Afghanistan Opium Survey 2006*, Government of Afghanistan Ministry of Counter Narcotics, 2006, p.1.

[②] UNODC, *Afghanistan Opium Survey 2011*, Islamic Republic *of Afghanistan Ministry of Counter Narcotics*, Vienna, December 2011, p.3.

[③] UNODC, Afghanistan Opium Survey 2007, Government of Afghanistan Ministry of Counter Narcotics, 2007, p.24.

第5章

阿富汗毒品问题的危害

阿富汗毒品问题的危害，随着该问题的长期拖延而变得愈加严重，这一危害不仅体现在国内方面，对国际社会尤其邻国的危害也是十分让人担忧。对本国的危害主要体现在经济结构畸形、反恐局势复杂化、和平重建遇阻等方面。毒品问题使得该国的经济结构发生严重畸形，毒品经济在国民经济占据相当大的比重，而传统粮食作物与经济作物无法正常生产，造成该国粮食短缺而需国际救济；毒品问题使得阿富汗及周边地区的反恐形势复杂化与艰巨化，在一定程度上助长了恐怖主义的死灰复燃和塔利班的卷土重来，使美国在阿富汗出现越反越恐的困境；阿富汗毒品问题所产生的腐败与政府低效能阻挠了卡尔扎伊所领导的战后和平重建；毒品滥用还造就了大批的吸毒者。毒品走私恶化了阿富汗周边国家的社会风气，造成毒品活动猖獗，尤其青年吸毒者的增加，严重影响了当地的社会稳定，对当地的政治与经济产生了令人忧虑的负面影响。阿富汗毒品问题还影响着欧美国家等毒品消费市场。

一、毒品问题对阿富汗本国的危害

毒品问题对阿富汗本国的危害最大，阿富汗也因此成为名副其实的"毒品王国"。毒品渗透到包括经济、政治、民生等在内的国家各个层面,使其难以摆脱毒品的影响而出现诸多难以解决的问题。

(一)经济危害

毒品的泛滥对阿富汗国内经济所造成的危害最大,或者说阿富汗毒品问题所带来的最主要危害指向了经济层面,这一危害具体主要是指经济结构的严重失衡与畸形。毒品经济属于非法经济形式范畴,但在阿富汗国民经济中却占据着举足轻重的地位,排挤了其他合法经济形式,使该国经济结构长期受毒品产业困扰,国家经济被深深地"毒化"。

阿富汗是一个传统的农业与游牧业国家,农业在其国家经济中占据着相当大的比重。虽然本国地理条件多以高原与山地为主,适宜农耕的平原面积十分狭小。[1] 与此同时,阿富汗还有着不适合农牧业生产的恶劣气候条件。由于属于内陆国家,阿富汗以大陆性气候为主,终年干燥少雨,年均降水量少于210毫米。冬季严寒,夏季酷热;年温差和日温差均较大,季节明显。阿富汗降水量一般随着海拔高度的增加而增加,北部大部分地区、西南部、东南部等地势低洼的地区,年降水量在100毫米以下;而喀布尔、巴达赫尚省以及阿富汗中部等地区,年降水量则在300—400毫米之间。冬春两季受西风带湿润气流影响多阴雨天气,集中了全年大部分的降水。而到了5月上旬,温带西风带北移,阿富汗受副热带高压控制,干热少雨,且沙尘天气非常频繁。[2] 由于年降雨量很少,阿富汗经常发生旱灾,这种气候多不适宜普通农作物和经济作物的生长,尤其是干旱,经常使得阿富汗的农业经济遭受重创。这样的气候条件并不适合谷物等传统农作物的生长,却非常适合罂粟等毒源作物的生存。罂粟人称"懒汉庄稼",自播种后,不需要精心耕种与灌溉,就可以等待果实成熟了。阿富汗的罂粟单位种植面

---

[1] 阿富汗山地与高原面积占全国总面积的80%左右,20世纪70年代陷入战争前夕,全国耕地面积也仅为780万公顷,占全国面积的12.5%,参见王凤:《列国志(阿富汗卷)》,北京:社会科学文献出版社,2007年版,第4、202页。

[2] 王凤:《列国志(阿富汗卷)》,北京:社会科学文献出版社,2007年版,第15—17页。

积和密度都为世界之最,再加上人烟稀少(全国约3000万人口)和几乎与世隔绝的封闭的地理环境和交通,这些条件不仅利于罂粟种植和加工,而且利于毒品的非法交易与走私。除了地理条件与气候条件不利于传统农作物生产外,阿富汗的灌溉水利条件也十分简陋,相关基础设施建设长期处于废弛状态。这些都造成了阿富汗的种植业的落后,粮食作物不能自给,小麦、玉米、稻谷是其主要粮食作物,但产量一般都不大;经济作物如棉花是阿富汗的大宗出口商品,虽被誉为"白黄金",但总体来讲种植面积狭小,产量有限。然而,在这种主客观条件都不甚理想的情况下所产生的农业经济却已是阿富汗国民经济的主要支撑产业,在20世纪70年代,阿富汗农业经济占到国民生产总值的一半以上,全国劳动力的70%以上都从事农牧业。[1]

然而,随着1979年苏联入侵,阿富汗陷入战乱状态并一直延续到21世纪初,使得该国脆弱的灌溉系统遭到摧毁,农民流离失所,造就了大批的难民队伍,流落到阿富汗各地及边境地区。[2] 传统农作物无法种植,罂粟等毒品原作物因其自身所能带来的高利润特性而作为替代作物为各方所接受并普及开来:游击武装(后为地方军阀)和塔利班以此获取财政支持,农民以毒品作为谋生的基本手段,毒贩则凭借毒品获取高额非法利润。由于毒品在阿富汗国家经济中所起的作用越来越大,最终出现了奇怪的"毒品经济",且其规模越来越大,排挤着合法产业在国民经济中的位置。阿富汗的国民经济出现了严重的结构畸形,也影响了国家其他方面的发展进程。

毒品经济在阿富汗国民经济中的地位之重,可以从阿富汗每年的鸦片出口总值与该年的GDP总量的比较,罂粟种植面积与传统农作物的种植面积的比较中得出认识。先看阿富汗每年所出口的鸦片总值。随着罂粟种植面积的不断扩大,毒品产量(主要是鸦片产量)的不断提高,由此所产生的"毒品经济"规模在阿富汗GDP总量中所占的比

---

[1] 王凤:《列国志(阿富汗卷)》,北京:社会科学文献出版社,2007年版,第201页。
[2] 自20世纪90年代中期起,连年的战乱导致阿富汗成为世界上最大的难民国,有800多万阿难民分布在全球70多个国家。"阿富汗寻求停止难民遣返",中华人民共和国商务部,2013-1-20,http://www.mofcom.gov.cn/aarticle/i/jyjl/j/200801/20080105332717.html。

重也越来越大。据统计，2004年，阿富汗毒品出口总值为28亿美元，而合法GDP总量只为47亿美元，毒品出口规模达到了国民经济总规模的60%。这也是阿富汗毒品出口在国民经济中比重最大的一年，较之2003年的50%，增长了10个百分点。[①]而此后，随着阿富汗和平进程的有效进展，国内局势渐渐趋于稳定，经济形势有所好转，毒品产量与出口规模虽继续保持增长的态势，但其在国内生产总值中的比重有所下降。2005年，阿富汗GDP总量为52亿美元，同比增长10.4%；其中，毒品出口所创造的价值为27亿美元，同比下降3.6%，占阿富汗GDP总量的52%，同比下降9%。[②]2006年，阿富汗GDP总量为67亿美元，同比增长29%；其中，毒品出口总值为31亿美元，同比增长14.8%，占阿富汗GDP总量的46%，同比下降6%。[③]2007年毒品形势有所恶化，阿富汗GDP总量为75亿美元，同比增长12%；其中，毒品出口约为40亿美元，同比增长29%，占阿富汗GDP总量的53%，同比增长7%。2008年，阿富汗GDP总量为102亿美元，同比增长36%；其中，毒品出口总值34亿美元，同比下降15%，占阿富汗GDP总量的33%，同比下降20%。[④] 2009年，毒品出口继续呈下滑趋势，总额约为28亿美元，占到了该年阿富汗GDP总量的26%，同比下降了7%。[⑤]2010年，阿富汗毒品出口在国民经济中的比重终于下降到了十分次要的位置，该年这一比重仅为11%，同比下降了15%，出口总额仅为14亿美元。[⑥]2011年，阿富汗罂粟种植面积和鸦片产量有所回升，毒品出口形势也有所反弹，从上一年的14亿美元恢复到了26亿美元，

[①] UNODC, *Afghanistan Opium Survey 2004*, Government of Afghanistan Counter Narcotics Directorate, United Nations Office on Drugs and Crime, Vienna, November 2004, p.1.

[②] UNODC, *Afghanistan Opium Survey 2005*, Government of Afghanistan Counter Narcotics Directorate, United Nations Office on Drugs and Crime, Vienna, November 2005, p.1.

[③] UNODC, *Afghanistan Opium Survey 2006*, Government of Afghanistan Counter Narcotics Directorate, United Nations Office on Drugs and Crime, Vienna, October 2006, p.1.

[④] UNODC, *Afghanistan Opium Survey 2008*, Government of Afghanistan Counter Narcotics Directorate, Vienna, November 2008, p.5.

[⑤] UNODC, *Afghanistan Opium Survey 2009*, Government of Afghanistan Counter Narcotics Directorate, Vienna, December 2009, p.5.

[⑥] UNODC, *Afghanistan Opium Survey 2010*, Government of Afghanistan Counter Narcotics Directorate, Vienna, December 2010, p.7.

在GDP总量中的比重也反弹到了16%,同比上升了5%[①](见图9)。阿富汗毒品出口规模自2008年起在本国国内生产总值中所占的比例不断下降,有着两方面的原因,一是阿富汗毒品形势在美国与阿富汗政府转变对毒品态度与政策的作用下有所好转,毒品产量及出口量随之回落;二是阿富汗经济在战后的恢复与发展速度较快,经济总量不断扩大,在二者此消彼长的对比中,阿富汗毒品出口所带来的毒品在国民经济中的地位也随之不断降低。

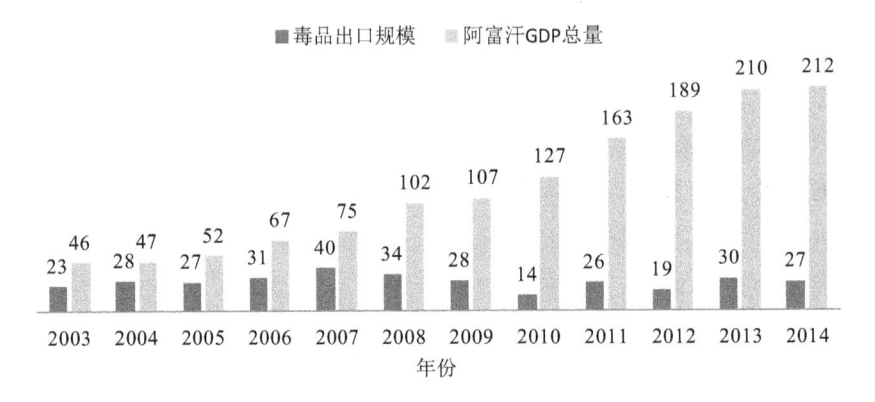

年份	毒品出口规模	阿富汗GDP总量
2003	23	46
2004	28	47
2005	27	52
2006	31	67
2007	40	75
2008	34	102
2009	28	107
2010	14	127
2011	26	163
2012	19	189
2013	30	210
2014	27	212

图9　卡尔扎伊时期毒品出口规模及其与GDP的比较(亿美元)

资料来源:UNODC, *Afghanistan Opium Survey 2003-2015*。

非法经济在国民经济中一度占据半壁江山的位置,足以表明毒品对本国经济的畸形化形塑作用及其所导致的经济结构的严重失衡。另外,毒品对本国经济的危害,还可从传统农作物种植面积和产量与罂粟种植面积和鸦片产量的此消彼长中,毒品对传统经济形式的排挤中得到认识。苏联入侵前毒品未在阿富汗大面积泛滥时,阿富汗的主要粮食作物种植是小麦、玉米、稻谷、大麦,经济作物主要是棉花和油料作物。在20世纪70年代,阿富汗的小麦种植面积占到了全部农作物的75%,按照阿富汗可耕种面积为790万公顷计算,这一时期阿富汗小麦种植面积超过了590万公顷,然而由于技术条件落后等因素,小麦

---

① UNODC, *Afghanistan Opium Survey 2011*, Government of Afghanistan Counter Narcotics Directorate, Vienna, December 2011, p.3.

产量维持在250万吨上下水平。玉米种植面积在45万—50万公顷，产量在70吨—80吨。稻谷和大麦的种植面积与产量大体相当，均在20万—40万公顷、30万—40万吨之间徘徊。① 这一时期的阿富汗，棉花是其最重要的经济作物，1976—1977年度，阿富汗棉花种植面积达到了12.8万公顷，产量为16万吨。油料作物如棉籽和芝麻等的种植规模也比较大，达到了15万公顷。另外还有少量的甘蔗和甜菜，其中甜菜的种植面积为4600公顷。② 而经过长年的战乱以及罂粟种植的大面积泛滥，阿富汗传统农作物受到严重排挤，尤其表现在棉花等经济作物上。以2009—2011年度为例，阿富汗棉花种植面积仅为3.3万公顷，而小麦等粮食作物的种植面积也仅恢复到了300余万公顷，较之陷入战乱前依然有着较大差距。空缺出来的可耕土地有一大部分因为战乱而陷入荒芜，其余部分则被种植罂粟等毒品原作物。罂粟是一种非法经济作物，但能带来比小麦高出10倍的经济利润，③ 这一利润比也是棉花等传统经济作物所无法比及的。罂粟种植的泛滥，尤其排挤了棉花等传统经济作物的种植空间。近30年的战乱过后，阿富汗罂粟种植面积从1987年的2.5万公顷，攀升到了2007年的19.3万公顷，棉花则从原来的10余万公顷锐减到目前的3万余公顷。毒品的非法走私也取代棉花成为阿富汗的主要出口商品。总之，在罂粟种植与毒品生产与走私等毒品产业的排挤下，阿富汗传统农业的发展几乎处于停滞甚至倒退状态。④

毒品经济的快速发展对传统农业经济产生了严重的冲击，就其自身而言，其所创造的经济财富对阿富汗国民经济的积极作用也十分微小。诚然，毒品大量出口能起到改善阿富汗进出口失衡的状况，⑤ 对阿

---

① 王凤：《列国志（阿富汗卷）》，北京：社会科学文献出版社，2007年版，第202—203页。
② 同上书，第203页。
③ 罂粟与小麦的经济利润比受当年各自收成情况与具体价格的影响较大，10:1是较为常见的利润比。
④ 据统计，1978—2001年间，阿富汗农业增长速度由战争前（1961—1978年）的2.2%下降到0.2%。参见中华人民共和国驻阿富汗伊斯兰共和国大使馆经济商务参赞处网站，"阿富汗农业情况"，http://af.mofcom.gov.cn/article/ztdy/200511/20051100712574.shtml。
⑤ 2012年阿富汗合法商品出口总值为15亿美元，而进口则高达60亿美元。参见中国驻阿富汗大使馆网站，"阿富汗动态（2013年1月）"，2013-2-16，http://af.china-embassy.org/chn/。

富汗国际收支平衡有着一定程度的支持作用（这与英帝国在印度种植鸦片弥补其对华贸易逆差有着相似之处），对国家财政也有着一定的帮助作用，但毒品走私与出口所带来的经济利润，绝大部分都为毒贩所私人占有，成为他们的私人财富，或用于海外投资和进口外国商品，政府与国家则受益十分有限。[①] 总之，毒品问题对阿富汗经济产生了长远而严重的危害，且对于有着种植罂粟传统的国家来说，阿富汗政府要想彻底禁止本国的毒品活动，势必会遇到毒品受益各方的强烈阻挠，也因此注定会有相当长的路要走。

（二）政治与社会危害

阿富汗毒品问题对本国政治与社会的危害主要体现在威胁政治稳定与安全以及民生方面。毒品问题对本国政治的危害，自苏联入侵时期就已经开始显现，从毒品活动中受益并因此壮大了的阿富汗各种游击武装和圣战组织，转变为后来的地方军阀纷纷割据一方，成为影响国家政权的重要不稳定因素并作用至今，而美国是造成这一局面出现的主要外部因素。其次，毒品是阿富汗各级地方政府和警察贪腐现象严重的主要源头之一，毒贩子为了进行鸦片生产和走私，争相贿赂中央和地方相关官员，从而形成了大量的毒品腐败，导致政府效率与威望低下，严重影响了阿富汗的战后重建。毒品问题还刺激了恐怖主义活动的重新猖獗，是塔利班倒台后阿富汗社会安全局势反而趋于更加恶化的刺激因素之一，安全局势的恶化也是令美国政府最为担忧的问题。另外，阿富汗毒品产业还造就了大批的"以毒为生"的农民和吸毒人员，造成本国劳动力质量严重下降，各种相关的犯罪活动和疾病（如艾滋等传染病）现象十分突出。

在苏联入侵和内战期间，阿富汗形成了"以毒养战、以战保毒、战乱不止、毒品不休"恶性循环的局面。参与毒品活动并从中获取高额利润，购买和换取自身所需要的物资、武器并招募兵员，从而壮大

---

① 阿富汗政府从毒品出口中的获益方式，主要是通过对由毒品经济资助的进口货物征收关税，规模有限。参见中国驻阿富汗大使馆经济商务参赞处网站，"阿富汗农业和农村经济现状及发展战略"，2013-1-10，http://af.mofcom.gov.cn/article/ztdy/200708/20070804982513.shtml。

自身势力，是这一时期发生在各地圣战组织和游击武装身上较为普遍的现象。壮大了的地方武装在反对苏联入侵、赢得国家独立方面确实起到了不可磨灭的作用，但其对本国所带来的一大后果即为地方军阀势力坐大，军阀割据局面的出现，后随之出现的军阀混战埋下祸根。毒品问题在一定程度上是阿富汗陷入内战的诱因。以希克马蒂亚尔为例，他曾是对阿富汗政治有着重要影响力的历史人物。出身于普什图族的希克马蒂亚尔在反苏运动中迅速壮大，创立了阿富汗伊斯兰党，成为影响国家政权的重要力量，直至坐上了阿富汗总理的宝座。希克马蒂亚尔所领导的武装力量曾是阿富汗最大的地方军阀之一，而其壮大的重要原因，除了接受主要来自美国和巴基斯坦的资金和物质援助外，更应令人注意的是他对本国相当一部分毒品活动的操纵。而其参与毒品活动并从中获益也得到了美国政府的默许甚至支持，因为这帮助美国人省去了大量的物资支出。希克马蒂亚尔甚至为了获得对当地毒品产业的控制权，与纳西姆所领导的另一军阀发生了军事冲突。纳西姆在20世纪80年代作为反苏圣战组织领导者控制着赫尔曼德省的鸦片种植，而希克马蒂亚尔则在该省的巴阿边境地区控制着毒品的提炼加工与走私。1989年纳西姆在其控制区域内进行禁毒，减少了鸦片产量，但这一举措急剧抬高了鸦片价格，导致希克马蒂亚尔的海洛因实验室和提炼厂运营成本飙升，最终导致两派势力发生军事冲突，纳西姆被希克马蒂亚尔暗杀，双方随后冲突不断，局部内战也由此开始。[①]军阀势力对阿富汗政治的影响一直延续到了卡尔扎伊政府。虽然北方联盟在塔利班的打击与战后美国和阿富汗政府不断分解消化的作用下，对本国政治局势的影响力大大下降，但其在地方上的势力与影响力还是不容忽视，是中央政府政令不施，政府权威在地方上十分微弱的重要原因。地方军阀还是卡尔扎伊时期阿富汗毒品形势陡线上升的主要直接责任者之一（另一直接责任者是毒贩，后将提及），正是他们所参与和保护的在当地的毒品活动，中央政府的禁毒工作才遭遇了重要阻

[①] Alfred W. McCoy, *The Politics of Heroin: CIA Complicity in the Global Drug Trade*, Lawrence Hill Books, 1991, pp.458-459.

挠，禁毒工作人员甚至出现被打和死亡事件。

  毒品问题对阿富汗政治与安全的第二大危害是对美国及阿政府的反恐工作造成了诸多困难，使得反恐复杂化。基地组织进入阿富汗，尤其卡尔扎伊政府成立之后，恐怖主义就成为影响阿富汗政治与安全局势的首要因素，而毒品问题的普遍性也使得二者不可避免地产生了联系。毒品问题与恐怖主义结合在一起，产生了"毒品恐怖主义"，即恐怖组织利用毒品收入购买交换武器，从事针对本国政府和敌对国家的恐怖主义活动。塔利班曾是反对地方军阀、为结束内战做出重要贡献的正义力量，然而后来由于种种原因与基地组织的过密交往，使其自身与恐怖组织无异，而参与毒品活动，更是为人们尤其西方国家所批评。英国前首相布莱尔在任时就称，塔利班是"建立在恐惧之上并以毒品交易为财政收入的政权"，并掌握着"世界上最大的毒品仓库"。[1] 虽然塔利班和基地组织在阿富汗毒品问题中的地位和作用尚需进一步研究，但不可否认的是，恐怖主义与毒品问题已经发生了密切联系。塔利班倒台之后，其在战后阿富汗罂粟种植和鸦片生产方面有着不可推卸的主要责任。卡尔扎伊政府在国际社会的帮助下实行全国禁毒，在其他省份的罂粟种植面积不断萎缩的情况下，塔利班退守的阿富汗南部地区却延续着鸦片大面积生产的态势，从而在很大程度上凭借着毒品利润赢得了喘息与卷土重来的机会。塔利班倒台后，罂粟开始从传统种植大省如东北部的巴达赫尚、南部的坎大哈、赫尔曼德等省份迅速向全国范围扩展，至2004年，全国34个省份中，有31个不同程度地种植了罂粟，而1998年时这一数字才13个。[2] 随后阿富汗在美国的支持下实行禁毒政策，形势有所好转，2009年时有高达20个省份基本清除了罂粟种植。而至今未能取得进展的省份主要分布在塔利班控制的南部地区，尤其赫尔曼德省、坎大哈等省份。南部地区的鸦片产量占据阿富汗现阶段鸦片产量的80%以上，2008年度更是高达

---

[1] Raphael F. Perl, "Taliban and the Drug Trade", *CRS Report for Congress*, October 5, 2001.

[2] UNODC, *Illicit Drug Trends in Afghanistan*, THE PARIS PACT INITIATIVE, Vienna, June 2008, p.10.

98%。① 单从铲除罂粟种植方面来讲，塔利班已经是阿富汗政府所面临的最大障碍之一。塔利班与基地组织在近年来势力有所恢复，多次发动针对阿富汗政府、国民军与外国军队以及平民的恐怖袭击，与其所参与的毒品活动不无关系。这加剧了美国和阿富汗政府的反恐难度，反恐局势也更加复杂化。

除了塔利班与基地组织外，阿富汗还存在着其他具有恐怖主义性质的武装力量，如前面所提及的希克马蒂亚尔。希克马蒂亚尔所参与的毒品活动，除了对本国政治权力产生了重要影响外，还对其走向恐怖主义有着不小的刺激作用。虽然中央政府只在塔利班时期公开允许鸦片的生产与贸易，但官员卷入毒品交易由来已久，前总理希克马蒂亚尔就曾是阿富汗国内头号大毒枭，而美国长期对其非法毒品交易活动睁一只眼闭一只眼，甚至向他提供了运输武器的卡车和骡队。美军驻沙特阿拉伯的基地发生爆炸案后，美国怀疑是希克马蒂亚尔参与所为。② 这位毒枭与恐怖分子的结合体，是阿富汗反恐形势与毒品问题特点的典型缩影。总之，恐怖主义与毒品问题的结合，使得阿富汗反恐与禁毒两大艰巨的任务错综复杂，两大任务哪一个都不易单独彻底解决。而这一局面在塔利班执政时期及其倒台后得到了延续甚至恶化。毒品与恐怖主义的相结合，使得禁毒和反恐两大任务难上加难，毒品为恐怖主义提供财源支持，恐怖主义又为毒品走私与贩运提供安全保障。毒品收益先是塔利班政权的财政收入来源之一，后是其失去政权后支持恐怖主义活动的重要资金来源。

毒品问题还对阿富汗社会与民生造成了深远的负面影响，这主要表现在农民与农村阶层以及大量的吸毒人员方面。罂粟种植在全国大部分地区的蔓延，吸引了数量巨大的阿富汗农民参与其中，参与罂粟种植的阿富汗农民占到了该国人口的10%左右，而毒品加工提炼、毒品走私交易等环节的涉毒人员并未被统计进来，可想而知卷入整个毒品活动的人口总数量之宏大。阿富汗农民对罂粟和鸦片有着矛盾复杂

---

① UNODC, *Afghanistan Opium Survey 2008*, Government of Afghanistan Ministry of Counter Narcotics, Vienna, November 2008, p.11.

② 陶颖、张金山，"巴基斯坦和阿富汗的毒品政治"，《南亚研究季刊》，2000年第1期。

的感情，农民种植罂粟，也有着各方面的原因。根据联合国毒品与犯罪办公室近年来的调查报告显示，阿富汗农民种植罂粟的最重要原因是鸦片的高售价（即相对于小麦棉花等传统作物的高额利润），这一因素占到了农民种植罂粟各原因中的60%，即农民种植罂粟60%的原因是因为鸦片的高售价。罂粟比普通农作物相比，能够带来更高的收益，种植罂粟能收获比种植小麦高出10倍的经济利润，这对长期陷入贫困的阿富汗农民来说，无疑具有相当大的吸引力。其次是自身的贫困状况，这一因素的比重达到了15%。[①] 另外，期望获得贷款、昂贵的婚礼、个人对鸦片的高需求（即吸毒）、种植鸦片的低廉成本，也在不同比重上促使着阿富汗农民放弃种植传统农作物，转而种植罂粟。更让人忧虑的是，长期以来，鸦片已经成为阿富汗农民当地文化的一部分，日常生活离不开鸦片，比如以鸦片作为结婚彩礼等。外来因素方面，军阀、毒贩和塔利班的"威逼利诱"也是农民种植因素的重要原因。阿富汗农民种植罂粟有其苦衷。他们知道鸦片生产不合法，而且违背可兰经的教义，但上述外部力量一方面承诺支付给农民高出普通农作物收成多倍的报酬（这也只是其在毒品经济中获利的极小的一部分），一方面又威胁农民的生命财产安全，迫使农民种植罂粟与鸦片的生产和加工。长年战争又破坏了原有的灌溉系统，普通农作物无法生长，这迫使农民另寻谋生出路；阿富汗易发旱灾，干旱的气候条件正好适合生存条件要求不高的罂粟生长。多种因素最终导致大批农民放弃传统农作物而种植罂粟，成为阻碍阿富汗战后和平重建与社会健康发展的重要阻力。最后，毒品的泛滥还造就了大批的吸毒人员。据联合国2005年毒品使用调查报告（Drug Use Survey 2005）显示，阿富汗国内有92万人使用毒品，占到了全国总人口的4%，其中成年人口约74万，占到成年总人口的12.1%。[②] 全国有90吨的鸦片和9.6吨的海洛因在国内被消费，占到了全国毒品总产量的2%；14%的毒品使用者采

---

① UNODC, *Afghanistan Opium Survey 2011*, Islamic Republic of Afghanistan Ministry of Counter Narcotics, Vienna, December 2011, p.60.

② UNODC, *Afghanistan Drug Use Survey 2005, Executive Summary*, Government of Afghanistan Ministry of Counter Narcotics, November 2005, p.1.

取静脉注射的方式,成为传播艾滋病和乙肝等传染疾病的重要隐患。[1]

总之,毒品问题给阿富汗的经济、政治与社会民生产生了诸多负面而深远的影响,是国家重建的主要障碍之一。

二、阿富汗毒品问题的国际危害

阿富汗的毒品问题不仅对本国的长期发展造成严重的挑战,而且还对国际社会造成了一定的威胁。阿富汗所产的毒品大部分都走私到国外,近至周边国家,远至欧美。尤其周边国家,深受阿富汗毒品问题的困扰,严重威胁着当地的社会稳定和安全。

(一)阿富汗毒品主要走私路线

阿富汗绝大部分毒品都被走私出口到国外,由此产生了较为常见的走私方向与路线。根据罂粟种植区域与走私主要方向,阿富汗可划分为中部和东部、东北部、北部、南部和西部五个地区。根据联合国2008年发布的《阿富汗非法毒品趋势》数据显示,20%—40%的中部和东部地区所产的鸦片被分别运输到阿东北部和南部省份,另有40%的鸦片走私到巴基斯坦;东北部地区是阿富汗鸦片走私至中国的主要地区,占到本地区所产鸦片的10%,另有20%的鸦片流入巴基斯坦,30%的鸦片走私到中亚各国,剩余鸦片流入到本国其他地区;北部地区的鸦片大部分在国内流动,占到该地区鸦片产量的70%,其中60%流向阿富汗南部地区,10%流向中部和东部地区,另外30%流入中亚各国;南部地区的鸦片大部分走私到国外,比重高达到65%,其中绝大部分(大约占该地区鸦片产量的50%)走私到了伊朗,剩余部分被走私至巴基斯坦;西部地区的鸦片几乎全部被走私到了国外,其中伊朗"消化"60%,中亚各国"吸毒"25%,另外10%流入了巴基斯坦[2](见表3)。

---

[1] UNODC, *Illicit Drug Trends in Afghanistan*, THE PARIS PACT INITIATIVE, Vienna, June 2008, p.6.
[2] Ibid., p.26.

表3　阿富汗鸦片非法流动方位

地区	在国内流动的鸦片比重（%）					走私到国外的鸦片比重（%）			
	中、东部	东北部	北部	南部	西部	中国	伊朗	巴基斯坦	中亚
中、东部		20		40				40	
东北部	25		10			10		20	30
北部	10			60					30
南部					35		50	15	
西部				5			60	10	25

资料来源：UNODC, *Illicit Drug Trends in Afghanistan 2008*。

除了鸦片以外，阿富汗近年来随着毒品提炼与加工技术的不断提高，海洛因的产量有所提高，虽然数量不多，但其所带来的危害远比毒性较小的鸦片要直接与严重。海洛因的走私情况与鸦片的走私路线有较大的相似之处。从以上阿富汗毒品在国内外的流动方向来看，阿富汗毒品走私至国外的路线主要有以下几条：

1. 北部路线。北部路线主要通往中亚各国，承担着阿富汗15%的鸦片制剂（21%的海洛因和吗啡）的运输与走私。这些毒品途经土库曼斯坦、乌兹别克斯坦、吉尔吉斯斯坦和塔吉克斯坦，并最终进入欧洲和俄罗斯市场。中亚各国的毒品大部分都来自阿富汗，而北方路线则是其主要的走私通道。中亚地区48%的鸦片和73.2%的海洛因都是由这条路线从阿富汗走私来的。近年来，由这条路线走私中国的毒品也越来越多，对中国新疆地区的禁毒任务造成了不小的压力。

2. 西部路线。西部路线主要通往伊朗。阿富汗53%的鸦片制剂（31%的海洛因和吗啡）由这条路线走私国外。这些毒品流入伊朗后，大部分在伊朗国内被消费掉，由此导致该国吸毒人口的不断增加；小部分途经伊朗西北部边境进入阿塞拜疆和土耳其，最后到达欧洲；还有一小部分被运输到伊朗南部港口，进而运到伊拉克和其他阿拉伯半岛国家。

3. 南部路线。南部路线主要通往巴基斯坦，走私着阿富汗33%的鸦片制剂（48%的海洛因和吗啡）。这些毒品途经巴基斯坦的俾路支省和西北边境省（两省境内有许多供毒品走私的"绿色通道"）大量销往印度，并通过印度的陆路与港口转运到世界各地；也有部分毒品通过中国以及巴基斯坦的南部港口转运出去。但需要注意的一点是，巴基斯坦国内的鸦片使用率也在逐年升高。[①]

若从阿富汗向其周边邻国出口毒品的比重来看，鸦片方面，有62.7%的鸦片走私至伊朗，23.5%走私至巴基斯坦，13.1%走私至中亚国家，0.7%走私至中国。海洛因和吗啡等高级毒品方面，51.0%的海洛因和吗啡走私至巴基斯坦，29.6%走私至伊朗，19.4%走私至中亚国家。[②] 由此可见，巴基斯坦、伊朗和中亚是阿富汗毒品走私的主要目的地或途径地，这三个国家和地区也是受阿富汗毒品问题影响最严重的区域。

（二）阿富汗毒品问题对周边国家的危害

从上文三条主要走私路线中可以看出，阿富汗主要的毒品走私国家是巴基斯坦、伊朗以及中亚各国。毒品走私也对这些国家造成了严重的安全威胁，影响了这些国家的稳定发展，而实际上阿富汗、伊朗和巴基斯坦也是世界上三大毒品生产基地之一的"金新月"地区所涵盖的主要国家。"金新月"，亦称"金半月湾"，位于阿富汗、巴基斯坦和伊朗交界地带，边界线全长达3000多公里，包括巴基斯坦的西北边境省和俾路支省、伊朗的锡斯坦—俾路支斯坦省和阿富汗的雷吉斯坦及努里斯坦等地区；该地区形状像一轮弯弯的月亮，故称"金新月"。[③] "金新月"地区人烟稀少，交通不便，气候干燥，阿富汗、巴基斯坦和伊朗三国政府又均未对其进行有效的治理，尤其由于阿富汗的局势恶化使得其国内的毒品产量连年激增，从而使该地区迅速取代拉美和东南亚，发展成为世界范围内头号重要的鸦片产地，也被称为世

---

① UNODC, *Illicit Drug Trends in Afghanistan*, THE PARIS PACT INITIATIVE, Vienna, June 2008, pp.26-28.
② Ibid., p.28.
③ 李少军：《当代全球问题》，杭州：浙江人民出版社，2006年版，第166页。

界毒源的"新生代"。在"金新月"地带作为毒品产地形成之初,就出现了阿富汗种植罂粟与生产鸦片,巴基斯坦提炼海洛因,伊朗和巴基斯坦毒枭运销鸦片的系统而有效的毒品产供销体系。① 源发于阿富汗的毒品问题,对这一体系中的其他国家和地区,因此产生着不可避免的危害和影响。

1. 巴基斯坦。巴基斯坦与阿富汗一样,国内也存在着十分严重的毒品问题,而这一局面的形成,在很大程度上受到了阿富汗毒品形势的影响。西北边境省和俾路支省属于巴基斯坦的半自治省,中央政府对该地区的权威比较弱。由于西北部与阿富汗接壤,战乱迫使大量难民逃到了巴基斯坦,加之西北边境省和俾路支省原有的普什图族和俾路支人(都是阿富汗民族),这些都是巴基斯坦西北部鸦片生产的主力军。苏联入侵阿富汗时期,阿国内的许多圣战组织和游击武装分散在阿巴边境甚至巴基斯坦境内,其在当地所从事的毒品活动受到了美国和巴基斯坦当局的许可和支持,从而加剧了巴基斯坦国内的毒品问题。② 塔利班倒台后,其势力撤回至阿富汗南部,鸦片种植重心也随之南移,这同样加剧了巴基斯坦西北部的毒品泛滥。同时不得不指出的是,阿富汗严重的毒品问题的出现,巴基斯坦政府的政策和态度有着不可推卸的责任,而巴基斯坦国内因受阿富汗影响而出现的日益严重的毒品问题,在一定程度上讲是本国政府战略短视、咎由自取的结果。

巴基斯坦境内毒品的泛滥,对本国的安全形势稳定造成了巨大的威胁。经济上,毒品使国家陷入了两难境地。一方面,毒品生产和走私所带来的"毒资"加重了通货膨胀,对经济造成不利影响;另一方面,巨额的毒资对于财政拮据的巴基斯坦来说,是很好的可利用财源。这些毒资被洗之后就被投资到国家和社会的各个领域,包括工业、交通、建筑、学校、医院等,如不及时发展合法经济,开源节流,巴国民经

---

① 陈淑庄:《世界毒品大战》,北京:法律出版社,1998年版,第183页。
② 这是由于战争的爆发导致从阿富汗经伊朗、土耳其而通往欧洲的走私通道被切断,阿富汗的毒品走私通道被迫向巴基斯坦转移。参见李德昌:"贩毒与巴基斯坦政治",《世界经济与政治》,1994年第4期。

济对毒品的依赖将日益加深。[1] 受阿富汗毒品问题影响最严重的巴基斯坦西北边境省，境内唯一的经济作物就是鸦片，巴基斯坦最大的毒品走私贩卖集团阿佛里迪集团和优素福斋和卡塔克集团都分布在该省。政治上，有实力的毒贩集团不仅在经济上对巴基斯坦进行渗透，大毒枭还试图在政治上谋求权力，甚至以金钱和武器左右政府，以便更好地为其毒品走私提供便利和保护，使国家政权上蒙上哥伦比亚式的阴影，形成了所谓的"毒品贵族"。同阿富汗一样，这直接导致了政府腐败，对巴基斯坦的政治稳定产生了严重的影响，齐亚政府时期就对本国的毒品活动采取了听而任之的态度，其家族成员也涉嫌参与了毒品走私。[2] 政治地位的提高为贩毒组织进一步从事毒品生产和贩运创造了安全的政策环境。社会方面，巴基斯坦虽然是阿富汗毒品运往世界的中转站，但本国吸毒人数却也在不断增加。毒品从身心上对人体造成极大的损害，许多家庭由此走向贫困与分裂；吸毒人数的增加也导致了有组织的犯罪活动，对社会稳定造成不小的威胁。军队方面，毒贩分子为了保障毒品走私的安全，单靠自身力量根本无法保障，贿赂军官和警察就变得司空见惯；军队也需要大量资金保证其在阿富汗和克什米尔的既得利益，这直接导致了军队中吸毒人员和参与贩毒的人数上升，并导致了军队士气低落、纪律涣散、战斗力降低和军队名誉受损。凭借包括毒品收入在内的财源支持，塔利班组织在阿巴边境频繁发动恐怖袭击，恶化了巴基斯坦的安全局势，使之成为世界上遭受恐怖主义袭击最多的国家之一。

2. 伊朗。伊朗曾经是世界上最大的鸦片生产国和消费国之一。早在萨法维王朝统治时期（1501—1736年），该国毒品滥用现象就十分突出，卡扎尔王朝时期（1794—1925年），农村、部落和城市中的下层社

---

[1] 据保守估计，巴基斯坦每年从海洛因贸易中获益高达800亿—1000亿美元，占到整个国民生产总值的四分之一。参见陶颖、张金山："巴基斯坦和阿富汗的毒品政治"，《南亚研究季刊》，2000年第1期。

[2] 法扎尔·哈克将军是齐亚总统的亲戚与追随者，在长期担任西北边境省省长期间，涉嫌深度卷入该地区的毒品活动，甚至同其他贩毒集团为争夺边境海洛因贩运控制权而发生过军事冲突。参见 Alfred W. McCoy, *The Politics of Heroin: CIA Complicity in the Global Drug Trade*, New York: Lawrence Hill Books, 1991, p.454。

会也开始使用毒品。18世纪和19世纪上半叶,伊朗所产的鸦片基本上用于国内消费,19世纪后半期以后,伊朗鸦片开始出口至欧洲、中国和印度,并最终成为伊朗出口规模最大的商品。1926年,伊朗8%的政府收入来自鸦片税收。1928年伊朗鸦片出口为291.5吨,1938年就增长为448.3吨,10年间用于罂粟种植的土地面积以4.4%的速度增长。1943年伊朗全国1400万人口中有150万人使用毒品,平均不到10人中就有1人吸毒。[①] 伊朗的毒品问题原本比阿富汗更为严重,但历届政府的禁毒态度与努力总体比较积极。1911年,伊朗就出台了第一部限制鸦片使用的法律;1928年伊朗宣布对鸦片实施政府垄断,并向国际社会承诺减少罂粟种植面积和鸦片需求;1955年伊朗政府又出台禁止罂粟种植与使用鸦片的法令,这最终使得伊朗国内的罂粟种植基本被全面根除。

然而随着苏联的入侵,阿富汗国内的罂粟种植和鸦片开始泛滥,并大量地走私至国外,伊朗作为阿富汗西部邻国,从毒品主要生产国转变为了毒品重要走私中转国(即阿富汗大量毒品通过伊朗走私至更远地区),导致伊朗国内产生了大量吸毒人员和毒品走私贩,这些人员除了伊朗本地人之外,还有因躲避战乱而逃难至伊朗境内的阿富汗难民,他们为了生计也被迫卷入了毒品活动,如参与贩毒等。从上文阿富汗毒品走私主要路线中可以看出,阿富汗60%多的鸦片和30%的海洛因与吗啡等都走私至伊朗,并通过伊朗走私至更远的欧美市场,而伊朗东部1800余公里的边境线上,有着大量的来自阿富汗与巴基斯坦的毒品走私入口点(主要分布在呼罗珊省、锡斯坦—俾路支省和霍姆兹干省),这些地区也成为伊朗毒品的重灾区,它们分别与阿富汗、土库曼斯坦和巴基斯坦接壤,毒品走私异常活跃。如今伊朗已经成为西南亚地区跨国鸦片类毒品供应链的主要环节,与阿富汗毒品问题产生了密切的联系。[②] 伊朗政府虽然延续了对国内毒品走私与使用的严厉

---

① Fariborz Raisdana, Ahmad Gharavi Nakhjavani, "The Drug Market in Iran," *The ANNALS of the American Academy of Political and Social Science*, July 2002.

② John Calabrese, "Iran's War on Drugs: Holding the Line?" *The Middle East Institute Policy Brief*, December 2007.

打击，也取得了令国际社会赞许的成绩，是世界上截获毒品数量最多、打击毒品活动最严厉的国家，[①]为世界禁毒运动做出了不小的贡献，然而，几十年的禁毒努力，虽然取得了巨大的成绩，但由于受到阿富汗毒品走私入境的影响，伊朗的毒品问题依旧十分严重。

阿富汗毒品的大量流入，对伊朗的政治、经济与社会造成了严重的威胁。与阿富汗和巴基斯坦相类似，伊朗严重的毒品问题产生了大量的贪腐现象，促生了大量的与毒品相关的暴力犯罪，导致艾滋病等传染病的泛滥，对社会稳定和安全局势造成负面影响。[②]同时，虽然伊朗打击毒品的决心与努力十分坚决，但其所遇到的阻力依然不小。造成伊朗禁毒工作困难的原因还有贫困问题、阿富汗难民问题和库尔德人问题等。这主要是由于毗邻阿富汗这一毒品生产大国以及伊朗国内年轻人失业率高居不下、寻求精神解脱等原因造成的。伊朗政府多次呼吁加强相关的国际合作，以肃清国内的毒品走私与滥用问题，但受困于其邻国阿富汗境内所存在的严重毒品问题，伊朗的禁毒之路还很漫长。

3. 中亚五国。中亚各国所产的毒品数量十分有限，且基本在苏联统治时期得到了全部肃清。但随着苏联的解体所带来的政权变迁，社会问题在各国都有不同程度的体现：政府权威低下、通货膨胀严重、贫困人口增加、社会治安恶化，等等。各国政府面临着不同程度的资金短缺问题，这些"良好"的客观条件都为毒品在该地区的走私与销售提供了可乘之机。随着阿富汗国内毒品活动的不断壮大，毒品走私规模不断扩大，原本交通条件十分恶劣的阿富汗北部边境也被开辟出一条途径中亚通往俄罗斯及欧洲的"北部路线"。"北部路线"现在承担着阿富汗15%的鸦片制剂（21%的海洛因和吗啡）的运输与走私，

[①] 在"金新月"地区所截获的走私鸦片中，伊朗截获的数量占到了鸦片截获总量的绝大多数，高达近96%。参见 UNODC, *Illicit Drug Trends in Afghanistan*, THE PARIS PACT INITIATIVE, Vienna, June 2008, p.28.

[②] 据对德黑兰吸毒人员的调查，四分之一的采取静脉注射吸毒的人员感染了艾滋病。参见 John Calabrese, "Iran's War on Drugs: Holding the Line?" *The Middle East Institute Policy Brief*, December 2007.

而中亚各国中99%的鸦片制剂都来自阿富汗。①与伊朗和巴基斯坦一样，中亚各国在阿富汗毒品走私中充当了中转站或过境地的角色，并已成为世界上最重要的毒品生产和中转中心之一。这一角色也导致了毒品问题在该地区的严重恶化。

阿富汗毒品走私至中亚，使中亚的毒品在短短几年时间里达到了惊人的规模。2010年时，途经阿富汗边境走私至中亚各国的海洛因数量达到了90吨，其中有75—80吨流向与阿富汗接壤的塔吉克斯坦，8—10吨流向乌兹别克斯坦，另外的小部分流向土库曼斯坦。鸦片走私总量达到了35—40吨，主要也是流向了塔吉克斯坦，有18—20吨之多。面对流入中亚的海洛因和鸦片，中亚各国政府的打击行动成效微弱，90吨的海洛因中，只截获了其中的2.6吨，鸦片也只截获了2.2吨，绝大部分毒品在中亚各国被走私、非法销售和滥用。②

阿富汗的毒品走私到中亚，资金流入社会的各个领域，包括交通、建筑、工业等部门，毒品交易还在各个部门机构里进行，腐败成风，吸毒人口大大增加。塔吉克斯坦与阿富汗接壤，国内吸毒人员数量超过了10万人；乌兹别克斯坦2000年时吸毒人员约为1.4万人，2001年就攀升到了2.6万人，同年吉尔吉斯斯坦也有5万人涉嫌吸毒；2006年哈萨克斯坦国内吸毒者多达5.4万人，共破获了1.05万起涉毒案件，抓捕贩毒分子4500余名，收缴各类毒品25吨，其中包括500公斤海洛因。③虽然中亚各国协调合作，历年来缴获毒品无数，但中亚的毒品问题依然严峻，不容小视。

阿富汗走私来的毒品"毒化"着中亚国家的经济和政治。从经济上看，由于越来越多的人卷入毒品贸易，毒贩趁各地政府缺钱搞基础设施建设之机将贩毒收入渗透至社会的各个投资领域，使得众多经济领域为"毒资"所控制，使得发展经济与禁毒工作双重任务难度加大。

---

① 朱永彪:《"9·11"之后的阿富汗》，北京：新华出版社，2009年版，第230页。
② UNODC, *Opiate Flows Through Northern Afghanistan and Central Asia: A Threat Assessment*, UNODC Afghan Opiate Trade Project of the Studies and Threat Analysis Section, May 2012, pp.45-46.
③ 许勤华，"解析毒品与毒品走私对中亚地区安全的影响"，《俄罗斯中亚东欧研究》，2007年第2期。

发展经济离不开毒资的援助，打击毒品又会牵扯影响经济的各个方面，经济日益"犯罪化"（criminalization）。从政治上看，毒贩拉拢贿赂政府官员甚至直接参与到国家机关，加深了中亚国家的政治腐败，进而削弱了这些国家打击毒品的意志和能力；而这些又可能成为反对派和非政府力量攻击政府的证据，从而削弱政府的领导力，导致政权更迭，影响中亚国家的政治稳定。

除了巴基斯坦、伊朗和中亚地区外，阿富汗毒品问题还给中国带来了不小的危害。虽然中阿接壤面积十分狭长，但阿富汗毒品对中国，特别是新疆地区的毒品形势的影响越来越大，尤其通过巴基斯坦与中亚地区流入中国的毒品数量，近年来不断增加，我国所破获的贩毒案件数量也呈不断上升趋势。金新月地区也已经超过金三角地区成为我国入境毒品的最大源产地。[1] 阿富汗东北部与中国接壤的地区尤其巴达赫尚省是阿富汗毒品走私至中国的主要供应产地，占到了该地区走私至国外毒品总量的10%。[2] 阿富汗毒品流向中国，主要是通过巴基斯坦和中亚的走私路线，贩运到中国的西南和西北地区，甚至销售至内地。阿富汗的毒品走私至中国新疆后，被东突恐怖分子所利用，成为他们筹集资金的重要手段。毒品形势的趋于紧张引起了中国政府的高度关注，希望阿富汗政府切实采取禁毒行动的同时，加强同相关国家的地区性合作，也是中国摆脱阿富汗毒品困扰的必由之路。

---

[1] 朱永彪：《"9·11"之后的阿富汗》，北京：新华出版社，2009年版，第243页。
[2] UNODC, *Illicit Drug Trends in Afghanistan*, THE PARIS PACT INITIATIVE, Vienna, June 2008, p.26.

第6章

美国战略的转变与阿富汗毒品问题的解决

　　长期受困于美国战略影响的阿富汗毒品问题，对其解决有着诸多复杂多样的困境。地方军阀、农民、塔利班、阿富汗政府官员、美国等各利益群体相互交织，从各个环节对毒品问题的解决形成了多方面的阻力；现存的相关的国际合作机制因其各自所存在的局限性，在打击阿富汗毒品泛滥与走私方面成效不大。更为重要的是，长期以来人们对阿富汗毒品问题的认识不够全面，通常以为塔利班在该问题中有着举足轻重的作用，而毒品对塔利班财政也有着不可替代的作用。然而阿富汗毒品产业的最主要受益者是地方军阀与毒贩，这也是阿毒品问题的真正症结所在。而这一症结长期为人们尤其美国这一影响阿富汗毒品问题的最大外部因素所忽视。阿富汗毒品问题受美国对阿政策的影响非常大，在很大程度上讲是各个时期美国在阿战略所导致的主要非预期效应之一，并对美国的在阿战略和利益产生了诸多或积极或消极的反作用。现阶段阿富汗毒品问题的解决，归根结底在于美国改变其优先反恐的战略，加大对阿富汗经济与民生的关注与援助，使其在阿战略更具全面性和系统性。美国的战略转变不但可以帮助阿富汗解决由来已久的毒品问题，还可以铲除恐怖主义滋生的土壤，真正达到其反恐目的。而奥巴马政府上台后对布什政府单边主义式的反恐战略的修正，已经对阿富汗的毒品问题的解决产生了积极成效。归根结底，阿富汗毒品问题的解决的关键因素在于大国态度，相关大国尤其是美国需拿出真正的政治意志与愿望，综合正确地看待毒品问题在整个阿富汗问题中的真正地位。这也是解决阿富汗毒品问题切实可行的途径，然而彻底解决毒品问题很明显并非美国在阿富汗的优先利益，且大量的经济援助尤其替代作物的生产需要美国大幅增加相关财政预算，这也将是美国难以较大改变其对阿战略的障碍。

一、阿富汗毒品问题的解决困境

从对阿富汗毒品泛滥、走私猖獗的原因分析中可以看出，各方对毒品有着复杂的感情和关系。阿富汗问题的解决面临着如何协调各方利益的困境。当前的相关国际合作机制成效有限，难以彻底改观阿富汗的毒品形势。

（一）各方的毒品利益及其态度

阿富汗毒品问题关系到各方利益，彼此利益相互交织又相互冲突，关系错综复杂。这些利益方主要有卡尔扎伊政府、阿富汗农民、军阀组织等地方势力、塔利班及其支持的"基地"组织、美欧外来势力、阿富汗邻国等。各方出于自身利益的考虑，在禁毒问题上态度不尽一致，甚至相互矛盾。这就注定了阿富汗毒品问题的解决所必然面临的种种困境。

阿富汗政府方面　对于卡尔扎伊来说，禁毒是政府不可推卸的责任，政府本应毫无顾忌地尽一切努力消除毒品对国家经济的消极影响，这也有利于肃清腐败，提高政府威信。但全面彻底的禁毒对于卡尔扎伊政府来说，在一定程度上讲，无异于自挖墙脚，自毁长城。卡尔扎伊第一次竞选总统时，最大的支持者就是农民，经过20多年的战乱，毒品已经渗透到农村的角角落落，成为大批农民谋生的基本手段和方式。卡尔扎伊在阿南部、东南部以及西部省份赢得了绝大部分选民的支持，尤其是在南部的坎大哈省，他的得票率高达91%；而这些地方，都是传统的毒品生产和走私大省。阿富汗每年参与罂粟种植的农民几乎都在200万人以上，2007年甚至多达330万人卷入其中，占到了阿富汗总人口（2300万）的14.3%。[①] 全面性禁毒，铲除罂粟种植，却同时又拿不出可替代农作物方案，无疑会影响这些地区农民的基本生计，导致自身政府支持率下跌，损害政府威信，甚至造成社会矛盾与政治动荡。其次，全国性禁毒将使阿富汗丧失规模巨大的毒品经济，从而大幅放缓本国经济发展速度，削弱阿富汗的经济总规模，这种影响政府绩效的做法，对卡尔扎伊政府来说也是不愿看到的。

阿富汗农民方面 客观上讲，阿富汗农民是毒品问题的最大受害者。种植罂粟对于农民来说，在大多数情况下是不情愿的。根据联合国每年发布的《阿富汗鸦片调查》综合显示，农民不愿或者拒绝种植罂粟的原因主要有：违背伊斯兰教义、遵守村里长者和舒拉（阿富汗人民立法会议）的禁毒决议、将罂粟视为非法作物、遵守政府禁毒令等。但长期的战乱所造成的贫困，武装派别和恐怖组织的威逼利诱，都是导致农民种植鸦片的原因，且对其产生的依赖越来越重。由于相比传统农作物而言罂粟种植的高回报，阿富汗农民并不愿意看到彻底铲除罂粟种植。这导致了常规农作物的长期欠种歉收，并造就了大量的吸毒者。另外，阿富汗政府并没有拿出切实可行的替代作物方案，让占阿富汗总人口不小比重的"毒农"可以摆脱地方军阀势力和当地毒贩的威逼利诱；阿富汗政府允诺改善基础设施建设，恢复合法农作物的市场需求，但仍未真正兑现。所以，阿富汗农民在没找到合适的替代作物前，在没有找到其他可靠谋生方式前，种植罂粟虽然有悖宗教教义、违反政府禁令等，但在饥饿面前，阿富汗人民似乎顾不了那么多。在阿富汗实行禁毒，必须首先解决数百万"毒农"的生计问题。

塔利班及基地组织 塔利班本是一个学生组织，在结束阿富汗内

---

① UNODC, *Afghanistan Opium Survey 2007*, Government of Afghanistan Ministry of Counter Narcotics, Vienna, October 2007, p.7.

战上作出过贡献，但如今的塔利班，已经和其所支持的基地恐怖组织结为一体。阿富汗毒品问题难以解决，替代农作物之所以无法实施，塔利班的阻挠是其中很重要的原因之一。前已详述，现阶段阿富汗的罂粟种植主要分布在赫尔曼德省和坎大哈省等塔利班所控制的地区，也是其鼓励、迫使当地农民种植生产鸦片的地方势力之一。毒品对塔利班的意义前已叙述，是其卷土重来和发动恐怖活动的财政来源之一，故切断毒品对塔利班的财政支持，可以做到"釜底抽薪"，经济反恐能弥补军事反恐所难以取得大效果。但塔利班近年来的死灰复燃有目共睹，甚至大有卷土重来之势，发动的恐怖袭击无论在数量和规模上都大于以往。另外，一些毒贩和农民也需要塔利班武装的保护，以使农民所种植的罂粟不被政府铲除，保护毒品成功走私出境。反过来农民在人员上支持拥护塔利班组织，支持塔利班的人员招募，支付保护费供塔利班购买先进武器等日常开支等。阿富汗的禁毒任务，在一定程度上等同于彻底消除塔利班组织对中央政府的敌对，其难度可想而知。虽然塔利班与阿富汗毒品问题之间的关系并非如传统认识中的那样密切，但不可否认塔利班势力对阿富汗毒品问题的解决所形成的阻力。

美国　首先，毒品问题不是美国在阿富汗的优先利益所在，因此也不是美国政府优先考虑或较为重视的问题。其实，长期以来毒品问题的存在，对美国在阿利益的实现有着积极的作用。推翻塔利班之后，美国的在阿富汗的首要利益是反恐，对毒品问题重视不够，所采取的禁毒政策也过于草率。布什政府迫于卡尔扎伊的请求和国际社会的压力，依靠其在哥伦比亚成功禁毒的经验，要求在阿富汗全面彻底地根除罂粟种植，主张采取"铲除政策"。这遭到阿富汗政府、地方军阀和当地农民的反对，也与其欧洲盟友发生了分歧。美国要求尽快地直接地解决毒品问题，而不重视阿富汗数多万农民的生计问题。美国政府也认识到了毒品对塔利班的作用，因此其禁毒政策也是为其反恐战略服务，然而这一政策过度重视安全因素，忽视阿经济和发展等方面的问题，并未取得预期效果。另外，不顾其他因素的单边主义禁毒政策也会损害北方军阀的利益，因为他们和塔利班组织类似，依靠毒品获取财金支持。这些军阀是美国在阿反恐、反塔利班的盟友,在塔利班上台和倒台后,是反塔利班的主要力量。理论上讲,全面迅速禁毒可以尽快断掉塔利班财路;但现实中,在阿反毒并不一定有利于反恐,也很可能损害美国的反恐利益。奥巴马上台后,也承认美国政府先前采取的根除罂粟政策是失败的,它不仅没能破坏塔利班的资金链,反而使阿富汗农民更加贫困。故奥巴马承诺任期内将分阶段放弃支持根除田地里的罂粟的政策,而将资金用在发展阿富汗国内经济上,把禁毒工作重点放在查禁毒品制造与贩卖和打击毒枭等方面。[1]但特朗普政府上台后,对阿富汗毒品种植和生产采取类似于对待塔利班的政策,注重军事手段,采用空袭的方式,摧毁阿富汗南部赫尔曼德省等地区由塔利班等极端组织所控制的毒品加工实验室,作为"打击塔利班的痛处"的新战略的一部分,旨在打击塔利班的财政来源。[2]另据"美国之音"(VOA)2017年12月的报道,美国为首的联军在三个星期内针对塔利班的恐袭,消灭了8000万美元的毒品收入。[3]特朗普政府意在以空袭提升与塔利班的谈判筹码,在美塔围绕美国撤军和阿富汗政治和解的和谈中处于有利位置。特朗普的这一政策一方面招致塔利班的不满,美塔和谈至今毫无成果,塔利班以发动"春季攻势"并号召阿政府军和警察转投塔利班阵营,作为对特朗普政府的回应。[4]与此同时,阿富汗的毒品形势非但未受空袭影响,反而逆势发展。罂粟种植面积在2017年蹿升至328000公顷,而在卡尔扎伊时期,这一数据最高时仅为193000公顷(2007年);鸦片产量在2017年更是创纪录地突破了9000吨,而2016年这一数据仅为4800吨。[5]

---

[1] "美国将改变以根除罂粟为主的阿富汗禁毒政策",中新网,http://www.chinanews.com.cn/gj/gj-yt/news/2009/06-28/1752183.shtml。

[2] "美军为何空袭塔利班? 阿富汗鸦片让美陷入毒品危机",新华网,http://www.xinhuanet.com/mil/2017-12/07/c_129759109.htm。

[3] "美军空袭摧毁塔利班毒品财源",VOA,https://www.voachinese.com/a/us-afghanistan-drugs-20171213/4162449.html。

[4] "阿富汗塔利班发动春季攻势 呼吁政府军、警察转阵营",新华网,http://www.xinhuanet.com/world/2019-04/13/c_1210107313.htm。

[5] UNODC, *Afghanistan Opium Survey 2017 Cultivation and Production*, Government of Afghanistan Ministry of Counter Narcotics, Vienna, November 2017, pp.13, 42.

地方军阀与毒贩等势力　地方军阀与毒贩是阿富汗最早卷入毒品问题的势力，从某种意义上讲，是阿富汗毒品问题的始作俑者和主要责任者，也是一系列毒品活动的最大受益者（后文将详述）。他们也是现阶段解决阿富汗毒品问题的最大障碍。然而由于军阀势力在反塔利班方面是美国的盟友，其所参与的毒品活动一直免受美国的指责与惩罚，其在阿富汗毒品问题中所扮演的重要角色，也被人们所长期忽视。现阶段阿富汗的毒品走私，地方军阀和毒贩掌控着三条路线中的西部和北部路线，这也是阿富汗大部分毒品走私的主要路线。禁毒是地方军阀和毒贩所反对的。

阿富汗邻国　阿富汗邻国希望肃清来自阿富汗的毒品，降低本国日益增加的吸毒人数，减轻甚至消除经济和社会领域的"毒品犯罪化"趋势，以带来国家和地区范围内的稳定。各国在禁毒立场上比较统一。

（二）当前有关国际合作机制及其局限

国际社会针对阿富汗毒品问题，曾成立了多种有关打击阿富汗毒品泛滥与走私的国际合作机制，这些合作机制，有的已经解散，有的还在工作，但总体来讲成效一般，自身有着各种局限性。

当前有关国际合作机制。当前解决阿富汗毒品问题，主要的依靠力量是阿富汗政府、美国及其领导的北约。联合国也为阿富汗禁毒工作开过专门会议，制定了所谓的"巴黎进程"（The Paris Pact Process）。主要是对从中亚到欧洲的毒品运输线路进行打击，各国加强边境控制与执法协调。此后，该进程又在一定程度上完善了已有的禁毒机构。此外，还有一些地区合作机制（见表4），通过地区国家间合作，加强对阿富汗毒品向外走私的拦截；合作重点一般是加强对边境警察、军队和反毒工作人员的培训。[①]

当前有关国际合作机制的局限。受制于各方利益的相互不协调，阿富汗毒品问题出现的困境在国际合作上表现无疑，国际合作机制的局限性显现出来。首先，美国及其盟友方面。不可否认，美国主导的

---

① 邵育群：" 阿富汗毒品问题及相关国际合作"，《现代国际关系》，2009年第1期。

国际力量对帮助阿富汗打击毒品方面的作用最大，美国投入的财力物力也最大。2001—2006年间，美国共花费120亿美元用于阿富汗重建，而每年用于禁毒的费用就达8亿美元。① 从效果上看，阿富汗的毒品产量在卡尔扎伊的第一任期内经历了由增到降的转变过程：2007年阿富汗罂粟种植面积达到历史最高值193000公顷后，2008年和2009年都比上年有所回落，分别为157000公顷和123000公顷。② 然而这种好转势头只持续了两三年时间，2011—2012年，阿富汗罂粟种植面积又恢复到了154000公顷。③ 同时，美国与其盟友之间的分歧对阿富汗的禁毒工作产生了不利影响。小布什时期的阿富汗禁毒政策类似于其军事上

表4 有关阿富汗毒品问题的国际合作机制

机制名称	建立时间	发起者	主要合作内容
多哈机制	2004年5月	卡塔尔、联合国阿援团、阿、德	警察培训、跨界警察合作
阿—伊—巴三边协定	2004年3月	阿富汗、巴基斯坦、伊朗	打击毒品跨境走私
北—俄委员会Pilot项目	2005年12月	北约、俄罗斯	培训阿及中亚国家反毒人员
经合组织内部反毒机制	1999年7月	经济合作组织	成员国间的反毒机制
集安组织贩毒"安全带"	2005年10月	集体安全条约组织	拦截跨境毒品走私
上合组织与阿富汗联络组	2005年11月	上海合作组织	助阿建立"反毒区"
"6+2"集团	1997年（2001年停止）	阿富汗、中亚四国、美国、俄国	地区反毒合作

资料来源：邵育群："阿富汗毒品问题及相关国际合作"，《现代国际关系》，2009年第1期。

---

① Lieutenant Colonel David J. Liddell, "Drugs in Afghanistan: the Challenges with Implementing U.S. Strategy", *Strategy Research Project*, Mar 15, 2008.

② UNODC, *Afghanistan Opium Survey 2009,* Government of Afghanistan Ministry of Counter Narcotics, Vienna, December 2009, p.7.

③ UNODC, *Afghanistan Opium Survey 2012 Summary Findings*, Islamic Republic of Afghanistan Ministry of Counter Narcotics, 2012, p.5.

的单边主义，忽视多边主义合作，这引起欧洲盟友的不满。其次，国际社会达不成统一的禁毒战略和切实可行的禁毒步骤计划。这一方面和阿富汗毒品的复杂程度有关，另一方面是由于国际社会对阿富汗毒品问题的重视程度还远远不够。国际社会关注的依然是阿富汗的反恐、政治民主化等"高政治"领域，阿富汗的贫困问题和毒品问题属于非传统安全领域内的"低政治"，与反恐等任务比起来，自然不在阿战后重建日程安排的前列。这也是国际社会的努力成效不大的非常值得反思的原因。表4中所列的各种地区合作机制，有的已经停止工作，而且几乎都没有阿富汗本国政府参与，这样的国际合作，其低成效是可想而知的。

二、阿富汗毒品问题的主要症结

彻底解决阿富汗问题，需要找到其真正症结所在，即各利益攸关方及其在毒品问题中所扮演的真实角色。阿富汗毒品问题的各种因素或者相关的各方行为体，主要有五个方面，塔利班、美国及其西方盟友、阿富汗政府与地方官员警察、毒品走私贩军阀以及阿富汗农民。他们在毒品问题中起着不同的作用或者扮演着不同的角色。

（一）塔利班与阿富汗毒品问题的关系

对阿富汗毒品问题的真正症结的探索，离不开对塔利班与毒品问题关系的讨论。传统认识中，人们普遍倾向于认为二者之间有着密不可分的关系，阿富汗毒品问题的主要症结在于消除塔利班对毒品活动的控制等。因此对塔利班与阿富汗毒品问题真正关系的探索必不可少。

首先，塔利班与阿富汗毒品问题关系的传统认识。

塔利班自1994年在阿富汗内战中迅速崛起以来，迄今为止已经在阿及其周边地区活跃了近20年的时间，期间甚至夺取过喀布尔的中央政权。为了维持濒临崩溃的国家财政，包括毒品经济在内的各种非常措施被塔利班政权所接受和鼓励，开了毒品财政国家化与合法化的先河，因而导致了阿富汗毒品问题的进一步恶化。2001年以后，塔利班所退守的阿富汗南部地区（尤其是赫尔曼德省、坎大哈省）正是该国传统的罂粟主要种植区和鸦片产地，也是卡尔扎伊政府的禁毒工作进展最为缓慢的地区。①

上台期间对毒品贸易公开的支持态度及其在毒品问题上的糟糕表现，加上下台后其控制区域与阿富汗鸦片产地在地理范围上的吻合，塔利班遭到了外界的普遍指责。甚至许多学者和国际舆论都认为，毒品对塔利班的日常财政起到了主要的支撑作用，塔利班主导着该国的毒品经济。如长期致力于全球毒品问题研究的美国威斯康辛大学历史系教授Alfred W. McCoy就认为，在20世纪90年代后期，塔利班逐渐掌握了阿富汗的国家权力后，大力鼓励罂粟种植，向鸦片征收高额税，使其成为塔利班政权最大的税收来源；②塔利班无疑主导了该国的毒品经济，对毒品财政的依赖也到了不可或缺的地步，以致在2000年7月奥马尔下达全国范围内的禁毒令后（这一举措被称为经济自杀），阿富汗已濒临崩溃的财政进一步恶化，并从根本上导致了塔利班的下台。③巴基斯坦著名记者与学者哈迈德·拉什德认为，鸦片出口所产生的税收是塔利班收入和战时经济的主要依靠（mainstay）；④时任英国首相的布莱尔也称，塔利班是"建立在恐惧之上并以毒品交易为财政收入的政权"，并掌握着"世界上最大的毒品仓库"。⑤外界普遍倾向于认为：塔利班是阿富汗毒品问题的最大推动者和造就者，是毒品种植、生产、走私和交易的主要参与者和支持者；毒品是塔利班招募培训人员与发动恐怖袭击等活动的主要财政来源，与恐怖主义有着密不可分的联系；美国及阿富汗政府则受困于塔利班的阻挠而在禁毒问题上鲜有进展等。

---

① 申玉辉："阿富汗毒品问题的利益角色分析"，《南亚研究》，2012年第1期。

② Alfred W. McCoy, *The Politics of Heroin: CIA Complicity in the Global Drug Trade*, Lawrence Hill Books, 2003, p.508.

③ Alfred W. McCoy, "Can Anyone Pacify the World's Number One Narco-State?" April 01, 2010. http://www.zcommunications.org/can-anyone-pacify-the-worlds-number-one-narco-state-by-alfred-w-mccoy.

④ Ahmed Rashid, *Taliban: Militant Islam, Oil, and Fundamentalism in Central Asia*, New Haven: Yale University Press, c2000, p.124.

⑤ Raphael F. Perl, "Taliban and the Drug Trade", *CRS Report for Congress*, October 5, 2001.

然而，阿富汗的毒品经济网络是十分复杂与成熟的贸易链体系，牵扯到上至国内外消费群体、下到阿富汗农民的各类群体，关系到从罂粟种植到毒品提炼再到走私贸易等各个相互衔接且缺一不可的环节。面对这样一个复杂的经济形式，执政时期在经济上表现极为失败的塔利班是如何做到的？倒台后的塔利班，势力退守阿富汗南部山区，且面临着美阿联军持续不断的军事打击，在这种状态下其是如何继续操纵毒品贸易的？诸如此类对塔利班与阿富汗毒品问题之间的密切关系持谨慎态度的质疑声在近年来不断出现。实际上，对二者真正关系的认识，可以从对以下两个问题的回答中得到答案：其一，塔利班的主要财政支持来源是什么？毒品贸易在其中所占的比例如何？其二，塔利班是否主导着该国的毒品产业？或者说塔利班是不是阿毒品经济的主要受益者？

其次，毒品收入与塔利班的主要财政支持。

塔利班执政时期，阿富汗的国家财政一直处于举步维艰的状态。长年的战乱留给塔利班一个经济上的烂摊子，恢复并发展经济并非易事；塔利班本身具有激进的伊斯兰原教旨主义色彩，经济政策的制定与实施多缺乏科学性与可行性；且其执政期间主要精力一直放在了上面，这些都导致了塔利班在经济上的彻底失败，并从根本上造成了塔利班政权不断走向极端及迅速倒台。

1996—2001年间，作为国家政权持有者的塔利班，其财政来源的可选项主要有外来援助、石油管道、过境贸易、珠宝贸易、鸦片贸易等，其中石油管道并未付诸实施，珠宝生意收入可观但基本为北方联盟垄断。[①] 塔利班实际从中获益的主要是过境贸易和鸦片贸易。巴基斯坦与中亚和海湾国家之间的贸易关系，多通过阿富汗的贸易路线来实现，由此产生了大量的过境贸易。塔利班控制阿富汗大部分国土后，也成为了阿过境贸易的主要受益者。据统计，阿富汗每年从过境贸易

[①] 何明：《塔利班政权的兴亡及其对世界的影响》，上海：华东师范大学出版社，2005年版，第42—44页。

中获益高达30亿美元，是塔利班收入的最大来源。① 而塔利班从鸦片生产和贸易中所获得的经济利益只有2000万—7500万美元不等，② 明显构不成塔利班财政的主要支持来源。另外，塔利班还得到了来自巴基斯坦与本拉登等各方面的援助。仅1997年，巴基斯坦就向塔利班提供援助600万美元，1998年这一数字提升到了3000万美元；③ 本·拉登每年提供约2000万美元的援助用于塔利班军队的日常开销，这支军队在与北方联盟作战方面扮演着关键作用。④ 以上各方面的收入基本上构成了塔利班执政期间的主要财政来源，很明显毒品收入并非塔利班的主要财政支持。

此外，2000年夏塔利班领导人奥马尔的全国禁毒令让阿富汗的罂粟种植面积和鸦片产量从前一年的82000公顷和3300吨，骤然下降到第二年的7600公顷和185吨，而其目的就在于换取国际社会的承认和国际经济援助。这从反面可以印证，毒品财政对塔利班的重要性或者说塔利班对毒品经济的依赖并非到了不可或缺的地步。塔利班的禁毒举措得到了联合国毒品与犯罪问题办公室的大力赞扬，称其为"迄今为止禁毒史上取得的最显著的成功"，然而美国并未对这一重大而有效的禁毒举措予以积极正面的回应，反而质疑塔利班的禁毒诚意和成果。美国官员宣称，塔利班虽然在全国范围内下达了禁毒令，但依然向毒品提炼厂收税，而加工提炼毒品能赚取比生产毒品高出10倍的收入。有的美国学者还认为，禁毒令造成了人道主义危机，因为数以千计的个体农民失去收入，并且导致阿富汗边境地区的毒品价格一夜之间从28美元上升到350—400美元，农民陷入债务之中难以自拔。另外，塔利班的禁令只在于禁止种植鸦片，而其在占领毒品仓库、抓捕毒品走私者方面鲜有作为。⑤ 需要指出的是，在塔利班之前，阿富汗

---

① Ahmed Rashid, *Taliban: Militant Islam, Oil, and Fundamentalism in Central Asia*, New Haven: Yale University Press, c2000, p.124.

② Pierre-Arnaud Chouvy, *Opium: Uncovering the Politics of the Poppy*, London: I.B. Tauris, 2009, p.52.

③ Jeanne K. Giraldo, Harold A. Trinkunas, *Terrorism Financing and State Responses: a Comparative Perspective*, Stanford, Calif.: Stanford University Press, 2007, p.98.

④ Ibid., p.104.

⑤ Gretchen Peters, "How Opium Profits the Taliban", *United States Institute of Peace*, August 2009.

的毒品问题已经相当严重，因反苏而起家的各圣战组织（后来演变为割据一方的军阀，如希克马蒂亚尔、杜斯拉姆、马苏德等）都曾参与甚至主导过该国的毒品贸易，但美国出于反苏目的，对他们的涉毒行为却不予谴责，反而予以鼓励和支持。美国政策和态度的两面性、对塔利班禁毒举措的质疑与谴责，使塔利班对美国及国际社会彻底失望，助长了塔利班的反美情绪，并最终支持基地组织发动了反人类的"9·11"恐怖袭击。

2001年后，塔利班势力退守阿巴南部边境山区，失去了对全国大部分领土的控制权，同时也意味着失去了对过境贸易与全国大部分罂粟产区的拥有权，这使得塔利班的财政来源渠道主要局限在毒品贸易与私人捐助等方面。赫尔曼德省和坎大哈省等南部地区是阿富汗传统的罂粟种植重要产区，也是塔利班崛起与倒台后退守的主要地区，这种地理区域上的大致吻合让人们更加倾向于认为塔利班与毒品问题有着密切联系。这一认识有其合理性一面。失掉政权后，塔利班确实加重了对毒品财政的依赖。据联合国毒品与犯罪问题办公室2009年发布的一份报告数据显示，2005年以前，塔利班每年从毒品中获取的资金总额约为8500万美元，而自2005年以来，这一数额猛增为1.25亿美元/年，增速惊人。然而这份评估报告也承认，虽然这笔资金数额巨大，但也只占塔利班财政收入的10%—15%，85%以上的财政收入则来源于与毒品无关的其他渠道如私人捐赠等。[①]

在对塔利班财政收入中毒品收入与非毒品收入的份额比较中可以看出，毒品收入并非塔利班的主要财政支持。即使在塔利班执政期间，毒品经济被国家化与合法化，其在国家财政中也只起到辅助补充作用。

（二）毒品经济主要受益者与阿富汗毒品问题的真正症结

毒品收入既然并非塔利班财政的主要来源，那么是否阿富汗毒品经济的规模本身就比较小，从而即使全部为塔利班所控制，也难以构

---

① Julien Mercille, "The U.S. 'War on Drugs' in Afghanistan", *Critical Asian Studies*, 43: 2, 2011.

成其日常财政的主要支柱？若如此，塔利班依然难以摆脱阿富汗毒品问题主要责任者的角色。塔利班是不是阿富汗毒品经济的主要受益者，是验证二者有无紧密关系的另一维度。毒品经济的主要受益者，也是阿富汗毒品问题的真正症结所在。

倾向于认为塔利班是阿富汗毒品经济的主导者或主要受益者的不在少数。然而阿富汗毒品经济是一个极其复杂与系统的生产与贸易网络，囊括了罂粟种植—鸦片生产—毒品提炼与加工—走私贩运—国内外交易等各个相互联系与衔接的环节，毒品利润即不均匀地产生在以上各个环节中。据联合国报告数据显示，阿富汗毒品贸易所产生的利润中，罂粟种植过程中所产生的利润份额不足1%，约为1亿美元，其中2000万美元被塔利班作为税收而征走。① 而这也是塔利班从毒品中获取利润的两种主要方式之一：保护或胁迫当地农民种植罂粟并征税，另一方式是为毒品贩运提供安全保护。塔利班参与阿富汗毒品活动多局限在这两个层面，而产生利润更多的毒品提炼与走私阶段，塔利班参与较少，其利润也多为塔利班之外的势力所获得。塔利班的毒品活动多局限在保护罂粟种植与毒品贩运走私，主要有两方面的原因。一是出于宗教教义的约束与限制。罂粟种植虽然不违反伊斯兰教教法，但海洛因和大麻等毒品的加工、走私、使用和交易则会受到伊斯兰教法的谴责与惩罚。经济失败与国际制裁导致的财政拮据需要塔利班接受毒品经济的支持，然而伊斯兰教教法无疑约束与限制了其对毒品活动的参与程度，这也是塔利班对毒品活动的态度十分矛盾的主要原因。② 二是由于参与时间短，且多数精力多用于军事征伐，塔利班缺乏传统军阀所拥有的系统的高级的毒品提炼设施与发达的毒品走私交易网。凭借参与毒品的种植与贩运等活动，塔利班每年能获得约1.25亿美元的财政收入，而阿富汗每年由毒品所创造的经济价值总量中留在

---

① Ahmed Rashid, *Taliban: Militant Islam, Oil, and Fundamentalism in Central Asia*, New Haven: Yale University Press, c2000, p.119.

② David Macdonald, *Drugs in Afghanistan: Opium, Outlaws and Scorpion Tales*, London: Pluto, 2007, p.80.

国内的份额是30亿—40亿美元，塔利班只占到了其中的4%。[①] 因此可以看出塔利班并非阿毒品经济的主要受益者。

毒品所产生的利润主要产生于提炼加工与走私交易阶段。在阿富汗，这些环节的主导者是中央政府及其支持者（主要是反塔利班的地方军阀势力，如北方联盟等）。阿富汗毒品问题在塔利班势力崛起之前就已经出现并恶化，各类反苏圣战组织和游击队以及后来陷入内战的各地军阀，都不同程度地卷入了毒品活动，从中获取经济利润以充实财政。相反塔利班执政时期，阿富汗快速恶化的毒品形势得到了一定程度的遏制。[②] 而卡尔扎伊政府上台以来，各地反塔利班军阀瞬间成为中央政府以及美国的盟友，受到后者的支持，而其自身长期从事的毒品活动却一直未受到司法制裁，这直接导致了塔利班倒台后罂粟种植在全国范围内的迅速扩展。[③] 卡尔扎伊政府时期，是阿富汗毒品问题最为恶化的时期，其禁毒努力，大多在地方上流于形式，成效欠佳。而阿富汗毒品经济的真正主导者或主要受益者，正是阿政府及地方军阀。世界银行2006年的一份报告显示，阿富汗最大的四个海洛因生意商全部是阿富汗政府的高级官员。[④] 而海洛因等高级毒品的提炼和交易所产生的利润，占到了阿富汗毒品经济总利润的75%之多，[⑤] 其享有者正是各地军阀、毒枭、地方官员与警察等，而非塔利班。

阿富汗毒品运输与走私的三条主要路线中，北方路线（走私至中亚、俄罗斯、欧洲）和西方路线（走私至伊朗、土耳其和阿拉伯国家）更多地被阿富汗毒贩和军阀等地方势力所主导，或直接参与，或间接支持。而这两条路线承担着阿富汗68%的鸦片以及52%的吗啡和海洛

---

① 参见UNODC所发布的2004—2009年度 *Afghanistan Opium Survey, World Drug Report*。

② UNODC, *Afghanistan Opium Survey 2004*, Government of Afghanistan Counter Narcotics Directorate, Vienna, November 2004, pp.3-4.

③ 至2004年，阿富汗全国34个省份中，已有31个省份不同程度地种植了罂粟，而1998年时这一数字才13个。参见UNODC, *Illicit Drug Trends in Afghanistan*, THE PARIS PACT INITIATIVE, June 2008, p.10。

④ Peter Dale Scott, "Can the US Triumph in the Drug-Addicted War in Afghanistan?" *Japan Focus*, May, 2010.

⑤ Julien Mercille, "The U.S. 'War on Drugs' in Afghanistan", *Critical Asian Studies*, 43: 2, 2011.

因等毒品的走私,[①] 也是阿富汗鸦片走私的最大受益者,塔利班对此并不负太多责任。以2004—2006年为例,三年中阿富汗走私至国外的鸦片总价值分别为28亿美元、27亿美元和31亿美元,而地方军阀与走私贩所占的份额就分别达到了22亿美元、21.4亿美元和23.4亿美元。[②] 另外,2008年以来,塔利班势力十分薄弱的阿富汗东北部地区的罂粟种植呈迅速增长的态势,尽管其在阿国内罂粟总种植面积中的比重只占1%左右,但增速惊人,从2008年的200公顷急剧扩展到2010年的1100公顷;同样的情况也出现在阿东部地区,2009年该地区的罂粟种植已经从2008年的1151公顷减少到2009年的593公顷,但2010年这一数字又恢复到了1100公顷,恶化态势令人担忧。[③] 这些都更多地需要从当地军阀等地方势力身上寻找答案。

如果将阿富汗毒品贸易网络延伸到欧美消费市场来考虑,那么该国的毒品经济总规模将更为巨大,也更能证明塔利班并非阿毒品经济的主导者。据俄罗斯方面估计,阿富汗的毒品总价值高达650亿美元,只有5%—6%的份额或者说只有28亿—34亿美元留在了阿富汗国内,毒品贸易所得的80%是从俄罗斯、欧洲与美国等消费目的地中产生的。[④] 毒品交易所存在的巨额利润吸引了美国中央情报局在内的各种外部势力直接或间接参与阿富汗毒品贸易。[⑤] 此外,毒品提炼所需的化学前体及其交易也是利润颇高的环节,而其主要来源地与提供者是欧美国家,化学前体交易所产生的利润也大部分回流至欧美等西方相关企业。西方的银行体系在规范等方面存在着各式各样的漏洞,为毒品洗黑钱行为提供着便利,从而使毒品交易所产生的资金源源不断地流

---

① UNODC, *Illicit Drug Trends in Afghanistan*, THE PARIS PACT INITIATIVE, Vienna, June 2008, p.9.
② UNODC, *Afghanistan Opium Survey 2005, Afghanistan Opium Survey 2006*.
③ UNODC, *World Drug Report 2011*, United Nations Office on Drugs and Crime, Vienna, June 2011, p.242.
④ Peter Dale Scott, "Can the US Triumph in the Drug-Addicted War in Afghanistan?" *Japan Focus*, May, 2010.
⑤ Alfred W. McCoy将CIA在阿富汗毒品贸易中所扮演的角色定义为"共谋"(complicity),即与当地涉毒势力共同谋划并进行毒品活动;CIA还负责阿富汗毒品产地与欧美海洛因市场之间的物流衔接并提供政治保护等。参见 Alfred W. McCoy, *The Politics of Heroin: CIA Complicity in the Global Drug Trade*, Lawrence Hill Books, 1991, p.441.

入西方国家的银行。① 全球范围看，阿富汗毒品贸易所产生的利润大部分为欧美国家所获取，这是塔利班势力所不可比及的。正因为阿富汗毒品能给美国在阿盟友以及西方企业等带来巨额经济利益，所以美国的禁毒态度一直不够明确与坚决，甚至纵容与默许，相反在塔利班涉毒方面却出于政治目的大肆将其妖魔化并进行谴责。

由阿富汗毒品经济中塔利班所掌控的份额数据分析中可以得知，塔利班并非阿富汗毒品经济的主要受益者，或者说并未主导该国的毒品产业，其在毒品经济中的作用和地位是有限的。阿富汗毒品经济的国内受益者主要是地方军阀与毒贩，其在国外的主要受益者则是走私欧美市场途中的贩毒集团以及欧美相关企业、银行等。阿富汗毒品问题的其他利益角色在毒品经济中获益较少。

（三）塔利班势力及其涉毒行为的新近变化

随着阿富汗局势的变迁，塔利班势力非但没有被彻底消灭，反而大有卷土重来势头，其复苏壮大已让阿富汗政府和美国意识到与其和谈和解才是解决阿富汗政治僵局的唯一道路。据报道，塔利班目前实际控制和非常活跃的地区占到了阿富汗国土面积的70%，而人口则达到了1500万，约是阿人口的一半。② 如图所示，深灰色和白色部分分别为塔利班和阿富汗政府完全控制区域，浅灰色部分则为双方争议或塔利班非常活跃地区。

与此同时，塔利班对阿富汗毒品问题的参与也呈现出新特点，首先，涉毒人员方面，塔利班最高层在20世纪90年代曾宣布鸦片生产和走私因违反伊斯兰教义而属于非法活动，私下从事毒品活动的多为塔利班在地方的下层军官及其武装人员；而最近以来，塔利班中央高层越来越对毒品活动表现出关注的态度，甚至直接参与指挥毒品活动的进行，与以往的明令禁止或默许有较大改变。塔利班高层还将塔利班

---

① UNODC, *World Drug Report 2010*, United Nations Office on Drugs and Crime, Vienna, June 2010, p.140.

② "阿富汗安全局势堪忧 塔利班已威胁到七成国土"，新华网，http://www.xinhuanet.com/world/2018-02/01/c_129803063.htm。

> > > 美国战略与阿富汗毒品问题

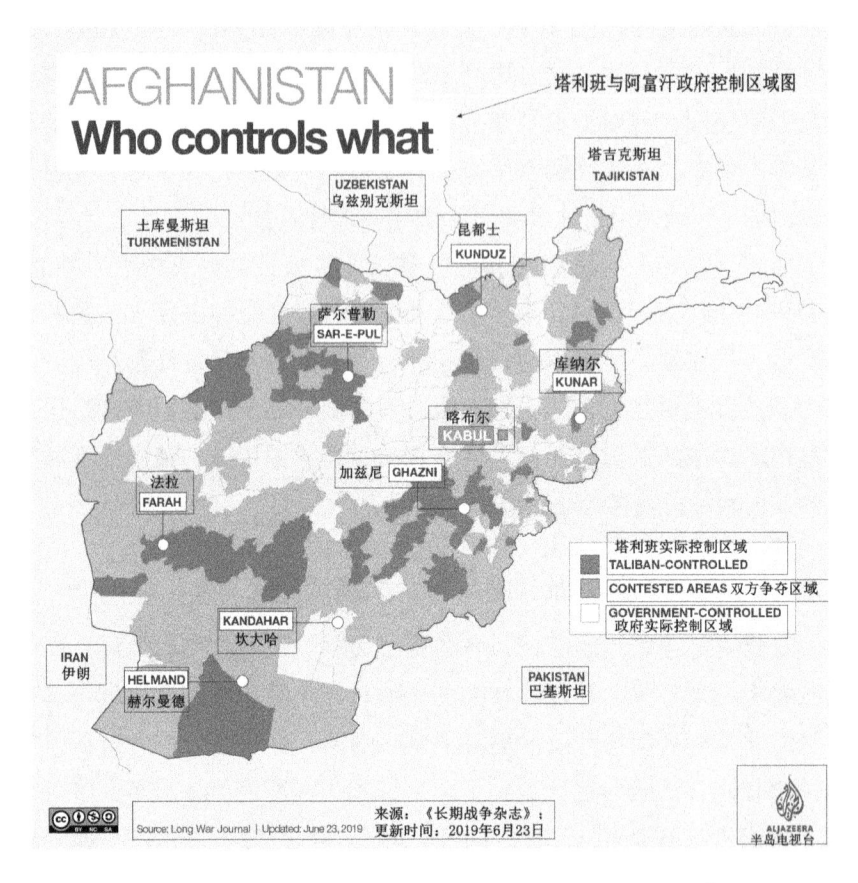

塔利班与阿富汗政府控制区域图

图片来源："Afghanistan: Who controls what", *Al Jazeera*, 转引自半岛电视台网站：https://www.aljazeera.com/indepth/interactive/2016/08/afghanistan-controls-160823083528213.html。

所控制的区域划分为各个毒品产区，并委派得力军官进行管理经营，赋予他们放手积极从事毒品生意的权力；建立毒品利润分配监督机制，以确保塔利班从上至下均能从中获益，尤其保障中央高层所获得的利润份额不被基层军官所私吞。① 塔利班涉毒人员从基层武装人员扩散至中央领导层，这一变化将加深塔利班卷入毒品活动的程度。

---

① Ron Moreau, "The Taliban's Life of Luxury—Is Afghanistan destined to be run by a drug mafia?" *Newsweek*, http://www.thedailybeast.com/newsweek/2013/06/12/the-taliban-s-new-role-as-afghanistan-s-drug-mafia.html.

其次，涉毒环节方面，由于其自身条件所限，塔利班长期以来在从产至销的漫长毒品产业链中，主要是从罂粟种植与鸦片收割这一"产"的环节中向农民抽取"什一税"，这是其从事毒品活动并从中获取利润的主要方式，涉毒层面较为单一，所获毒品利润相对较少。而随着涉毒时间的推移，如今的塔利班开始关注毒品产业链的其他环节，包括毒品提炼再加工、毒品贩运与走私，以及毒品交易等各个层面。这些环节在毒品产业链中利润最为丰厚，长期以来为地方军阀与毒贩所主导，塔利班因缺乏相应技术与设施以及稳定的客观环境而参与较少。而对毒品产业链中高利润环节的参与，势必会壮大塔利班的财政收入，对其恢复实力进而影响阿富汗政局产生不可忽视的影响。

再次，与其他涉毒群体关系上。这是最应引起人们重视的变化。随着塔利班越来越多地参与到毒品提炼与走私活动，其与毒贩集团的关系也发生着悄然变化。大量小走私贩被排挤出毒品活动，大的贩毒集团则被塔利班拉拢过来，二者进行毒品合作，彼此相互依赖。另外，塔利班与其在政治与军事上的长期以来的敌人——前北方联盟的成员们——因为毒品利益而开始重修旧好。阿富汗北部长期由北方联盟所实际控制，该地区如巴达赫尚省的毒品活动多掌握在这些人手中，北方联盟所生产与提炼出的毒品以往多通过北部走私路线向北流入中亚等国。与塔利班在毒品问题上达成谅解并开始合作后，这一地区的毒品可以通过塔利班控制的南部地区运输到伊朗和巴基斯坦。政府官员与地方警察也开始参与到这一和解之中，三方成为相互合作、利益均享的毒品链中的一部分。塔利班也乐见来自北方的毒品尤其海洛因通过其所控制的区域、在塔利班武装的保护下走私至国外，因为它们的质量更高，利润更大，这与北方相对适宜的气候条件有关。

总体而言，塔利班在21世纪第二个十年开始后，随着自身实力的不断恢复壮大，其涉毒活动也在不断升级，阿富汗目前罂粟种植和鸦片生产的重灾省份越来越同塔利班实际控制与活跃的区域相吻合，或者说塔利班在阿富汗毒品问题上确实应当负越来越大的责任。这与塔利班自身涉毒活动的升级和深化，以及阿富汗政府控制区域的禁毒努力初见成效有关系。如何使塔利班"戒毒"是阿富汗和国际社会处理

> > > 美国战略与阿富汗毒品问题

同塔利班关系时必须面对的难题之一。

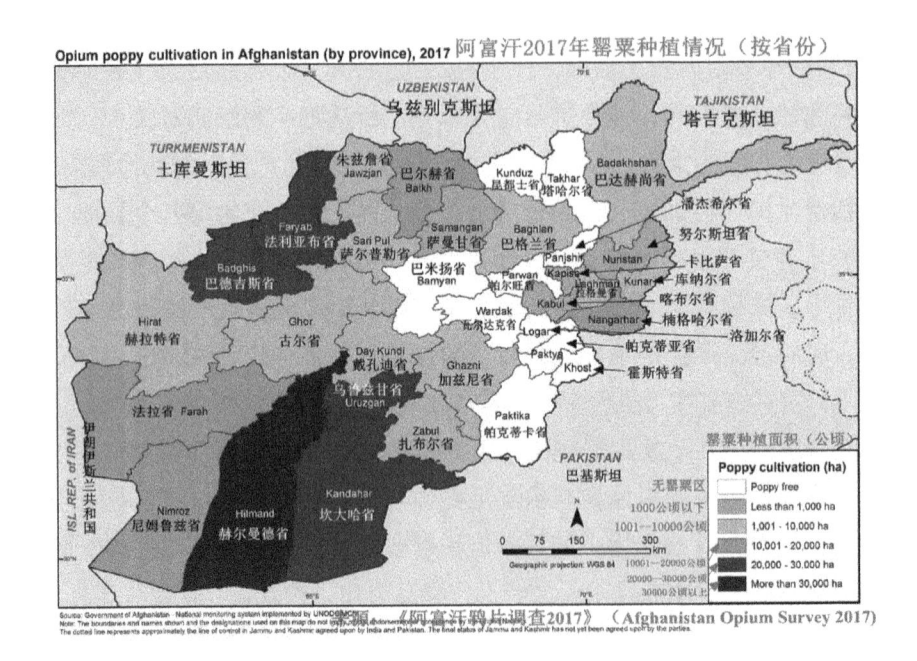

阿富汗2017年罂粟种植情况（按省份）

来源：联合国毒品与犯罪问题办公室（UNODC）发布的年度报告《阿富汗鸦片调查2017》（Afghanistan Opium Survey 2017），第10页。报告官方下载地址：https://www.unodc.org/documents/crop-monitoring/Afghanistan/Afghan_opium_survey_2017_cult_prod_web.pdf。阿富汗政府—联合国毒品与犯罪问题办公室国家监测系统。

说明：本地图中显示的边界、名称和标示并不意味着联合国正式认可或接受。虚线代表印度和巴基斯坦商定的查谟和克什米尔控制线。查谟和克什米尔的最终地位尚未得到当事各方的同意。

三、阿富汗毒品问题解决的关键：美国战略的转变

阿富汗毒品问题之所以恶化且迟迟得不到有效彻底的解决，除了其本身所固有的困境外，属于非传统安全领域的问题而得不到真正重视也是重要原因之一。然而从上一节中的分析中可以得知，阿富汗毒品问题的真正症结在于国内的地方军阀与毒贩集团，包括现阶段的塔利班势力。而美国作为影响阿富汗局势的最大外部因素，是造成这一局面的最终推动力量。美国各个时期的在阿战略都以不同的形式对阿

富汗毒品问题产生了重要的催化剂作用。阿富汗毒品问题的解决，在很大程度上最终取决于美国在阿战略的转变。

（一）缺乏重视的非传统安全及其主要特征

非传统安全（Nontraditional Security）在冷战后才正式提出并得到越来越多的关注。学术界对其定义并没有统一的认识。就内容而言，非传统安全是针对传统安全而言的，领域主要有除军事、政治和外交冲突以外的诸如经济安全、生态安全、信息安全、能源安全、恐怖主义、跨境犯罪等。[①]

非传统安全在全球化时代越来越重要，非传统安全威胁对国家和地区甚至全球都造成了不小的挑战。2008年美国爆发的金融危机迅速波及全球，造成的负面影响至今仍然无法精确估计；全球气候变暖造成的海平面上升，在长期意义上决定着人类生存环境的性质（马尔代夫可能在可见的将来消失在海中）；能源安全决定着能源消耗大国的经济命脉甚至国家命脉，等等。相对传统安全来说，非传统安全是一个相当年轻的概念和安全领域。随着全球气候变暖而兴起的气候安全是冷战尤其近十年来才逐渐为人类所重视；恐怖主义也是在世界发生了特大恐怖事件（如"9·11"事件）才真正被提到了国家战略和国际会议的重点议程；非法移民在对相关国家的社会稳定造成严重威胁时才被当地政府重视；流行性病毒若非因为全球性的人员流动而造成跨国界、跨地区的大规模感染，也很难带来相关的国际关注与合作。非传统安全威胁或隐患，在长远意义上对人类造成的挑战，甚至大于一场军事战争，比传统安全威胁影响更为久远，甚至致命。例如，全球气候变暖的趋势如果发展到无法逆转的地步，人类的生存环境都将面临比战争更为致命的威胁，传统安全意义上的政治和军事斗争也无从谈起。但由于非传统安全威胁的影响不能及时显现，人类对其关注程度也长期低于传统安全。非传统安全也没有得到及时的重视。

总结起来，非传统安全问题长期缺乏重视的原因与其自身特点有

[①] 参考查道炯：《大国学者看世界（非传统安全卷）》，北京：新世界出版社，2007年版。

关，这些原因或其自身所具有的特点主要有以下几个方面：首先，非传统安全问题涉及各个领域，近年来比较重要的非传统安全问题有经济问题、气候问题、恐怖主义等。非传统安全问题所包含的类型和内容都比传统安全问题更加多样复杂，单靠国家间的外交谈判与妥协，或者硬碰硬的军事手段很难真正解决。其次，非传统安全问题涉及的主体比传统安全复杂，主权国家与非国家力量都是非传统安全问题的治理主体，二者之间的关系如何处理，一直是学界讨论的热点问题之一。第三，非传统安全问题有着明显的国际性特征，一般单靠一国或几国内的治理主体无法有效处理。第四，非传统安全问题对国家及国际社会的危害具有间接性、非明显性。以气候安全为例，全球气候变暖对国家的危害，远没有国家间的外交和军事冲突来得明显、直接，这也注定非传统安全在国家日程列表中的排位不如传统安全，这一点可以从2009年的哥本哈根气候谈判大会上各国没能达成实质性决议得到例证。非传统安全问题所具有的以上特点，是其长期得不到真正重视的重要原因。

随着二战后尤其是冷战后国际形势的缓和，各国间发生战争的羁绊越来越多，传统意义上的国家安全受到的威胁越来越小；加之近年来由于人类的发展所造成的公共问题的不断涌现，非传统安全及其研究开始兴起。在国际社会中，所谓的"低政治"已经越来越得到与"高政治"同等级别的重视。毒品问题就是近年来在被忽视的领域中逐渐被发现的非传统安全中的一大国际难题。阿富汗毒品问题属于非传统安全领域中的典型案例，毒品的非法种植与走私长期困扰着相关国家和地区的经济发展、社会稳定。近年来，阿富汗的毒品问题发展到了历史上最严重的地步，也随后进入了形势好转的时期。阿富汗政府在美国及其盟友的协助下，使得本国的鸦片产量有所回落，形势喜人，但毒品问题至今也没能得到彻底好转，其所支持的塔利班武装力量也越来越强大。[①] 阿富汗毒品问题在将来能否得到彻底解决，除了取决于

---

① 塔利班武装人数从2006年的约7000人增加到了2009年的约2.5万人，几乎翻了两番。"阿富汗武装派别塔利班"，新华网，2012-12-23, http://news.xinhuanet.com/ziliao/2007-08/08/content_6492376_1.htm。

前述各困境能否得到摆脱或解决，主观方面的根本决定性关键因素在于大国态度，取决于相关大国能否予以真正的重视，即取决于美国能否转变其在阿富汗的过于单一的优先反恐战略。

阿富汗毒品问题属于典型的非传统安全问题，其得不到重视的原因主要有两个。一是毒品问题的危害性和威胁性没有恐怖主义来得直接，虽然恐怖主义也属非传统安全领域的内容，但恐怖主义袭击对美国的安全威胁是显而易见和突如其来的，毒品问题则不然，它的负面影响主要局限在阿富汗及周边国家和地区，以及社会和经济层面；对美国的危害则要间接、次要得多。第二，非传统安全问题的解决比传统安全更难更复杂。阿富汗毒品问题错综复杂，利益方众多，解决起来比恐怖主义要难得多。对待塔利班武装，美国和阿富汗政府态度比较一致，致力于共同打击；但毒品问题没那么简单，需要调和各方利益。阿富汗毒品问题得不到重视也在情理之中。

非传统安全得不到重视，并不表明它的重要性次于传统安全，毒品问题也是如此。阿富汗毒品问题能否得到彻底解决，关键是取决于大国态度，尤其是美国及其主导的在阿国际势力的态度，取决于美国是否具有彻底解决阿富汗毒品问题的真正政治愿望与意志。只有拿出真正的政治愿望与意志，阿富汗毒品问题才有可能得到彻底解决。这一点可以从奥巴马上任前后的美国对阿政策及其所取得的效果比较中得到证实。然而，这一愿望与意志的转变，意味着美国在阿战略的必然修正，而这一修正又取决于美国在阿富汗的优先利益考量。

（二）美国的战略转变与阿富汗毒品问题的解决

从自苏联入侵阿富汗以来至今的各个历史阶段中美国在阿富汗毒品问题中所扮演的角色中可以看出，美国因素对阿富汗毒品问题的重要性。阿富汗毒品问题的出现与发展，是美国在阿利益取向与战略部署所导致的最大、影响最为持久的非预期性效应，美国因素在一定程度上是解决阿富汗问题的关键，也关系着阿战后重建能否顺利进行。苏联入侵阿富汗时期，美国所采取的"隐蔽战争"战略是阿富汗毒品财政模式产生的重要外部刺激因素，正是美国政府"授人以渔"式地鼓励阿富汗各游击武装和圣战组织从毒品中获取财政支持，阿富汗毒品问题才得以出现并恶化。塔利班时期，美国对塔利班的外交敌视与经济制裁，在很大程度上促使塔利班接受毒品财政并走向更远的极端主义。卡尔扎伊时期，美国优先反恐但过于单一、缺乏系统性与全面性的战略目标及部署，极大牵制了阿富汗政府的禁毒努力，不仅造成毒品形势的陡线上升发展，还造成了阿富汗越来越严重的贪腐现象及恐怖主义势力恢复等非预期效应。

阿富汗毒品问题也对美国的在阿战略产生了或积极或消极的影响。毒品活动的兴起和存在在很大程度上帮助美国赢得了其在阿富汗的针对苏联的"隐蔽战争"，得到毒品财政大力支持的北方联盟在协助美国打击塔利班及恐怖主义上也起到了不可替代的作用。但同时阿富汗毒品问题的存在也让美国的在阿利益与战略的实现起到了不小的负面作用。得到毒品财政支持的塔利班及基地组织势力得到充实，因此毒品活动在间接意义上讲刺激与助长了他们的反美情绪与行动。后塔利班时代阿富汗毒品问题的泛滥产生了越来越多的贪腐现象，政府能力也因此下降，这使美国的在阿战略备受质疑与批评。

因此，美国战略对阿富汗毒品问题的出现和发展有着不可推卸责任，同时毒品问题的解决，对美国的在阿战略与利益的实现也有着重要的意义，对阿富汗战后重建来说更是扫清了最大障碍之一。如果阿富汗在国际力量的帮助下做到彻底"清毒"，在经济上将使阿富汗摆脱经济的严重畸形和"犯罪化"趋势；同时也可扭转政治上的官毒勾结等腐败现象，提高中央政府权威与政府能力，这些都有利于战后和平重建进程的推进。在世界毒品生产市场方面，阿富汗的毒品产量占到了世界毒品总量的九成以上，故解决阿富汗一国的毒品问题，从很大程度上标志着世界毒品生产源问题的解决，同时也意味着世界毒品消费市场"毒源"的切断。由此可见，阿富汗毒品问题的重要性本可与恐怖主义相提并论，但由于恐怖主义所造成的安全威胁更直接、更明显，所以国际社会对恐怖主义的关注要远远大于对阿毒品问题的关注。美国投入大量的人力、物力和财力用于打击阿富汗境内的塔利班势力，但很长一段时期内后者却越打越壮大，在很大程度上是由于没能对其做到经济上的"釜底抽薪",而过分追求军事上的胜利。

小布什政府时期,主要精力被放在了打击塔利班及其所支持的"基地"恐怖主义组织身上,后来随着伊拉克战争的打响,美国的注意力大部分都转移到了伊拉克,阿富汗的毒品问题并没有得到应有的重视,延续了不断恶化的态势。卡尔扎伊虽然认识到阿富汗毒品的危害性不亚于塔利班对国家政权的威胁,[1] 也曾表示阿富汗在未来的五到六年内彻底解决阿国内的毒品问题,[2] 但没有数据表明,卡尔扎伊政府能真正兑现这一承诺。布什有意着重赞扬阿富汗重建进程所取得的成就的表态,也被视为故意"美化"阿富汗局势,而忽视毒品问题的紧迫性和危害性。在阿富汗毒品问题上,布什政府延续了一贯的单边主义思维方式,不仅遭到了卡尔扎伊政府和当地"毒农"的不同程度的抵制和反对,也遭到了欧洲盟友和国际社会的不满。小布什政府时期,本身的不受重视以及禁毒策略的不得当是阿富汗毒品问题没能得到有效解决的非常重要的原因。

民主党总统候选人奥巴马在2008年的美国大选中凭借"变革"口号赢得胜利。上任一年以来,内外政策皆与其前任明显不同。就外交战略而言,奥巴马放弃了布什政府的单边主义,态度温和,姿态低调,修复国际形象,注重国际合作,改善对外关系,利用"巧实力"外交而不是着重凭借强大的军事力量重树美国在世界的领导地位。奥巴马上任一年来,便走访了美洲、欧洲、中东、非洲和亚洲,所到之地,尽展"柔性"外交,处处谦恭自省,坦承美国的错误;并希望将与他国"相互倾听,相互学习,相互尊重,寻求共识";尽可能地与之结成最广泛的"伙伴关系",以期共同应对全球挑战。[3]

就全球具体战略部署来看,奥巴马做了重大调整,包括宣布从伊拉克撤军,向阿富汗增兵三万人的计划等。早在总统竞选期间,奥巴

---

[1] 卡尔扎伊2007年9月25日在联大一般性辩论中发言时坦陈,虽然近年来阿富汗的经济建设取得了很大进展,但恐怖主义和毒品交易却成为阻碍经济进一步发展的巨大障碍。

[2] 卡尔扎伊2005年5月访问美国时如是说。

[3] 评奥巴马外交变革:"柔性"风格 广交"伙伴",新华网,2012-12-23,http://news.xinhuanet.com/world/2009-06/09/content_11510991.htm。

马就承诺，上任后16个月内从伊拉克实现撤军；他认为伊拉克战争是一个"错误"、一个"可选项"；而阿富汗战争则不同，它是一场"必打的战争",[①]是反恐战争的主战场。在这一战略定位下，奥巴马提出了以下战略目标，包括破坏、瓦解和击败在巴基斯坦和阿富汗的"基地"组织，杜绝塔利班在阿富汗卷土重来。为此，奥巴马不仅下令增加驻阿美军，还向阿计划派遣13.4万人的军队和8.2万人的警察部队，帮助阿富汗战后重建；第二，帮助卡尔扎伊肃清腐败不堪的阿富汗政府，使之言而有行、行之有效，改变以往政令不施、中央政府有名无实的局面，消除腐败现象，大力发展经济，包括结束"毒品经济"对整个国民经济的主导性影响；另外，奥巴马改变了对塔利班组织一味打击的政策，争取其中能够回心转意的分子，从而达到分化塔利班的目的。[②]卡尔扎伊在成功连任后也屡次向塔利班伸出"橄榄枝"，劝其放下武器，加入阿富汗重建进程。英国外长也建议招安塔利班将领。国际上，奥巴马寻求国际社会对其新阿富汗战略的支持，并要求国际社会加大对阿富汗的援助，而不是单靠美国的力量。

奥巴马的新阿富汗战略自出台之日起就引起了各方质疑，大量增兵能否解决阿富汗问题？有人认为美国在阿富汗将重蹈前苏联的覆辙，还有人认为阿富汗战争将成为越南战争的翻版。这一战略确实取得了一定效果。2010年2月13日，北约和阿富汗联合部队在阿富汗南部塔利班"巢穴"赫尔曼德省马尔贾地区展开了"共同行动"计划，这是自2001年美国发动阿富汗战争以来针对塔利班的最大规模的军事清剿行动。马尔贾是赫尔曼德省的农业区，有"塔利班粮仓"之称，同时也是鸦片的主要产地。行动取得了一些战果，联军控制了马尔贾市中心及主要交通要道，粉碎了塔利班成建制的抵抗，击毙了120名塔利班武装人员，起获了大批武器弹药；塔利班在该地区的"老巢"被清洗；

---

① 参见2009年6月4日奥巴马在开罗大学的演讲，白宫政府网，2012-12-23，http://www.whitehouse.gov/the_press_office/Remarks-by-the-President-at-Cairo-University-6-04-09/。

② 参考 White Paper of the Interagency Policy Group's Report on U.S. Policy toward Afghanistan and Pakistan, http://www.whitehouse.gov/assets/documents/afghanistan_pakistan_white_paper_final.pdf。

第6章 美国战略的转变与阿富汗毒品问题的解决

与此同时，美国与巴基斯坦也逮捕了部分塔利班高层官员。[①]

在对待阿富汗毒品问题上，奥巴马政府降低了取缔罂粟作物的重要性，放弃对取缔作物的阿富汗中央军的支持，集中于禁毒行动和破坏海洛因加工厂，其根据是这将更准确地打击"毒品与起义组织的联系"。同时认为取缔罂粟种植是"浪费资金"，脱离农民，"可以破坏几公顷作物，但是没有减少塔利班收到的哪怕是一个美元"。[②]这一政策转变与其他改善民生的措施一起，使奥巴马政府在阿富汗的禁毒努力收到一定效果，这表明阿富汗问题，包括毒品问题的解决，并非毫无对策，关键在于大国力量尤其是美国是否有真正的政治愿望和意志。而这一愿望和意志，最终取决于美国在阿利益。打击塔利班的恐怖主义威胁，直接关系美国的安全利益和国际形象；而毒品问题的严重性尽管对阿富汗及周边地区不言而喻，但对美国而言却似乎没有与恐怖主义同等的地位，它对美国安全威胁的严重性和危害的直接性都比不上恐怖主义，因此不在美国在阿利益的前列，故长期得不到重视与解决在所难免。阿富汗毒品问题不在美国对阿战略的优先考虑范围之内，这是该问题迟迟得不到与其重要性相对称的重视的根本原因。从奥巴马上任前后美国在阿所取得的成绩对比中可以看出，阿富汗毒品问题乃至整个阿富汗问题的解决并非毫无对策，关键在于美国能否转变其优先反恐的战略，不一味追求反恐这一单方面的胜利，而应综合性、全面性、整体性地看待阿富汗问题，其中包括对阿富汗经济、政治与社会有着重要影响的毒品问题。美国必须给予阿毒品问题以足够的重视，转变以往的过分依赖军事行动的反恐战略，而是充分发挥经济反恐的作用，以求从财政上断绝阿富汗恐怖主义的"粮草"，这里的恐怖主义不仅包括基地组织与塔利班势力，还有那些已经走上反美道路的地方军阀与极端势力。

然而，奥巴马的阿富汗战略，需要美国和国际社会对阿富汗持续提

[①] "塔利班损兵折将承认遭重挫 阿富汗战局突变"，凤凰网，2012-12-24，http://news.ifeng.com/world/201002/0221_16_1550594.shtml。

[②] "阿富汗毒品成灾变成帝国的罂粟花园"，红色文化网，2013-05-20，http://www.hswh.org.cn/wzzx/xxhq/qq/2013-05-20/20937.html。

供大量经济援助,包括替代经济和粮食作物的普及,交通运输与农村基础设施的改善等。这一战略在奥巴马第二任期内未得到延续,美国在阿富汗的主要精力放在了撤军事宜和结束阿富汗战争上,毒品在内的阿富汗其他问题再次被搁置,这也导致阿富汗的毒品形势在经历了短暂的好转之后,又重新恶化起来。2007年,阿富汗的罂粟种植与鸦片产量在达到了历史最高水平之后,出现了连续三年的下滑,至2010年时,阿富汗的罂粟种植面积已经从2007年的19.3万公顷下降到12.3万公顷,鸦片产量更是从8200吨降到3600吨。① 然而2011年起,这一好转势头被中止,并连续四年呈继续恶化趋势,2014年时阿富汗的罂粟种植面积已经恢复到22.4万公顷,鸦片产量也恢复到了6400吨。②

特朗普上台后,在阿富汗问题上态度更加"功利",只追求美国在阿富汗安全目标的实现,为美国体面撤军做准备;不以阿富汗国家建设为己任,不用美国理念改造阿富汗。因此,在这样的战略基调背景下,毒品问题显然不是特朗普政府关注的重点,针对罂粟种植所采取的一系列空袭行动,也是出于给塔利班施压的角度考虑,是特朗普"边打边谈"策略的具体手段,而非出于解决阿富汗毒品问题的目的。目前来看,特朗普的这一策略对打击阿富汗毒品和塔利班势力效果有限,反而引起了它们的强势反弹。2017年阿富汗的罂粟种植与鸦片产量均创历史新高,塔利班也在2018年4月宣布发起针对美军和阿政府的"春季攻势",爆发新一轮的军事冲突和恐袭行动,震惊国际社会。

综上所述,阿富汗毒品问题在美国在阿战略与利益的影响下,对其解决存在着诸多困境,现有国际合作机制在阿富汗禁毒方面的作用也受到制约而成效有限。塔利班在阿富汗毒品问题中所扮演的角色并非如传统认识中的那么重要,阿毒品经济的主要受益者是受到美国庇护与支持的阿富汗地方军阀,以及毒贩集团甚至阿富汗政府官员,他们所从事的毒品活动也是阿毒品问题解决的真正症结所在。而解决这

---

① UNODC, *Afghanistan Opium Survey 2010*, Islamic Republic of Afghanistan Ministry of Counter Narcotics, December 2011, p.7.

② UNODC, *Afghanistan Opium Survey 2017 Summary Findings*, Islamic Republic of Afghanistan Ministry of Counter Narcotics, November 2012, p.3.

一症结离不开美国这一阿富汗毒品问题最大外部因素改变其以往优先反恐的对阿战略，应该综合全面地看待毒品问题在整个阿富汗问题中的地位与重要性，相关大国尤其是美国应放弃功利性的为反恐而禁毒的策略，拿出真正的政治愿望与意志，加大援助以改善阿富汗的经济民生，使当地农民主动摆脱对罂粟与鸦片的依赖，这样既能在一定程度上对塔利班与基地组织的恐怖活动做到"釜底抽薪"，从经济上打击塔利班与基地组织，也有利于从根本上消除塔利班对阿富汗及国际社会的恐怖威胁，从而顺利推进阿富汗国内的战后和平重建；加大对毒品走私活动的打击，也能在很大程度上改变阿富汗政治腐败的现状，摆脱本国经济对毒品产业的依赖。毒品问题在整个阿富汗问题中具有重要的地位，如何正确解决此问题影响着阿富汗能否走向正常国家轨道，也影响着美国能否从阿富汗全身而退。与小布什政府将注意力集中在对塔利班恐怖主义的打击上相比，奥巴马政府的对阿新战略加大了对阿富汗经济民生及毒品问题的关注，取得了阶段性的成效。它验证了大国态度在阿富汗毒品问题乃至整个阿富汗问题中的重要性，也表明毒品问题并非不可解决。然而其战略由于各种原因缺乏延续性，导致阿富汗毒品问题长期难以实质性解决。诚然，阿富汗毒品问题的解决，亦不能单靠美国与阿富汗政府的力量。阿富汗居高不下的鸦片产量在世界其他鸦片产地相继萎缩的情况下支撑着世界鸦片生产市场。阿富汗毒品问题是世界禁毒工作的一大难题，国际社会的相关合作还需加强，新的合作机制需要出现并发挥作用。阿富汗毒品问题的解决依然任重道远，还需要阿富汗政府与国际社会尤其美国付出更多的努力。

结　语

　　毒品问题自近代以来就困扰着国际社会，而其产生除了与当事国的政治、经济、社会局势密切相关外，国际因素尤其大国势力的影响也不容忽视，甚至从中起到了决定性的作用。在国际法尚未成熟、国际道德仍处于蒙昧状态的18、19世纪，毒品走私贸易继贩卖黑奴贸易之后，成为西欧国家原始资本积累的重要来源。它在为英法荷等国家带来赤裸裸的巨大经济利益的同时，也使当地长期难以摆脱毒品泛滥所带来的众多负面效应。进入20世纪尤其二战以后，一国政府层面所推动或直接参与的毒品贸易逐渐终止，但毒品作为一种干涉别国政治、或大国间利益竞争的重要手段依然被大国所青睐。冷战以来，虽然多次爆发导致外交关系极为紧张的危机事件，但避免军事上的直接冲突还是成为大国间的普遍共识，取而代之的关系常态是彼此间的经济与政治较量，以及在第三世界的间接争夺。毒品政治就是大国间进行间接而隐蔽的较量所常用的手段，有着毒品问题历史的国家则沦为大国实践毒品政治的试验场，这也导致了毒品问题在这些国家的继续泛滥。冷战以来美国在东南亚与拉美地区所推动的对苏联与共产主义浪潮的遏制行动中，毒品政治就曾被其多次成功利用，只是其所扮演的角色、所使用的手段更为隐秘，这其中一方面是由于受到不断进步的国际法与国际道德的制约，另一方面则是出于对与苏联发生直接军事冲突的顾忌。

　　阿富汗毒品问题的产生与发展过程，也深受大国战略与大国间博弈的影响。苏联的入侵导致了阿富汗国内的战乱无序状态，从而使毒品等非法活动的泛滥成为可能。美国出于自身南亚利益的考虑，在与苏联争夺阿富汗的过程中对当地反苏运动参与毒品活动的支持甚至直接参与，极大激发了阿富汗的罂粟种植与毒品贸易，同时也让自己在阿富汗毒品问题中背负起不可推卸的"共犯"或"同谋者"的责任。在战乱环境中很大程度上依靠着毒品财政而不断壮大的反苏力量成为后来决定阿富汗政局走向的重要因素，阿国内的军阀割据局面也由此产生，而美国在这一时期一系列的"隐蔽行动"是毒品财政模式在阿富汗出现并广泛普及的最大外部因素，尽管美国政府对其所扮演的这一角色长期持坚决否认态度。当然，阿富汗毒品问题在这一时期的出现，对美国实现在该地区打击苏联与共产主义势力的战略意义有着重要的积极的作用。

塔利班的骤兴骤衰与其自身的极端主义性质有着必然的联系，然而美国在这一过程中的态度变迁也有着不可忽视的作用。塔利班的极端主义化与美国的外交敌视之间是一种恶性互动而非单线的因果关系。接受毒品财政并将其国家化、公开化并非塔利班的初衷，而是在受到美国为首的国际经济制裁与外交孤立下的无奈之举。而对一国政权的经济制裁，历来都是一把双刃剑，在很大程度上蒙受损失更大的是该国的经济以及普通民众而非中央政府。这种经济制裁导致阿富汗农民陷入更加严重的贫穷与饥饿状态，从而进一步加剧了他们对毒品生计的依赖。诚然，参与毒品贸易对塔利班财政起到了一定的支撑作用，从而在财力上支持了塔利班及基地组织所从事的一系列极端行动。同时塔利班所采取的全国性罂粟种植禁令及其所取得的历史性成果，受到美国的质疑与指责，从而为后塔利班时代阿富汗毒品形势的巅峰式发展铺平了道路。

苏联的入侵给了美国插手阿富汗事务从而取代苏联在该地区的优势地位的绝佳机会。自那时起，美国在阿富汗的影响力就日益加大，到了卡尔扎伊时期，美国已经成为影响甚至主导阿富汗局势的最大外部因素，包括该国的毒品形势。小布什政府优先反恐的战略在三种层面上助长了阿富汗毒品问题在这一时期的继续恶化：它一方面牵制了卡尔扎伊政府的禁毒努力，一方面过于单一的军事打击手段虽然让塔利班遭遇了重大打击，但后者所从事的毒品活动并未受到严重打击，其三北方联盟等反塔利班盟友得到了美国的支持，包括其所从事的毒品活动，也受到了美国的默许甚至支持。与此同时，这种支持态度也越来越隐蔽。奥巴马政府上任后，加大对阿富汗经济与民生的关注，在一定程度上对美国优先反恐战略的修正使得阿富汗毒品问题形势出现了持续好转的态势，再次表明大国战略在这一问题上的重要性。但总体而言，奥巴马对阿战略依然未能摆脱美国在该地区长期坚持的优先反恐战略的束缚，而特朗普政府对阿富汗战略的调整，更像是小布什政府"优先反恐"的翻版，这对解决包括毒品问题在内的阿富汗政治、经济与民生难题而言，并非积极信号。

毒品问题与其他非传统安全问题类似，虽然其对国际社会的影响越来越大，但其所受到的重视依然远远不够，而世界上大量的非传统安全问题，其产生与发展过程大都与政治尤其大国政治密切相关，对它们的传统安全式分析也因此大有必要。阿富汗毒品问题是受大国影响的典型案例，其解决在很大程度上将取决于大国利益与战略的取舍，而这也决定了该问题的解决依然任重道远。

参考文献

(一) 外文文献

联合国官方调查报告

1. UNODC, *Addiction, Crime and Insurgency: The Transnational Threat of Afghan Opium*, United Nations Office on Drugs and Crime, Vienna, October 2009.

2. UNODC, *Afghanistan Drug Use Survey 2005*, United Nations Office on Drugs and Crime, Vienna, November 2005.

3. UNODC, *Afghanistan Opium Survey 2002-2011*, Government of Afghanistan Counter Narcotics Directorate, Vienna.

4. UNODC, *Illicit Drug Trends in Afghanistan*, United Nations Office on Drugs and Crime Country Office for Afghanistan, June 2008.

5. UNODC, *The Opium Economy in Afghanistan: an International Problem*, United Nations Office on Drugs and Crime, Vienna, 2003.

6. UNODC, *Opiate Flows Through Northern Afghanistan and Central Asia: A Threat Assessment*, UNODC Afghan Opiate Trade Project of the Studies and Threat Analysis Section, May 2012.

7. UNODC, *World Drugs Report 2004-2009*, United Nations Office on Drugs and Crime, Vienna.

8. UNODCCP, *Global Illicit Drug Trends 1999-2003*, United Nations Office for Drug Control and Crime Prevention, Vienna.

专著

1. A.Z. Hilali, *US-Pakistan Relationship: Soviet Invasion of Afghanistan*, Burlington, VT: Ashgate, c2005.

2. Ahmed Rashid, *Taliban: Militant Islam, Oil, and Fundamentalism in Central Asia*, New Haven: Yale University Press, c2000.

3. Alfred W. McCoy, Alan A. Block, *War on Drugs: Studies in the Failure of U.S. Narcotics Policy*, Boulder: Westview Press, 1992.

4. Alfred W. McCoy, *The Politics of Heroin: CIA Complicity in the Global Drug Trade*, New York: Lawrence Hill Books, 1991.

5. Amir Zada Asad, Robert Harris, *The Politics and Economics of Drug Production on the Pakistan-Afghanistan Border*, Burlington, VT: Ashgate, 2003.

6. Angus Maddison, *Chinese Economic Performance in the Long Rrun*, Paris: OECD, 1998.

7. Anthony Hyman, *Afghanistan under Soviet Domination, 1964-91*, Hampshire: Macmillan Academic and Professional, 1992.

8. Antonio Giustozzi, *Decoding the New Taliban: Insights from the Afghan Field*, New York: Columbia University Press, c2009.

9. Antonio Giustozzi, *War, Politics and Society in Afghanistan, 1978-1992*, Washington, DC: Georgetown University Press, 2000.

10. Arpita Basu Roy, *Contemporary Afghanistan: Conflict and Peace-building*, New Delhi: Har-Anand Publications, 2010.

11. Arpita Basu Roy, *Reconstructing Afghanistan: Prospects and Limitations*, Shipra Publications, 2011.

12. Arundhati Roy, *The Soviet Intervention in Afghanistan: Causes, Consequences, and India's response*, New Delhi: Associated Pub. House, c1987.

13. Bo Huldt, Erland Jansson, *The Tragedy of Afghanistan: the Social, Cultural, and Political Impact of the Soviet Invasion*, New York: Croom

Helm, c1988.

14. Carey Gladstone, *Afghanistan Issues: Security, Narcotics and Political Currents*, New York: Nova Science Publishers, c2007.

15. Carl A. Trocki, *Opium, Empire and the Global Political Economy: a Study of the Asian Opium Trade, 1750-1950*, London and New York: Routledge, 1999.

16. Cheryl Benard, *Afghanistan: State and Society, Great Power Politics, and the Way Ahead: Findings from an International Conference*, Santa Monica, CA: RAND Corporation, 2008.

17. Christopher J. Coyne, *After War: the Political Economy of Exporting Democracy*, Stanford, Calif.: Stanford Economics and Finance, c2008.

18. Cornelius Friesendorf., *US Foreign Policy and the War on Drugs: Displacing the Cocaine and Heroin Industry*, New York: Routledge, 2007.

19. Daveed Gartenstein-Ross, Clifford D. May, *The Afghanistan-Pakistan Theater: Militant Islam, Security & Stability*, Washington, D.C., Foundation for Defense of Democracies Press, 2010.

20. David Macdonald, *Drugs in Afghanistan: Opium, Outlaws and Scorpion tales*, London: Pluto, 2007.

21. Dennis M.P. McCarthy, *An Economic History of Organized Crime : a National and Transnational Approach*, New York: Routledge, 2011.

22. Edgar O'Balance, *Afghan Wars, 1839-1992: What Britain Gave up and the Soviet Union Lost*, London: Barssey's, 1993.

23. Frank Shanty, *The Nexus: International Terrorism and Drug Trafficking from Afghanistan*, California: Praeger Security International, c2011.

24. Frédéric Grare, *Pakistan in the Face of the Afghan Conflict, 1979-1985*, New Delhi: India Research Press, 2003.

25. Gretchen Peters, *Seeds of Terror: How Heroin is Bankrolling the Taliban and al Qaeda*, St. Martin's Press: Thomas Dunne Books, 2009.

26. Hafeez Malik, *US Relations with Afghanistan and Pakistan: the Imperial Dimension*, Karachi: Oxford University Press, c2008.

27. Hafizullah Emadi., *Dynamics of Political Development in Afghanistan: the British, Russian, and American Invasions*, New York: Palgrave Macmillan, 2010.

28. Hassan Abbas, *Pakistan's Troubled Frontier*, Washington, DC: Jamestown Foundation, 2009.

29. Jacob E. Jankowski., *Corruption, Contractors, and Warlords in Afghanistan*, New York: Nova Science Publishers, c2010.

30. James Fergusson, *Taliban: the Unknown Enemy*, Cambridge, MA: Da Capo Press, 2011.

31. James H. Mills, Patricia Barton, *Drugs and Empires: Essays in Modern Imperialism and Intoxication, c.1500-c.1930*, New York: Palgrave Macmillan, c2007.

32. Jean-Charles Brisard Guillaume Dasquié, *Forbidden truth: U.S.-Taliban Secret Oil Diplomacy and the Failed Hunt for Bin Laden*, New York: Thunder's Mouth Press, c2002.

33. Jeanne K. Giraldo, Harold A. Trinkunas, *Terrorism Financing and State Responses: a Comparative Perspective*, Stanford, Calif.: Stanford University Press, 2007.

34. John D. Montgomery, Dennis A. Rondinelli, *Beyond Reconstruction in Afghanistan: Lessons from Development Experience*, New York: Palgrave Macmillan, 2004.

35. Jonathan Randal, *Osama: the Making of a Terrorist*, New York: Knopf; Distributed by Random House, 2005.

36. Larry P. Goodson, *Afghanistan's Endless War: State Failure, Regional Politics, and the Rise of the Taliban*, Seattle: University of Washington Press, c2001.

37. Lee V. Barton, *Illegal drugs and governmental policies*, New York: Nova Science Publishers, c2007.

38. Leo E. Rose, Kamal Matinuddin, *Beyond Afghanistan: the Emerging U.S.-Pakistan Relations*, Berkeley: Institute of East Asian Studies, University of California, c1989.

39. Letizia Paoli, Victoria A. Greenfield, Peter Reuter, *The World Heroin Market: Can Supply be Cut?* New York: Oxford University Press, 2009.

40. Mariam Abou Zahab, Olivier Roy, *Islamist Networks: the Afghan-Pakistan Connection*, London: Hurst & Company in association with the Centre d'Etudes et de Recherches Internationales, Paris, 2004.

41. Mark Galeotti, *Afghanistan: the Soviet Union's Last War*, London: Frank Cass, c1995.

42. Marvin G. Weinbaum, *Pakistan and Afghanistan: Resistance and Reconstruction*, Boulder: Westview Press; Lahore: Pak Book Corp., 1994.

43. Mary Anne Weaver, *Pakistan: in the Shadow of Jihad and Afghanistan*, New York: Farrar, Straus and Giroux, 2002.

44. Milan Hauner, Robert L. Canfield, *Afghanistan and the Soviet Union: Collision and Transformation*, Colorado: Westview Press, 1989.

45. Mohammad Khalid Ma'aroof, *Afghanistan in World Politics*, Delhi: Gian Pub. House, 1987.

46. Monte Palmer, Princess Palmer, *At the Heart of Terror: Islam, Jihadists, and America's War on Terrorism*, Lanham, MD: Rowman & Littlefield Publishers, 2004.

47. Neamatollah Nojumi, Dyan Mazurana, Elizabeth Stites, *After the Taliban: Nation-Building in Afghanistan*, Lanham, MD: Rowman & Littlefield Publishers, c2009.

48. Nicholas Kerton-Johnson, *Justifying America's Wars: the Conduct and Practice of US Military Intervention*, New York: Routledge, 2011.

49. Oleg Sarin, Lev Dvoretsky, *The Afghan Syndrome: the Soviet Union's Vietnam*, Novato, CA: Presidio, c1993.

50. Peter Dale Scott, *American War Machine: Deep Politics, the CIA's*

Global Drug Connection, and the Road to Afghanistan, Lanham, MD: Rowman & Littlefield Publishers, c2010.

51. Peter Dale Scott, *Drugs, Oil, and War: the United States in Afghanistan, Colombia, and Indochina*, Lanham, Md.: Rowman & Littlefield Publishers, c2003.

52. Peter Marsden, *Taliban: War and Religion in Afghanistan*, London: Zed Books Ltd., 2002.

53. Peter Marsden, *The Taliban: War, Religion and the New Order in Afghanistan*, Karachi: Oxford University Press; London; New York: Zed Books Ltd., c1998.

54. Peter Tomsen, *The Afghanistan Wars: Messianic Terrorism, Tribal Conflicts, and the Failures of Great Powers*, New York: Public Affairs, c2011.

55. Pierre-Arnaud Chouvy, *Opium: Uncovering the Politics of the Poppy*, London: I.B. Tauris, 2009.

56. Richard L. Armitage, *U.S. Strategy for Pakistan and Afghanistan*, New York: Council on Foreign Relations, c2010.

57. Robert D. Crews, Amin Tarzi, *The Taliban and the Crisis of Afghanistan*, Cambridge, Mass.: Harvard University Press, c2008.

58. Roland Jacquard, *In the Name of Osama Bin Laden: Global Terrorism and the Bin Laden Brotherhood*, Durham, N.C.: Duke University Press, 2002.

59. Ronald E. Neumann, *The Other War: Winning and Losing in Afghanistan*, Washington, D.C.: Potomac Books, c2009.

60. Rosanne Klass, *Afghanistan, the Great Game Revisited*, New York: Freedom House; Lanham, MD: Distributed by National Book Network, 1990.

61. Rustem Galiullin, *The CIA in Asia: Covert Operations Against India and Afghanistan*, Moscow: Progress Publishers, c1988.

62. Sonali Kolhatkar, James Ingalls, *Bleeding Afghanistan: Washington,*

Warlords, and the Propaganda of Silence, New York: Seven Stories Press, c2006.

63. Steve Coll, *Ghost Wars: the Secret History of the CIA, Afghanistan, and Bin Laden, from the Soviet Invasion to September 10, 2001*, New York: Penguin Press, 2004.

64. Sultan Barakat, *Reconstructing War-torn Societies: Afghanistan*, New York: Palgrave Macmillan, c2004.

65. Tanya P. Shohov, Frank Lamazi, *War on Drugs: Issues and Developments*, New York: Novinka Books, c2004.

66. The Russian General Staff, translated and edited by Lester W. Grau and Michael A. Gress, *The Soviet-Afghan War: How a Superpower Fought and Lost*, Lawrence, Kan.: University Press of Kansas, c2002.

67. Tom Lansford, *A Bitter Harvest: US Foreign Policy and Afghanistan*, Hants: Ashgate, 2003.

68. Wolfgang Danspeckgruber, Robert P. Finn, *Building State and Security in Afghanistan*, Princeton, N.J.: Liechtenstein Institute on Self-Determination at Princeton University, Woodrow Wilson School of Public and International Affairs, c2007.

69. Zubeda Jalalzai, David Jefferess, *Globalizing Afghanistan: Terrorism, War, and the Rhetoric of Nation Building*, North Carolina: Duke University Press, 2011.

论文

1. Ahmed Rashid, "The Taliban: Exporting Extremism", *Foreign Affairs*, Vol. 78, No. 6, Nov.-Dec., 1999, pp. 22-35.

2. Alfred W. McCoy, "Can Anyone Pacify the World's Number One Narco-State?", April 01, 2010. http://www.zcommunications.org/can-anyone-pacify-the-worlds-number-one-narco-state-by-alfred-w-mccoy.

3. Andrew Hartman, "'The Red Template': US Policy in Soviet-Occupied Afghanistan", *Third World Quarterly*, Vol. 23, No. 3, June, 2002,

pp. 467-489.

4. Barnett R. Rubin, "The Political Economy of War and Peace in Afghanistan", *World Development*, Vol. 28, No. 10, 2000, pp. 1789-1803.

5. Christopher M. Blanchard, "Afghanistan: Narcotics and U.S. Policy", *Congressional Research Service*, August 12, 2009.

6. Daniel Werb, Thomas Kerr, Julio Montaner, Evan Wood, "The Need for an Evidence-Based Approach to Controlling Opium Production in Afghanistan", *Journal of Public Health Policy*, Vol. 29, No. 4 (Dec., 2008), pp. 440-448.

7. Daniela Corti and Ashok Swain, "War on Drugs and War on Terror: Case of Afghanistan", *Peace & Conflict Review*, Volume 3, Issue 2, Spring, 2009, pp.41-53.

8. David Wildman, Phyllis Bennis, "The War in Afghanistan Goes Global", *Critical Asian Studies*, 42:3, 2010, pp. 469-480.

9. Dexter Filkins, Mark Mazzetti, James Risen, "Brother of Afghan Leader Said to Be Paid by C.I.A", *The New York Times*, October 28, 2009.

10. Fariborz Raisdana, Ahmad Gharavi Nakhjavani, "The Drug Market in Iran", *The ANNALS of the American Academy of Political and Social Science*, July 2002.

11. Frank Shanty, "The Taliban, Al Qaeda, the Global Drug Trade, and Afghanistan as a Dominant Opium Source", *Professional Issues in Criminal Justice*, 2007.

12. Gretchen Peters, "How Opium Profits the Taliban", *United States Institute of Peace*, August 2009.

13. ICG, "Central Asia: Drugs and Conflict Risks", *International Crisis Group Asia Report* N° 25, 26 Nov., 2001.

14. Ikramul Haq, "Pak-Afghan Drug Trade in Historical Perspective", *Asian Survey*, Vol. 36, No. 10 (Oct., 1996), pp. 945-963.

15. Jeffrey P. Clemens, "Opium in Afghanistan: Prospects for the Success of Source Country Drug Control Policies", *The Journal of Law and*

Economics, Vol. 51, No. 3, pp. 407-432, 2008.

16. Jesse Zanavich, "An Analysis of the Opium Situation in Afghanistan", http://www.nobleworld.biz/images/Zanavich.pdf.

17. Joe Stork, "The CIA in Afghanistan: 'The Good War'", *MERIP Middle East Report*, No. 141, Hidden Wars, Jul. - Aug., 1986.

18. John Calabrese, "Iran's War on Drugs: Holding the Line?", *The Middle East Institute Policy Brief*, December 2007.

19. John Prados, "Notes on the CIA's Secret War in Afghanistan", *The Journal of American History*, Vol. 89, No. 2, September, 2002, pp. 466-471.

20. Jonathan Goodhand, "Corrupting or Consolidating the Peace? The Drugs Economy and Post-conflict Peacebuilding in Afghanistan", *International Peacekeeping*, Vol.15, No.3, June 2008, pp.405-423.

21. Julien Mercille, "The U.S. 'War on Drugs' in Afghanistan", *Critical Asian Studies*, 43: 2, 2011, pp. 285-309.

22. Kenneth E. Sharpe, "The Drug War: Going after Supply", *Journal of Interamerican Studies and World Affairs*, Vol. 30, No. 2/3, Summer-Autumn, 1988, pp. 77-85.

23. LaVerle Berry, Glenn E. Curtis, Rex A. Hudson, Nina A. Kollars, "A Glabal Overview of Narcotics-Funded Terrorist and Other Extremist Groups", *Federal Research Division*, Library of Congress, May 2002.

24. Lieutenant Colonel David J. Liddell, "Drugs in Afghanistan: the Challenges with Implementing U.S. Strategy", *Strategy Research Project*, Mar 15, 2008.

25. Lowry Taylor, "The Nexus of Terrorism and Drug Trafficking in the Golden Crescent: Afghanistan", *USAWC strategy research project*, 15 Mar 2006.

26. Maciej M. Łatek, Seyed M. Mussavi Rizi, Armando Geller: "Persistence in the Political Economy of Conflict: The Case of the Afghan Drug Industry", http://humansecuritygateway.com/documents/GMU_PersistencePoliticalEconomyOfConflict_AfghanDrugIndustry.pdf.

27. Minton F. Goldman, "Soviet Military Intervention in Afghanistan: Roots & Causes", *Polity*, Vol. 16, No. 3, Spring, 1984, pp. 384-403.

28. Nasreen Ghufran, "The Taliban and the Civil War Entanglement in Afghanistan", *Asian Survey*, Vol. 41, No. 3, May/June 2001.

29. Peter Dale Scott, "Can the US Triumph in the Drug-Addicted War in Afghanistan?: Opium, the CIA and the Karzai Administration", *Japan Focus*, May 05, 2010.

30. Peter Dale Scott, "Obama and Afghanistan: America's Drug-Corrupted War", *Critical Asian Studies*, 43:1, 2011, pp.111-138.

31. Peter Mandaville, "Narco-Jihad: Drug Trafficking and Security in Afghanistan and Pakistan", *The National Bureau of Asian Research*, December, 2009.

32. Pierre-Arnaud Chouvy, "Afghanistan's Opium Production in Perspective", *China and Eurasia Forum Quarterly*, Volume 4, No. 1 (2006), pp. 21-24.

33. Raphael F. Perl, "Taliban and the Drug Trade", *CRS Report for Congress,* October 5, 2001.

34. Ted Galen Carpenter, "How the Drug War in Afghanistan Undermines America's War on Terror", *Foreign Policy Briefing*, November 10, 2004.

35. Vanda Felbab-Brown, "The Drug-Conflict Nexus in South Asia: Beyond Taliban Profits and Afghanistan," The Afghanistan-Pakistan Theater: Militant Islam, Security, and Stability, pp.90-122.

36. Vishal Chandra, "Warlords, Drugs and the 'War on Terror' in Afghanistan: The Paradoxes", *Strategic Analysis*, Vol. 30, No. 1, Jan.-Mar., 2006.

（二）中文文献

专著

1.［俄］A.利亚霍夫斯基：《阿富汗战争的悲剧》，刘宪平译，北京：

社会科学文献出版社，2004年版。

2.［俄］格·阿·阿尔巴托夫：《苏联政治内幕：知情者的见证》，徐葵、张达楠等译，北京：新华出版社，1998年版。

3.［法］夏尔-菲利普·戴维：《安全与战略：战争与和平的现时代解决方案》，王忠菊译，北京：社会科学文献出版社，2011年版。

4.［哈］苏·马·阿基姆别科夫：《阿富汗焦点和中亚安全问题》，杨恕、汪金国译，兰州：兰州大学出版社，2002年版。

5.［哈］苏·马·阿基姆别科夫：《阿富汗症结与中亚安全问题》，汪金国、杨恕译，兰州：兰州大学出版社，2010年版。

6.［美］彼得·施魏策尔：《里根政府是怎样搞垮苏联的》，殷雄译，北京：新华出版社，2001年版。

7.［美］戈登·克雷格、亚历山大·乔治：《武力与治国方略——我们时代的外交问题》，时殷弘等译，北京：商务印书馆，2004年版。

8.［美］雷蒙德·加特霍夫：《冷战史：遏制与共存备忘录》，伍牛、王薇译，北京：新华出版社，2003年版。

9.［美］罗伯特·唐纳森：《苏联在第三世界的得失》，北京：世界知识出版社，1985年版。

10.［美］马士：《中华帝国对外关系史（第一卷）》，张汇文等译，上海：上海书店出版社，2006年版。

11.［美］沙伊斯塔·瓦哈卜、巴里·扬格曼：《阿富汗史》，杨军等译，北京：中国大百科全书出版社，2010年版。

12.［美］约翰·加迪斯：《遏制战略：战后美国国家安全政策评析》，时殷弘等译，北京：世界知识出版社，2005年版。

13.［苏］安·安·葛罗米柯：《苏联对外政策史》，韩正文、沈芜清等译，北京：中国人民大学出版社，1989年版。

14.［印］罗梅什·杜特：《英属印度经济史》，陈洪进译，北京：生活·读书·新知三联书店，1965年版。

15.［英］格林堡：《鸦片战争前中英通商史》，康成译，北京：商务印书馆，1961年版。

16.陈淑庄：《世界毒品大战》，北京：法律出版社，1998年版。

17. 陈新明:《十八世纪以来俄罗斯对外政策》,北京:中共中央党校出版社,2012年版。

18. 陈之骥:《勃列日涅夫时期的苏联》,北京:中国社会科学出版社,1998年版。

19. 方连庆、刘金质、王炳元:《战后国际关系史》,北京:北京大学出版社,1999年版。

20. 龚缨晏:《鸦片的传播与对华鸦片贸易》,北京:东方出版社,1999年版。

21. 哈宝玉:《伊斯兰教法:经典传统与现代诠释》,北京:中国社会科学出版社,2011年版。

22. 何明:《塔利班政权的兴亡及其对世界的影响》,上海:华东师范大学出版社,2005年版。

23. 何平:《阿富汗史》,台北:三民书局股份有限公司,2011年版。

24. 弘杉、海佳:《无名之师:苏军入侵阿富汗始末》,北京:世界知识出版社,1997年版。

25. 李晨阳:《金三角毒品问题研究》,昆明:云南大学出版社,2010年版。

26. 李少军:《当代全球问题》,杭州:浙江人民出版社,2006年版。

27. 刘金质:《冷战史》,北京:世界知识出版社,2003年版。

28. 马树洪:《云南境外毒源研究》,昆明:云南民族出版社,2001年版。

29. 彭树智、黄杨文:《中东国家通史(阿富汗卷)》,北京:商务印书馆,2000年版。

30. 沈志华:《苏联历史档案选编》(第30卷),北京:社会科学文献出版社,2002年版。

31. 时殷弘:《战略问题30篇——中国对外战略思考》,北京:中国人民大学出版社,2008年版。

32. 孙壮志:《中亚安全与阿富汗问题》,北京:世界知识出版社,2003年版。

33. 王凤:《列国志(阿富汗卷)》,北京:社会科学文献出版社,

2007年版。

34. 王绳祖:《国际关系史》,北京:世界知识出版社,1995年版。

35. 吴云贵:《当代伊斯兰教法》,北京:中国社会科学出版社,2003年版。

36. 邢广程:《苏联高层决策70年》,北京:世界知识出版社,1998年版。

37. 徐宝华:《列国志(哥伦比亚卷)》,北京:社会科学文献出版社,2004年版。

38. 查道炯:《大国学者看世界(非传统安全卷)》,北京:新世界出版社,2007年版。

39. 中山大学东南亚史研究所编:《泰国史》,广州:广东人民出版社,1987年版。

40. 仲伟民:《茶叶与鸦片:19世纪经济全球化中的中国》,北京:生活·读书·新知三联书店,2010年版。

41. 朱金平:《"9·11"事件与阿富汗战争》,北京:华文出版社,2009年版。

42. 朱庆葆、蒋秋明、张士杰:《鸦片与近代中国》,南京:江苏教育出版社,1995年版。

43. 朱永彪:《"9·11"之后的阿富汗》,北京:新华出版社,2009年版。

44. 资中筠:《战后美国外交史》,北京:世界知识出版社,1994年版。

论文

1. 白建才:"论美国对苏联入侵阿富汗的政策与隐蔽行动",《陕西师范大学学报》(哲学社会科学版),2011年第40卷第6期。

2. 曹伟、杨恕:"美国在阿富汗的禁毒行动及成效分析",《新疆师范大学学报》(哲学社会科学版),2011年第32卷第4期。

3. 陈继东、李景峰:"巴基斯坦在美国阿富汗新战略中的独特地位",《东南亚南亚研究》,2010年第4期。

4. 陈利："阿富汗毒品问题研究"，《甘肃政法成人教育学院学报》，2002年第4期。

5. 陈小茹："'后拉登时代'驻阿富汗美军战略调整初探"，《南亚研究》，2011年第3期。

6. 方金英："阿富汗为何沦为'毒品—恐怖国家'？"《现代国际关系》，2010年第2期。

7. 方金英："塔利班领导人奥马尔其人其事"，《国际资料信息》，2001年第10期。

8. 傅小强："美国阿巴战略进展与阿富汗问题前景"，《现代国际关系》，2010年第12期。

9. 葛腾飞、苏昕："奥巴马政府的阿富汗反恐战略"，《和平与发展》，2010年第1期。

10. 郭杰、梅松林："'金新月'毒品对新疆走私渗透总体态势"，《新疆警官高等专科学校学报》，2009年第29卷第1期。

11. 胡光利："试论英国鸦片政策及其对中印之影响"，《辽宁大学学报》，1992年第2期。

12. 贾春阳、杨柳："阿富汗问题30年（1979—2009）：地缘政治、民族与宗教"，《南亚研究》，2009年第4期。

13. 金卫星："国际恐怖主义的历史演变与界定"，《苏州科技学院学报》（社会科学），2003年第20卷第3期。

14. 李德昌："贩毒与巴基斯坦政治"，《世界经济与政治》，1994年第4期。

15. 李捷、杨恕："阿富汗与美国'大中亚计划'评析"，《西亚非洲》，2008年第4期。

16. 李青燕："阿富汗政治和解进程荆棘丛生"，《国际问题研究》，2011年第3期。

17. 李晓亮："苏联撤出阿富汗的政治解决进程及影响"，《理论月刊》，2011年第1期。

18. 刘锦前、李立凡："阿富汗毒品交易与禁毒现状"，《国际资料信息》，2006年第4期。

19. 刘青建："阿富汗重建失效之分析",《西亚非洲》,2008年第10期。

20. 刘青建："试析美国在阿富汗的困局",《现代国际关系》,2009年第2期。

21. 隆·莫洛、萨米·尤萨夫赞："阿富汗毒品犯罪形势严峻",张子译,《国外社会科学文摘》,2006年第6期。

22. 邵育群："阿富汗毒品问题及相关国际合作",《现代国际关系》,2009年第1期。

23. 申玉辉："阿富汗毒品问题的利益角色分析",《南亚研究》2012年第1期。

24. 宋海啸："阿富汗毒品经济：历史、作用与成因",《南亚研究》,2010年第3期。

25. 苏畅："当前阿富汗形势对中亚安全的影响",《俄罗斯中亚东欧研究》,2012年第1期。

26. 陶颖、张金山："巴基斯坦和阿富汗的毒品政治",《南亚研究季刊》,2000年第1期。

27. 王焕丽："全球化时代的毒品问题：一种非传统安全的挑战",《兰州学刊》,2004年第2期。

28. 王建堂："世界鸦片罂粟种植区域以及毒品走私问题",《河南大学学报》(自然科学版),1997年第27卷第1期。

29. 王世达："阿富汗教派恐怖袭击及其影响",《国际资料信息》,2012年第1期。

30. 王小颖："阿富汗的毒品与内战",《当代世界》,1998年第12期。

31. 文丰："美国的'阿富汗困境'：问题与前景",《新疆社会科学》,2011年第5期。

32. 肖斌："中南亚地区毒品问题的现状及发展",《新疆社会科学》,2006年第1期。

33. 辛本健："阿富汗的毒品交易",《国外社会科学文摘》,2001年第12期。

34. 许勤华："解析毒品与毒品走私对中亚地区安全的影响",《俄罗斯中亚东欧研究》，2007年第2期。

35. 徐冰川："希克马蒂亚尔——中情局养大的'恐怖之狼'"，《环球军事》，2002年第21期。

36. 徐健竹："鸦片战争前英国对中国的鸦片贸易"，《历史教学》，1980年第9期。

37. 杨恕、汪金国："中亚安全与阿富汗毒品问题"，《东欧中亚研究》，2001年第4期。

38. 杨恕、辛万翔："巴阿边境地区的毒品生产与贩运"，《南亚研究季刊》，2009年第1期。

39. 杨恕、张雪宁："阿富汗鸦片种植及毒品问题现状"，《兰州大学学报》（社会科学版），2011年第39卷第3期。

40. 姚大学、赵宇欣："阿富汗毒品问题的历史考察"，《史学集刊》，2011年第4期。

41. 伊斯兰研究课题组："阿富汗为何沦为'毒品——恐怖国家'？"，《现代国际关系》，2010年第2期。

42. 张家栋："美国阿富汗战略的走势"，《现代国际关系》，2011年第3期。

43. 张力："鸦片对华贸易与印度近代资本主义的兴起"，《南亚研究季刊》，1986年第4期。

44. 张树明："20世纪上半期美国与阿富汗关系的演变"，《西亚非洲》，2011年第2期。

45. 赵华胜："阿富汗：失去的机会和前景"，《国际观察》，2010年第6期。

46. 赵华胜："俄罗斯与阿富汗问题"，《国际问题研究》，2011年第3期。

47. 赵华胜："评美国新阿富汗战略"，《复旦学报》（社会科学版），2009年第6期。

48. 赵瑞琦："塔利班为何卷土重来？"《现代国际关系》，2007年第5期。

49. 朱永彪、后俊："论阿富汗民族、部落因素对毒品问题的影响",《兰州大学学报》(社会科学版),2011年第39卷第3期。

50. 朱永彪、杨云安:"阿富汗安全形势及其对中亚的影响",《兰州大学学报》(社会科学版),2010年第38卷第5期。

51. 庄国土:"茶叶、白银和鸦片:1750—1840年中西贸易结构",《中国经济史研究》,1995年第3期。

52. 庄国土:"鸦片战争前100年的广州中西贸易(上)",《南洋问题研究》,1995年第2期。

后 记

　　岁月不居，时光如梭，转眼间博士毕业已经六年。由于种种原因，我的博士毕业论文迟至今日才有幸在世界知识出版社出版，虽然进行了不少的修改和补充，但其中仍有不甚满意之处。该书总体上代表了我对阿富汗毒品问题的系统性看法与观点，希望对此有兴趣的读者能够多多批评指正。

　　阿富汗毒品问题是我进入人民大学后，在导师陈新明教授的建议和指导下选择并完成的研究课题，因此我最需感谢的是陈新明教授。在人大五年的硕博生涯里，无论在学习还是生活上，陈老师都给予我极大的关心与帮助。他的言传身教与始终谦逊和蔼的待人态度让我备感温暖，潜移默化地影响着我的性格；他无微不至的关心和谆谆教诲让我感铭肺腑，他严谨的治学态度使我在学术上不敢有丝毫的儿戏懈怠，这成为我在科研教学道路上前行的永远的鞭策。我在人大汲取的所有的知识营养，无不凝聚着恩师的心血与汗水。

　　我要衷心感谢曾经向我教授知识的各位老师，能够近距离聆听各位学术"大神"的课程、讲座与研讨会，是我在进入人民大学前梦寐难求的事情。时殷弘教授、金灿荣教授、杨光斌教授等以及其他院外校外的著名学者频繁的学术讲座，极大提高了我的知识积累，使我在学术道路上有了长足进步。

　　再次感谢在论文写作与答辩过程中给予我无私帮助与指导的老师和专家学者，特别感谢西北大学中东研究所黄民兴教授。黄老师是学界备受敬仰的阿富汗与中东问题的著名专家学者，是我博士毕业论文的非匿名校外评阅专家。在我取到审阅后的论文稿件时，文中大到章节结构与行文逻辑，小到标点、注释与错别字，黄老师均做出了认真标注，并提出了详细、中肯的修改意见，这让我十分惊讶，也深感惭愧并备受教育。入职中东所以来，黄老师又给予我工作与生活中的大力支持与帮助，同时是我博士后期间的合作导师，这让我备感荣幸，也深知需继续勤奋谨慎，不得懈怠。

衷心感谢我现在供职的西北大学中东研究所为我提供的优良的工作环境和学术氛围，韩志斌所长、李福泉副所长、王铁铮教授等各位领导和学术前辈在工作上给予我极大的提携、督促、支持和帮助，这让我分外感动。特别感谢赵广成副教授，本书能够顺利出版得益于赵老师帮助联系出版社，协调出版相关事宜；赵老师在科研工作中为我提供的特别帮扶，在此一并表示感激感谢。

感谢世界知识出版社袁路明老师及其他诸位编辑老师认真细致的辛勤工作，他们在本书出版过程中提出了许多宝贵的修改意见，尤其袁老师经常迟至深夜仍在审阅我的稿件并与我进行修改完善方面的沟通，在此表示由衷感激与敬意。

最后，感谢家人对我工作一直以来的包容与支持，感激父母的养育之恩，感谢爱人的陪伴，感恩尚在幼龄的孩子给我带来的无穷欢乐。家人是我继续前行的不竭动力。

申玉辉

2019年8月21日

于西北大学

图书在版编目（CIP）数据

美国战略与阿富汗毒品问题 / 申玉辉著．—北京：世界知识出版社，2020.3
ISBN 978-7-5012-6142-0

Ⅰ.①美… Ⅱ.①申… Ⅲ.①对外政策—研究—美国—现代②禁毒—研究—阿富汗 Ⅳ.①D871.20②D737.288

中国版本图书馆CIP数据核字（2020）第016104号

责任编辑	袁路明
责任出版	赵　玥
责任校对	陈可望
封面设计	小　月

书　　名	美国战略与阿富汗毒品问题 Meiguo Zhanlue yu Afuhan Dupin Wenti
作　　者	申玉辉 著
出版发行	世界知识出版社
地址邮编	北京市东城区干面胡同51号（100010）
网　　址	www.ishizhi.cn
电　　话	010-65265923（发行）　010-85119023（邮购）
经　　销	新华书店
印　　刷	北京虎彩文化传播有限公司
开本印张	980×680毫米　1/16　13¼印张
字　　数	200千字
版次印次	2020年3月第一版　2020年3月第一次印刷
标准书号	ISBN 978-7-5012-6142-0
定　　价	48.00元

版权所有　侵权必究